Parenting Across
the Autism Spectrum

自閉症の親として

アスペルガー症候群と
重度自閉症の子育てのレッスン

アン・パーマー　モリーン・F・モーレル 著
梅永雄二 訳

岩崎学術出版社

夫のロブに捧げます――お茶をもってきてくれて私を崖っぷちから誘導してくれました。息子のマイケルとパトリックに捧げます――ゆるぎないサポートと変わらぬユーモアに。そして息子のジャスティンに捧げます――重責でありますが私にとって最高の贈り物です。

MFM

母のミリアム・ブリーにこの本を捧げます――しっかりしたサポートで私を信じていてくれました。

AP

謝辞

何年もの間、ジャスティンとエリックは、彼らを信じてくれる多くの人たちに支えられてきました。とりわけ、ジャスティンとエリックを支えてくれた仲間たち、ジョアンナ・ワーザム、デイヴィッド・プレイター、クリストファーとキャサリン・ドーソン、アレックス・マシューズ、カイル・コーリー、セイラとフィリップ・パーマー、マイケルとパトリック・モーレル、そして素晴らしい教師だったスージー・ギルバート、カーリン・クレイマン、ケヴィン・グリーン、ナンシー・ステンツ、レックス・ベスト、ミッチ・サフリ、キム・バンクス、カーラ・ネリソン、そしてデブ・シュタインコップ、さらに驚くべきケアを提供してくれたロビン・スペイト、トニー・アウトロー、レスター・アウトロー、チャック・ラモス、キャシー・バイアン、キム・チョーニー、そしてジュード・バリニューに心より感謝いたします。

「素晴らしい実践」の意味を私たちに教えてくれた、偉大なるコンサルタントであるリー・マーカス、パット・フェンネル、ナディーヌ・ウォーリン、スーザン・ロビンソン、シャロン・フロイド、ジョアン・メドリン、ハル・シグレー、パム・ディラボア、クリスティーナ・フィリップス、メアリー・ベス・レーム、マリー・ブリストル‐パウアー、ローリー・エッケンロード、スー・ビーナー、そしてメアリー・ベス・バン・ボルガンディンの功績に大いなる恩恵を受けました。

これらの自閉症関係の団体による、弁護的な尽力や個別のサービスによって、ジャスティンとエリック、ひいてはわれわれ家族の生活の質を高めることができました。ノースカロライナ自閉症協会の、ジル・ヒントン・キールとそのスタッフ、GHA（自閉症グループホーム）およびカロライナファームの、ドーン・アレンとそのスタッフ、CLLC（カロライナ・リビング・ラーニング・センター）のナンシー・ライクルとそのスタッフ、チャペルヒルTEACCHセンターのリー・マーカスとそのスタッフたちに、心より感謝の意を述べさせていただきます。

自閉症の子どもたちを育てるうえで、驚くべきいろんな友人やその家族によって、私たちは影響を受け、教育され、勇気づけられ、そして慰められました。とりわけ、ボボ・ウォーレン、ベティ・キャンプ、ジャッキー・ランズデル、マリー・ホーン、ジョアン・ジェフリーズという私たちの子どものための扉を、開いてくれた先駆的母親に感謝します。また、最初の母親の会のメンバーであった、マティ・チャダートン、ベッキー・エンジェル、トニ・スモール、メアリー・ボイキン、セア・ガードナー、クリス・レーガン、スーザン・モンク、ベス・グルューネヴァルト、シェリー・アンシャー、マリアン・ローゼンマン、アリス・ウェルトハイマー、そしてスターラ・ギルピンに感謝いたします。さらに、私たちを勇気づけてくれたクレア・キャセール、キャロル・オフェン、ダイアン・ハーチル、リーガン・マッカーシー、パット・ドノヒュー、チャンク・ラモス、デブ・ドーソン、スタン・ヤンシー、ジムとメアリー・ラグスデール、キャシー・オブライエン、エリザベス・ロス、ケイト・ホール、フラン・ミュラー、マルティ・ケロッグ、サンディ・ライザー、ジョアン・エヴァンス、マークとジャン・ファイファー、ジャン・キャロル、ハルとキャシー・バウマン、キャシー・マクマキン、スージー・キング、カット・モンコール、そしてフィッツジェラルド、モーレル、パーマー、ブライ家の人たちに心より感謝申し上げます。

この本を完成させるために、尽力してくれた人たちから継続的支援や批評、そして応援をいただき感謝の念に絶えません。とりわけ、その扉を開いてくれたナンシー・ヒューバー、その道を与えてくれたダーラ・コフィーに心からお礼を述べたいと思います。ボビー・パーマー、ロブ・モーレル、そして貴重な編集アドヴァイスをしてくれたキャシー・バウマンに感謝します。テリー・マイヤー、リンダ・グリフィン、デイヴ・スパイサー、エミリー・バランス、クリス・リーガン、セア・ガードナーは、私たちがこの本を執筆している間、様々な助言（ときに美味しい料理も）を提供してくれました。

以上、お世話になった皆さんに、心より感謝の意を述べさせていただきます。

まえがき

エリックとジャスティンが自閉症と診断されたとき、私たちの人生はこれでもうおしまいだと思いました。子どもたちが自閉症と診断されてからの暮らしは、もはや暗い未来しか見えませんでした。しかしながら、それから二十年が経ち、未来は今となり、今は残酷なものでも悲しいものでもありません。私たちをのみこんだ深い悲しみは、もはや私たちの人生で、子どもの到達点ではなく、むしろ新しい人生を前にした青年の出発点になっているのです。未来は私たちが想像していたものと、どのように変わっていったのでしょうか。

私たちは一九八六年に、米国ノースカロライナ州チャペルヒルにある、ノースカロライナ大学で実施されている母親サポートグループで出会いました。いまだ子どもたちの診断ショックから立ち直っていなくて、私たちは助けと希望を求めていました。お互い自分たちの子どもについて話し合い、私たちが思っていた自閉症のステレオタイプが、しだいにうすれてきました。自閉症という同じ診断を受けているにも関わらず、子どもたちは、弱みと強みの独特な結びつきをしていました。エリックとジャスティンは、全く異なった自閉症のタイプをもっています。エリックは静かで受動的であり、自分ひとりで余暇を楽しめる子どもでした。エリックの問題行動はあまりありませんでしたが、決まりきったパターンに変化が起こると問題行動が生じることがありました。エリックは知的には健常の人とほぼ同じレベルでしたが、ことばに遅れがあり、また社会性も未確立で、自分の要求をうまく伝えることができませんでした。一方、ジャスティンは、目まぐるしく動き回るため、つきっきりで監視をしなければなりませんでした。ジャスティンは感情の起伏が激しく、みんなに好かれて満足しているかと思うと、急に自傷行動や攻撃的な行動を起こしてしまう場合もありました。ジャスティンは、すべての発達領域において重篤な障害が見られたのです。

しかしながら、そのような私たちの子どもの差異も、母親の会では大して重要な問題ではありませんでした。現在のように自閉症が「広まって」いる時代ではなかったので、当時の会では、参加した母親は少なく小さなグループに分けられました。私たちの子どもの機能レベルにはそれに応じた支援、とりわけ学校における支援の必要性を感じていました。母親の抱える問題はそれぞれ異なっていたのです。アンはジャスティンのような子の自己管理の必要性に直面していなかったし、モリーンはエリックのような子の自分の症状の自己認識することに対処する必要はありませんでした。しかし、私たちは親の体験や悩み、混乱、悲しみが異なっているどころか、ほぼ同じだということにすぐ気づきました。お互いの目に宿したものを理解しあい、そのことが母親の会に入るきっかけとなったのです。その親の会は自閉症をもつ親の不安、おびえを示すために「ヘッドライトに照らされた鹿（注：「立ちすくむ」の意）」という名称になりました。

経験豊富な心理学者であるリー・マーカス博士は、私たちの生活の新しい現実検証をするために、私たちに安全な安息の場を作ってくれました。私たちはここで不安やフラストレーションを分かち合い、やがては問題解決方法や対応の仕方などを話し合うようになりました。このような状況が何年か経つに連れて、私たちはときに泣き（頻繁に）、ときに不平を言い（さらに頻繁に）、ときに笑い（最後には）、勉強（予想以上に）をしてきました。そして、私たちは、これからの物語が示すように、自分自身を発見することで私たちは成長しました。

母親の会で話を聞くことは、まるで家にいるような、気の合った仲間を見つけたような気にさせてくれました。自閉症という子どもを持った悩みを抱えるのは、もはや自分だけではないことがわかりました。ここでは、私たちの悲しみのもとの孤独感を分かち合うことができました。私たちは研究者が説明する悲しみの過程を味わっていました。言い表しがたい不安や暗い感情が組み合わされた、混乱した悲しみだったのです。他の母親の話を聞くことで、私たちは自分たちを認め、自分たちの混乱した感情を列挙し、対処できるかたちに変えることで救われました。他の人たちの話を聞くことは、私たち自身を理解することにもなりました。この自己認識をすることによって、やることが明確になり、また客観的にも見れるようになって、私たちの生活をうまくコントロールできるようになってきました。話の中には聞きたくない、話したくないものもありましたが、彼女たちの奮闘やチャレンジに対する正直な話は、私たちにさらに勇気を与えてくれたのです。自閉症の子どもたちが**全部が全部**同じような症状を持っているとは限らないということを知ることも、母親たちにはためになりました。こういう話が子どもの症状についての実践的な情報を教えてくれるのです。とりわけ年長の自閉症者の保護者の話は、専門家がくれたアドバイスを「現場で実証」した経験の持ち主だったので、とても役に立ちました。彼女たちは、日々の生活の中で自閉症児に「どのように」対応したらいいか教えてくれました。そして客観性やバランスのとれた感覚は、私たちが忘れていたユーモアの感覚を取り戻してくれました。彼女たちは次に何をすべきかも教えてくれました。いちばん大切なことは、望みを失わず、彼女たちができたことであれば、私たちも「やっていける、そして進んでいける」ということでした。

この本では、私たちが不安を感じた未来と異なった未来にどのように対処し、進んできたかを記しています。また、本書では全く異なった特徴をもっている二人の自閉症児の親として、私たちが体験したことや学習したものだけではなく、自分自身に対する驚くべき癒し方なども示しています。子どもたちが自閉症と診断されたときに知りたかったこと、私たちが現在知っていることのすべてを著しています。その当時の私たちと今の私たちの対話に耳を傾ける機会をいただきました。エリックとジャスティンが診断されてから自閉症者の住む世界が急速に、また劇的に変化してきています。一九八〇年代は、自閉症の発症率は五千人に一人（一万人に二人）と言われており、公には広く知られていませんでした。私たちが子どものことを「自閉症（Autistic）」であると紹介すると、「芸術的（Artistic）」な才能を持っていると捉える人が数多くいて、コングラチュレーション（おめでとう）と言われることさえありました。二〇〇五年になって、自閉症の発症率は約一六六人に一人（一万人あたり六十人）となりました（疾病予防センター、出産障害および発達障害センター）。現在では、一般の人たちにも自閉症のことが知られるようになってきました。

しかしながら、変化が進んでいけばいくほど、同じような問題が存在するという事実もあります。一九八〇年代に私たちが直面した四つの問題は、現在でも新しい母親たちに残されています。①自閉症の原因についてのコンセンサスが得られていないこと、②自閉症が治るかどうかについての論争が継続していること、③どの教育や治療プログラムが最も効果的であるかについて意見が十分に広がっていないこと、④苦しんでいる親に対して、どのようなサポート体制を実施するかを決定することなどです。「もしあなたがひとりの自閉症児と出会ったなら、あなたはその一人の自閉症児しか知らない」とよく言われています。同じような特性は母親に対しても言えます。結局は、どの親でも自分のやり方を発見するしかないのです。私たちの物語は、ある意味では、ちょっと楽にして、あまり心細くないようにする旅の同行者になるでしょう。

この本は、自閉症児を抱え悩む親のため、自閉症児をサポートする人たちのため、そして彼らを援助しようとする専門家のために書かれています。うまくいった子育ての処方箋を意味しているわけではありません。もうすでに、真実味のある正確な視点に立って主張する自閉症に関するたくさんの発言があります。もし私たちが、何年もかけて何かを学んだとしたら、それは解答は全部ここにあると言う人に用心することでしょう。しかし一方、私たちが歩んできた靴はもっぱら私たち自身のものですが、自閉症の親御さんはたくさん同じような道を辿ってきました。私たちが、過去二十五年間教えを受けた家族・友人・他の親そして自分自身の中に見つけた希望や経験・長所を、親と専門家が分かち合うことを望んでいます。私たちの辿った道をお話することで、こういったことをお伝えしたいと思います。

自閉症児との生活を回想することによって、いいことばかりを書くことができない場合もあります。時間と距離は経験の激しさを軽減し、私たちが感じてきた悲しみや苦しみを弱めていく場合もあるでしょう。私たちは目の前の壁に向かってグラスを投げつけ、粉々にしたいとそのときは思いますが、その振り回されたことも過去の出来事になると、「まだ半分も残っている」と余裕でグラスをかたむける傾向があります。しかし、キエルケゴールが「人生は前向きに生活をするが、後ろ向きに理解する」と言っています（Kierkegaard, 1948, p.102）。子どもたちや私たち自身の成長や変化を見るのは今だけなのです。これらの多くの検証によって、私たちは何を失って、何を得たかという根拠を得ることができました。エリックやジャスティンを育てる中で、いろんなことを学習し、また彼らのおかげで予想以上に慰められたのも事実です。

目次

第1章

自閉症と診断されてから立て直した生活

――エリックの母親アンの場合

この普通の母親とは違った道を歩き始めたのは、一九八五年にかかってきた一本の電話からでした。私の息子のエリックは当時二歳で、その電話は幼稚園の先生からのものでした。エリックは耳が聞こえないかもしれないと、彼女は心配して電話をかけてきたのです。先生がエリックの名前を呼んでも返事をしないし、他の子どもに全く気をとめたりしないように、見受けられるとのことでした。私は電話を受けて非常に驚きました。というのは、エリックが幼稚園でそんな問題があるなどとは考えてもいなかったからです。私はエリックの耳はちゃんと聞こえると思っていました。しかし、幼稚園の先生の助言に従い、ことばと耳の検査にエリックを連れて行くことになったのです。

病院を予約した日を待っている間、私はエリックを観察し、彼が他の子どもと違っていて、ノーマルな範囲にないということを確かめようと、エリックがしたことを一所懸命思い出していました。エリックはいつも問題のない赤ちゃんだったし、ほとんど泣いたこともありません。よく眠るし、よく食べもしました。ベビーブックでいろいろと調べましたが、エリックはすべて順調に育っていました。エリックは通常の発達をしていたといえるでしょう。なぜなら一歳半までにABCをすべて記憶してしまっていたのですから。エリックのおじいちゃんは木製のとてもかわいいABCブロックを作ってくれました。エリックはそのABCブロックを私たちのところへ持ってくるのが好きで、「この文字は何？」と私たちに聞いて、そのあとに自分で答えるのでした。こんなにかしこく、こんなにかわいい子どもに、どうして障害があると思えるでしょう。エリックはとても健康な子だと確信していました。

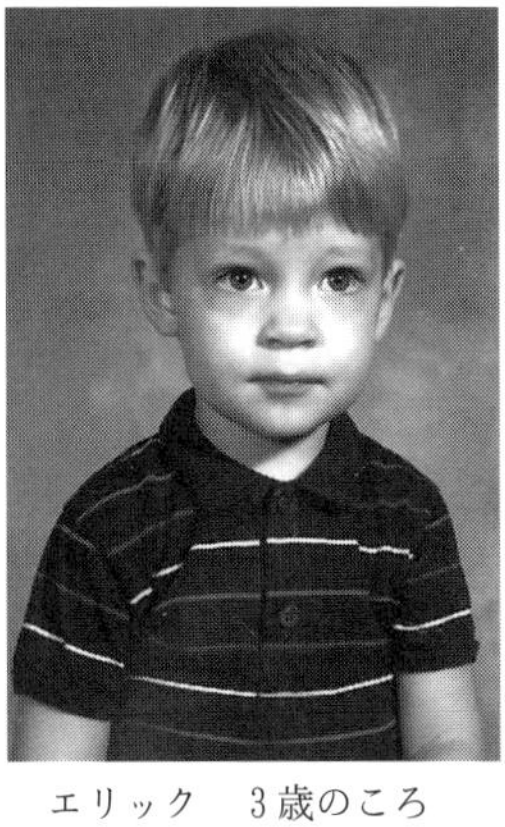

エリック　3歳のころ

検査があった日、言語療法の先生が結果を伝えるために私のところへやってきました。実際、私はその日に彼女が何を言ったかほとんど覚えていませんが、はっきりと覚えていることは、たった一つ、「あなたは『自閉症』ということばを聞いたことがありますか？」というセリフでした。私は大学時代に心理学を専攻していたので、自閉症の定義くらいは覚えていました。私の頭に残っている自閉症の映像は、部屋の隅のほうに座って、身体を前後に動かし、ほとんどことばを発しない子どもでした。私の息子がその時の子どもと同じような行動を示していなかったからといっても、あの日私は彼女の話をずっと泣きながら聞いていました。自閉症をきちんと知るようになった段階で、彼女のことばが真実であることがわかったのですが。

否定とはおかしなものです。否定することによって私たちの心が苦しい思いから逃避できるからです。言語療法士の先生から自閉症の疑いがあると告げられたとき、息子に自閉症の面影を見つけることはできませんでした。私はエリックが自閉症ではないという論理的な理由を見つけることができたからです。図書館に行って、自閉症について書かれている何冊かの本に目を通しましたが、どの本にも息子のような症状が述べられていませんでした。友人や家族もエリックが自閉症であると信じることができませんでした。その時までは普通の子どもならこんなことはしないし、またこんなことくらいはするだろうと考えたりしましたが、やがて自閉症独特の行動が出てきました。私は小児科に連れて行き、言語療法士の話を小児科の先生に話してみました。検査室で一緒にエリックを観察した後、小児科の先生は、「見てください。エリックはしゃべっているじゃないですか。エリックが自閉症であるはずはないじゃないですか。彼が自閉症なら、私は法王になってしまいますよ！」と説明してくれました。このことばは専門家であり、信頼でき、医療界の知性ある人のものでした。どうして当時の私にこの小児科医のことばが間違っていると考えられたでしょう。

しかし、その後私たち夫婦は、自閉症の臨床経験の長い専門小児科医のところへエリックを連れて行きました。この小児科医が、正式に診断名を付けたのはエリックがもうすぐ三歳になるかといったときでした。私たちはこの小児科医のすばらしい家で、エリックも私たちもとてもリラックスでき、心地よくさせてもらいました。彼女は何時間かエリックと過ごし、その間身体的な検査をしたり、遊びを観察したり、私たち親がどのような関わり方をするかなどを注意深く見ていました。彼女はまたエリックの小さいときの発達のことや家庭、幼稚園、友達とのかかわりなどについてたくさん質問をしました。その検査はとても長く、また完璧なものでした。ですから、彼女が決定を下すための情報は、私たちにも十分過ぎるくらいであると感じたくらいです。その結果は、以前の小児科医のものと異なるものでした。その診断結果は「自閉症」でした。エリックが自閉症であると聞いた私たちは、人生が永久に変わってしまうと感じました。しかしながら、この日の小児科医の先生の優しさや思いやりは今でも覚えています。

身体的な苦痛が蘇ってきます。表現することは難しいですが、私の中で深く感じていました。私は、幾日も泣き続けました。子どもの世話をしたり、食事をしたり、入浴したりすべての必要な活動をしていましたが、まるで「ゾンビ」のように目はうつろにさ迷い歩いていました。その週は孤独感にさいなまれ、じっと家で泣いていました。泣きながら、親しい人でさえ避け続けていました。

彼らは私に何らかの援助をしようと手を差しのべてくれましたが、彼らと会って話たりしたら、自分を防御しようと必死になって作っている壁を、守ることができないと思ったからです。傷つくのが怖かったのです。夫も悲しんでいましたが、彼は一人で悩んでいました。夫は私を悲しませないように、自分の苦しさを表に出さないようにしていました。私は夫の悲しみを知っていましたが、彼をなぐさめるすべは、そのときの私には何もありませんでした。

何もかも制しきれない感情となってしまいました。この「苦しみ」が私の生活すべてを支配することになり、苦痛から逃れることができませんでした。私は何も理解できない状況でした。私のかわいい息子は全く変わっていないのに、すべてが変わってしまったのです。私が息子を見る目、息子に対する気持ちも変わってしまいました。私自身についての考え方も変わってしまいました。私の生活、息子エリックの生活、家族の生活が変わってしまい、コントロールできない状況になっていました。自分の気持ちをコントロールし、泣くのを止めたかったのですが、そうすることはできませんでした。

この身体的な痛み、精神的な苦しみが一生続くものと思っていましたが、実際はそうではありませんでした。その苦しみがどれだけ続くかを知らなかったし、どうしたら変わっていくのかもわかりませんでしたが、ある時点で一日中泣くのを止め、自分の人生をもう一度やり直してみようと思いました。夫と私はお互いどうしたらいいか考え、ともに強くなろうと考えることにしました。私はもう一度、手を差しのべてくれる人たちに会って、彼らの助言に従うことにしてみました。泣くのをやめ、息子にどのような援助をすべきか勉強をし始めたのです。

診断を受けてからの二年間はとてもつらい時期でした。エリックが自閉症と診断されたときは、娘はまだ生後六週間で、心地よくベッドで眠っているかわいい赤ちゃんでした。夫はとても忙しい仕事をしていましたし、私はほとんど身動きできない状況でした。エリックは大切な、大切な、かわいく、かしこい息子でしたが、彼のやることすべてを分析しようと心がけました。「なぜエリックはそんなことをするのか？」「それは自閉症としての行動なのか？」「エリックはさらに悪くなっていくのか？」彼の緊張を解きほぐしたり、喜ばせることはとても難しいことでした。私は彼の治療者となりました。毎日彼と家で過ごし、言語療法と作業療法に連れて行き、また幼稚園にも二箇所連れて行きました。一つは普通の幼稚園で、もう一つはことばの指導をしてくれる幼稚園でした。また、二週間に一度TEACCHセンター（自閉症および関連するコミュニケーション障害児の治療と教育を全州的に行うサポートセンター）で指導を受けました。学校や専門家からはたくさんの指導を受けましたが、なんとなく車の中で生活しているような感じで、へとへとに疲れ果ててしまいました。振り返ってみると、たいへんだったにもかかわらず、息子の治療に関することであれば、なにがなんでも欲しかったのだと今になってわかります。私は手に入れられるものはどんな資料もすべて読む努力をしました。それが私ができた「私の」治療法だったのです。あの時、全部「収拾がつかない」と思っていた私の人生を、コントロールしている気持ちになればとの願いだったのです。

私がこれまでやってこれたのは、夫、家族、そして自閉症児を抱えるほかの母親たちのおかげだったと思います。とりわけTEACCHセンターにおける「母親の会」がとても大きなものでした。TEACCHセンターの母親の会は、それぞれいろんな体験をし、異なったバックグラウンドのあるユニークな母親の集まりでした。私たちの子どもたちはほとんどが男の子でしたが、年齢には幅があり、いろんな自閉症スペクトラムの特徴を持っている子どもたちがいました。知的障害を重複している自閉症児もいるし、そうでない子もいました。また、一般の健常クラスで統合教育（included or mainstreamed）を受けている自閉症児もいるし、通級教室や自閉症に特化したクラスの子もいました。

私たち母親は違うところも数多くありましたが、類似点もたくさんありました。私たちはみな苦しんでいたし、睡眠時間が短いことや、あまりにも多くの指導者や彼らの指導法にうんざりしてもいました。みなテーブルを囲んで座って、「ヘッドライトに照らされ怯えた鹿」のように、暗闇から今にも逃げるためにどうすればよいかを考えていました。私たちはみんな何か罪の意識を感じていました。その罪は「子どもに何もしてあげられないという気持ちからくる罪」、今まで「長く何もしないでいた罪」、あるいは「早く子どもを変えようとした罪」、「私たちが選んだ選択肢、あるいは選ばなかった選択肢の罪」などでした。

私たちは子どもたちについて話し合う特別な時間を共有できました。自閉症の原因を（母親にあると）誤解している世間と戦い、自閉症の権利を求めている勇敢な母親たちといっしょにやっていこうと思いました。私たちは、自閉症の「流行」ということばや、今日マスコミで頻繁に流されている「自閉症は治る」という情報の爆弾に右往左往しました。私たちの時代にはインターネットもなく、「レインマン」以前の時代であったし、情報を捜し求めていました。私たちはお互いを必要としていたし、そのときに培った緊密な友情は今日でも続いています。

エリックの行動が徐々にひどくなっていくにつれて、他の母親からの援助はとても大切なものになってきました。エリックは決まりきったパターンの中でしか融通性が利かず、何か変化があったり、予期せぬことが起きたりするとパニック状態になってしまうのです。そのときの私にはエリックを慰め、静かにさせるすべはありませんでした。車でスーパーに行く際に道を変更したり、ビデオレンタル店にエリックが好きなビデオがなかった場合は、すぐにかんしゃくを起こしてしまいます。また食事のとき、エリックの皿の上の食べ物に他の食べものがくっついただけで怒り出すこともありました。私たちはお気に入りのテレビ番組の初めを見逃したとしても、終わりは来るものだとわかっているものです。彼がなぜ混乱するのかわからなかったときは、説明するのにとても大変でした。エリックの視点から見ると、あるべきものがないわけですが、私たちは何でそのような行動をとるのか、またどう対応すべきかが全くわからないことがよくありました。これらの問題行動のストレスを避けるために、私たちの家族は何をするにも消極的になっていました。私たちが何かをしたりどこかへ行こうとする前に、エリックはどういう反応をするだろうかと常に問わねばならなかったからです。新しい状況は避けなければなりませんでした。地域社会に出ることはとても難しいことであり、そのため私たちはますます家にいなければならなかったのです。

この時期はまるで時間が止まっているように感じで、他の事に気を取られることは全くありませんでした。しかし、徐々に「舞っていたつむじ風」が少しずつ衰え始め、生活もかなり向上してきていました。私はエリックの自閉状態を理解し、彼に対する対応の仕方がわかり始めてきました。エリックのコミュニケーション能力は向上し、「何か間違えたことをしたとき」や「何をしたいか」などを伝えることができるようになってきました。また、エリックは私たちが彼に伝えたいことを理解し始めてきたので、「次に何があるのか」といった見通しを彼に伝えることができるようになりました。エリックのコミュニケーションスキルが改善される前は、彼をとりまく周りの世界のことがわからず混乱していたのだと思います。エリックが回りの世界を理解し、自分の感情をコントロールできるようになってきてから、エリックは他の人たちを理解し、そしてまた自分自身も理解できるようになり、彼の感情が徐々に和らいできました。

エリックが学校に入ってからの生活は別の章で紹介しますが、私が学びたかったことが、そこにはありました。そこには、お話しした無数の人たちや、学んだ新しい用語、そして指導してくれた大きなシステムがありました。エリックと私の権利や、息子をサポートしてくれる機関の人たちとどうコンタクトを取っていったらよいか学ぶ必要があったのです。しかし、障害児教育については悩みました。エリックがはじめて診断されたとき、障害児クラスに入れなければならないと思って泣き明かしたことは忘れられません。私が大人になって参加したことがある障害児クラスのイメージを思い描いていたからでもあります。そのときの子どもたちはできるだけ「健常」の子どもから離されて教育されていました。障害児たちは誰とも話すことができないと理解していました。そんなクラスにエリックを入れることがとても嫌だったからです。

しかし、障害児教育への不安は間違いだとわかりました。想像していたよりもはるかに彼らにふさわしいサービスを受けられるということがわかりました。入学してから最初の二年間は、自閉症に特化された少人数（五人）の教室で学習し、担任の先生もアシスタントの先生もとても勉強されていました。いろんな子どもたちがいて、それぞれ問題も能力も異なっていましたが、みんな高機能の自閉症とおもわれました。この特別なクラスは、知的障害を伴う典型的な自閉症児のクラスとは異なるものでしたが、一般の子と一緒に授業を受けることはありませんでした。

これらの教育によって、エリックは信じられない成長をし、母親の私自身もとても落ちついた二年間を過ごすことができました。いつもエリックのために誰かとたたかったり、守っていかなければと神経を張り詰めなくてよかったのです。担任の先生たちは、エリックの自閉症の行動状態をよく知っており、彼をうまく支援し、また問題はあるけど安心な子だとよく理解してくれていました。徐々に先生たちはエリックに健常児のクラスに行く機会を与え、エリックの発達レベルに応じて自閉症児クラスから出て行けるようにしてくれました。彼女たちは、自閉症児と関わることに興味があり、うまくやっていけるような健常児クラスの先生を選んでくれていたのでした。それは素晴らしい環境設定でした。どれだけその環境が素晴らしいものであったかは、その環境を失うまでわかりませんでした。

思い返してみると、自閉症に特化された教室のサポートが、どれだけその後の健常児と一緒のクラスでうまくやっていける基盤となったのかは、今になってようやく理解できます。アスペルガー症候群や高機能自閉症の子どもをもつ親御さんの中には、子どもを障害児クラスに入れることで、将来の予後が悪くなると考える人たちが多いと思います。そのような親御さんは健常児のクラスで、完璧な統合教育をすることが成功につながると思うかもしれません。刺激に敏感だったり社会性がまだ不十分な自閉傾向のある子どもたちには、より少人数のクラスで、先生が一対一くらいで指導してくれるクラスの方が、良いスタートをきれるものと思います。それぞれ個別に子どもを見てもらえることは、とても重要なことでした。子どもたちができることがわかるし、優秀な担任によって構造化された小さな教室は、適切な授業科目を設定したりすることができるからです。自閉症に特化した教室にいるということは、必ずしも閉鎖された場所に子どもを閉じ込めておくという意味ではありません。

エリックが二年間自閉症児クラスで過ごした後、もはやそのクラスはエリックには必要ではなくなりました。三年生からはエリックは健常児クラスになり、そこでは特別な場所は必要ではなくなったし、アシスタントの先生もいらなくなりました。しかし、エリックにとって、大きな教室で多くの子どもたちと一緒にいることはとても大変なことでした。大きな音や常に動き回る子どもたちがいる教室は、エリックにとって中々適応しづらいものでした。エリックを放っておくことは簡単なことでした。なぜなら彼は自分の要求を声に出して伝えることができなかったからです。エリックはとても引っ込み思案でおとなしかったので、教師の注意を引くことはほとんどありませんでした。この三年生への移行は、エリックにとって最も大変な年の一つであり、健常児クラスですごした十年間の中で最初の年でもありました。先生の中には、とても素晴らしい支援をしてくれる人もいましたが、学業的には中々ついていけない数年でもありました。しかしながら、全体としてこの健常児と一緒の統合クラスはエリックにとっていいものであったと思います。なぜならエリックはおとなしく、すべてのルールに従い、学業的にもかなりいい成績を残したからです。彼は問題行動を生じることはなかったし、先生たちはクラスに彼がいることに価値を見つけてくれました。

統合教育の中でエリックのためにお願いしたことは、自閉症に特化したクラスのものとはかなり異なっていました。私は学校にかなり関わることになり、できる限りいろんな方法で教師に援助をするようにしました。自閉症やエリックについての情報を教師に提供し、教室だけではなく遠足などの校外学習にも自ら参加させてもらいました。健常児クラスの先生は、ほとんど自閉症についての知識がなく、ときに健常児クラスで自閉症児を担当することを望まない教師もいました。私は健常児クラスで、エリックを指導することが難しいことではないことを頻繁に説得しなければなりませんでした。また、エリックを継続的に守ってもらえるようなサポートもお願いしました。エリックが学業的にうまくいっていたときには、学校から「自閉症といったラベルをとってもいいんじゃないか」といわれたこともありました。エリックが構造化されたセッティングや視覚的な支援がなかったら、うまくやっていくことができないということを、学校の先生たちは何も知らなかったからでしょう。

エリックが成長するにつれて、彼の思春期のことがだんだんと心配になってきました。自閉症児が思春期になると大変な問題行動を生じてくるという話を聞いたことがあったからです。思春期は一般の子どもにも大変な時期だということは承知していましたが、自閉症児の思春期はそれ以上に耐えられないのではないかと想像していました。私はとても心配していたのですが、幸運にもこのような苦しい経験はせずにすみました。エリックはティーンエイジを迎えても、身体的な変化はともかく、全く問題はありませんでした。彼の性格はずっとおとなしいままでしたし、新しい問題行動が出現することもありませんでした。もちろん回りの子どもたちには変化があったので、エリックに問題が生じたら喜んで手を貸そうとしてくれる友人たちもいました。実は、中学時代は最も大変な時期でしたが、なんとか乗り切ったのです。中学、高校時代はいろんなことを学ぶ時期でもあり、成長する時期でもありました。

時は多くのことを変えてくれました。今私たちの生活を思い返し、エリックが診断されたときに抱いた将来の不安を思い出してみると、変化を遂げた数多くのこと、そして彼ができるようになったことなどにはとても驚かされます。どれくらいエリックが成長し、どれくらいエリックの母親としてやっていけるのかは、当時の私には想像することもできませんでした。自閉症という障害はたしかに理解できない、あるいは受け入れられない障害ですが、今やそのことは毎日の生活の一部であるため、ときどき「自閉症」が障害であるということを忘れてしまうことさえあります。私たち家族はほとんど普通の生活と感じています。エリックは今二十二歳で、素晴らしい青年になりました。彼はいろんなことができる自慢の息子です。エリックは今、州立大学で「人類学」と「動物学」の勉強をしています（動物が好きだということが、結果的に有効でした）。エリックは大学寮に住み、毎週末に家に帰ってきます。彼の自閉症の特徴は未だ残っています。エリックはおとなしく、自分のペースで進み、時に自分のことを話すことがありますが、いまだ社会性に乏しく、いつも一人で過ごすことを好みます。エリックは寡黙で、尋ねられると答えますが、自分からしゃべることはありません。子どものときにあったかんしゃくは改善され、柔軟性も出てき、変化にも対応できるようになりました。冷静さを失ってパニックになる行動がなくなったことにとても感謝しています。

今自閉症と診断されたばかりの親御さんたちは、きっと苦しみの真只中にいることでしょう。しかし、きっとうまくいくということに、耳を傾ける必要があると思います。私たちの子どもたちはいつも学習しているし、私たちが予期できないような方法で発達し続けています。苦しい時期が徐々に緩和されていくということは、その状況が楽になっているからではなく、自閉症の親としての私たちが強くなってきているからなのです。私たちが切り抜けてきた経験や、何年もかけて子どもたちから学んだことによって、私たちは正しい決定を下す自信がついてきました。今後も私たちを苦しめる厳しい状況は続き、子どもの将来に対する不安は常に持ち続けるかもしれません。しかし、試してみるべき指導法があり、頼るべき人たちがおり、そして学習すべき勉強もたくさんあります。続く章では、モリーンと私が自分たち自身について、子どもたちについて、そして自閉症について学んだことについてお伝えします。あなた方は決して一人ではなく、自閉症と診断されてからの生活が「ある」ということを感じてもらえることを願っています。自閉症と診断された後の生活について、どのように立て直していったらいいかの指針を第2章の最後に記しておきます。

第2章

自閉症と診断されてから立て直した生活
――ジャスティンの母親モリーンの場合

ジャスティンの診断結果はまるで電報のようでした。

「重篤な知的障害。染色体異常。重度の自閉症。」

以上が専門の医師から聞くことができたすべてでした。後になって、出産のときにへその緒が巻きついたことが、酸素不足を引き起こし発達障害の原因となったわけではないということがわかりました。そのことは責任を感じていた私にとってホッとしたことでした。染色体異常等によりジャスティンの脳細胞に障害を生じていたということは、妊娠しているときには知りませんでした。十五番目の染色体がなくなっており、それはジャスティンの脳の発達過程に永久に傷を残すものになっていたのでした。障害児教育に詳しい夫は正しく認識していました。

夫はジャスティンが生まれたときから、ジャスティンに障害が生じるということに気づいていました。私はというと、「グラスにはまだ水が半分も残っている」という楽観的な考え方をしていたため、自分が小児科の看護師だったにも関わらず、ジャスティンの発達障害をそんなに重いものとは考えていませんでした。

一九八一年の当日、発達障害診断センターを後にして、夫のロブはジャスティンの障害の本当の原因を説明することで私を慰めようとしました。しばらくの間、私はいい診断結果が出るものと安心していました。

しかし、それから現実が始まり、失望と希望との三年間の長い戦いがあり、そしてその戦いはついに終わりを告げたのです。

「失望」が「希望」を打ち負かしてしまいました。

最も悲しい結果が現実のものとなったとき、私は希望を失い、慰めようのないほどの悲嘆にくれてしまいました。私は

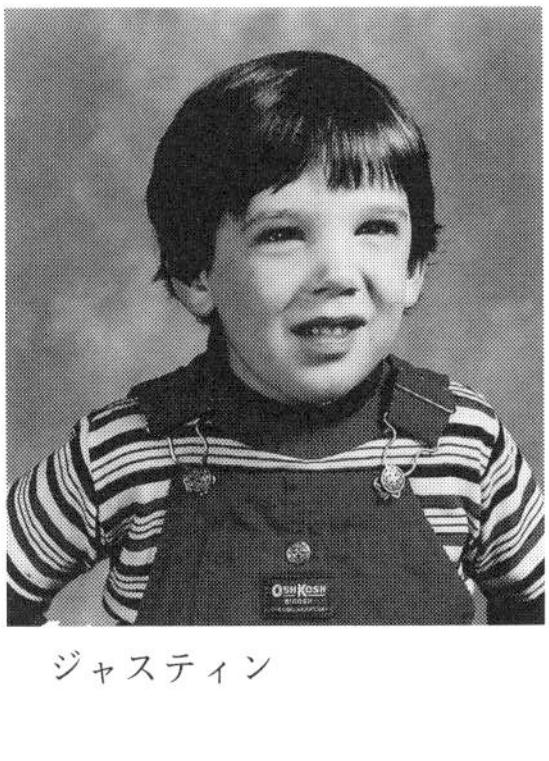

ジャスティン

ジャスティンが無限の可能性を秘めており、私たち夫婦のいいところをすべて持ち合わせた、完璧な子どもになってほしいと思っていました。それは、一般に子を持つ親すべてが持つ夢ではないでしょうか。私たち夫婦は、子どもがやることは、どんなことでも可能性をもっているものと信じていました。親になったばかりの私たちは、テレビのコマーシャルに出てくる「髪の毛がカールしたかわいい少女が、静かに座って、お皿に盛られたシリアルを食べている」そんな生活を期待していました。テレビコマーシャルのナレーターは、この少女の未来に待ち受けている素晴らしい出来事を、長々としゃべり続けていました。スポーツ選手、あるいは素晴らしい学者、あるいは将来アメリカの大統領にさえなれるのではないかと思っていると、彼女はゆっくりとシリアルのボウルを持ち上げ頭の上にのせます。そのうち私たちの子どもも、そうやってシリアルのボウルをゆっくり持ち上げることを望んでいました。しかし子どもの障害を自覚するまでには、もはや完璧でないすくむような現実に巻きこまれるのです。完璧でありたいという夢は、ときがたつといつの間にか消えうせていました。ジャスティンの診断結果は、私が望んでいた夢をみるみる打ち砕きました。私はにせもの（impostor）の世話をすることを放棄したいと感じてしまいました。

　にせものとの生活によって、完璧な家族の私の夢は悪夢に変わってしまったのです。赤ちゃんのときはおとなしく、手間のかからないジャスティンが、「エナジャイザー・バニー（注：電池のCMに登場するウサギのおもちゃ。いつも動いている）」に変わってしまったのです。ジャスティンが目覚めた瞬間から、際限のない竜巻のような異常な行動は、（彼には）崩壊の足跡を、そして（私たちには）混乱の足跡を残すことになりました。彼の行動は予測できず、幸せで人懐こい子どもだったジャスティンは、自傷行動を頻発し、攻撃的な子どもへと急激に変化していきました。ジャスティンは周りの環境や出来事のすべてに反応してしまいました。彼の外界とのつながりは、私たち両親とのつながりのみでした。ジャスティンが、完璧な子どもであって欲しいという私の望みには、完璧な母親がつきものです。そのときから私は、全能で、慈しみ深い完璧な母親、まるでマザーテレサのものまねのような構想を企てたのです。しかしながら、重度の障害のあるジャスティンは、そんなに生易しいものではありませんでした。何より、ジャスティンはいいところも悪いところも（落ち込んでいる）母親である私自身の遺伝子を引き継いでいるのです。

　ジャスティンが生まれてから集中治療を受けていたとき、私は母親としての猛烈な愛情を感じていました。へその緒が切られる瞬間、ジャスティンが生きていくためには、情緒的なへその緒の存在があるということを本能的に理解しました。私は今までに経験したことのない子どもとのつながりが、こんなに強いものだなんて、そのつながりの強さにとても驚きました。それは「母熊」になる儀式だったのです。強いと同時に「小熊」に対し、どんな脅しにも屈しないという強さでした。（それはまた「父態」も同様に、タフで怖い存在であらねばということです）危険を察知したときに子どもを守るために自分が強くなければならないという姿勢は、すべての親が経験していると思います。しかしながら、その気持ちは自閉症の子どもをもつ親にとっては、普通以上に大きなものなのです。なぜなら、外界との接触に対する不安を、常に感じて生きていかなければならないからです。たとえ何も問題が起きなくても、いつ危機がやって来るか常に意識していなければならないからなのです。

ジャスティンに対する母性愛の強さに驚いた私は、それと同時にジャスティンを愛せない非母性的な感情があることにもショックを受けました。ジャスティンがもつ障害は、彼に対しての母親としての努力不足を非難されているように感じたのです。正直にいうと、ジャスティンに重い障害があるということを恨んだことさえありました。私は幸せになるべき未来を奪ったジャスティンを責めました。ジャスティンは私の人生を台無しにしてしまったのだと感じたのです。私の理想の中では、彼は決して生まれてきて欲しくはなかったのです。そのことを認めるまでに何年もかかりました。今でも、このような感情にぞっとします。

思い返してみると、このように相反する感情に苦闘し続けました。なぜなら、自分自身の過去の傷に無理やり直面せざるを得なかったからです。少しも満足できなかった子ども時代を取り戻そうと、究極の奉仕者であろうと必死でした。今思えば、ジャスティンを愛することができないだけではなく、そのうえに憎みかねなかったことが分かります。母になろうとしていたなんて、あきれたものです。

時がたってみれば、ジャスティンの赤ん坊時代のことを省みる余裕があります。しかしながら、若い母親だった私は時間とエネルギーを使うことに一日ただやり過ごしていました。障害のある子をもつ親は、一つの段階が終ると次の段階へ成長し、ついには障害を受け入れられる最後の段階へ移ると喜びとなると研究者たちは紹介していますが、私にはそのような喜びは全くありませんでした。私はすべてのできごとをラジオニュースのように感じていました。つらい気持ちは常に続いていました。ジャスティンの問題に打ちのめされていたので、私はときおり感覚が麻痺しボーっとしていたり、また逆に多動に動き回ることもありました。

ジャスティンが小さいときは不安が常に付きまとっていました。答えのでない疑問に際限なく振り回される恐怖を感じていました、とりわけ夜にその不安や恐怖を感じました。「私たちはジャスティンにどんな関わり方をしていけばいいのだろうか。私たちの結婚が、苦しみを生んだのだろうか。ジャスティンがあまりにも不適切な行動をとるとき、私たち夫婦は彼を愛することができるのだろうか。こんな環境の中で、他の子どもたちを平等に、あるいは人間らしく育てることができるのだろうか。

家庭でさえこんなに難しい状況なのに、家を出た外界と、うまくやっていけるのだろうか。世間の人たちはどんな反応をするのだろうか。ジャスティンが問題行動を起こしたり、攻撃されたときに、どうやって彼を守ってあげればいいのだろうか。」

夜に毛布を落とし、朝になるとよくジャスティンはベッドで震えていたことがありました。たとえ寒くても自分ひとりで毛布さえも掛けることができなかったのです。そのことは、ジャスティンがこれから生活をしていく中で、何か問題が起こってもそれにうまく対処できないという問いを投げかけたのです。ジャスティンの自傷やパニックなどの問題行動は、成長して私よりも大きくなったとき、どうなってしまうんだろうとよくよく心配しました。もし、私たちが彼の行動にうまく対応できなかったら、彼は将来精神病院に行かなければならないのかと不安を感じていたのです。

そういった不安があるため、ジャスティンを「治す」という思いにかられ、常にジャスティンと一緒にいなければならないと感じていました。もしジャスティンが五歳になっても何もできなかったら、その後のジャスティンの生活は保護された施設の生活にならざるを得ないのだろうというゆがんだ考えを持っていました。また、ジャスティンにもしことばが出なかったら、彼が必要としていることを人に伝えることは、決してできないだろうと心配もしていました。今となっては不適切な行動をしたと感じているのですが、やけになっていたのでしょう。ある治療者から別の治療者へと、当時流行していた、いろいろな療法すべてにかかったこともあります。しかし、私が求めていた迅速な解決法はどこにいっても現れませんでした。

ジャスティンの障害に対する私の熱狂ぶりが、ジャスティンの生活が改善されつつあったサインを見落としていました。このゆるやかな変化、ぼやけた生活がはっきりと見えてくることについて、私の妊娠のひどい移行期（注：出産の第一段階）のことを思い出します。苦しいときがきて、もうすぐ生まれるということがわかり、赤ちゃんを産む準備をするものです。しかし、この移行期を過ぎると、何もかも変わってしまうのです。

最初は、人生には事件が起こらないことが良いことだと思っていました——睡眠が邪魔をされなくて、ジャスティンが公の場でかんしゃく行動を起こさないで、私生活で冷静さを保つこと。そんなマイナス思考で生活をすると、私たちは何とかしてゼロに戻ろうとします（注：プラスでもマイナスでもない）。そうなると、ジャスティンのゆっくりではありますが、ほんとうの成長の姿を見るにつれ、私たちはプラス思考を経験し始めます。ジャスティンは意味のある活動をし始めました。ジャスティンが獲得したスキルは、多くの「実践の場」を通してのものでした。たとえば、どんなときもジャスティンは靴を脱ぎ捨てていましたが、その中から彼は靴を履く「技術」や「科学」を学習したのです。

他のスキルでは、彼自身の時間概念が芽生えてきました。

私たちは何度も失敗しながら、ジャスティンのかんしゃく行動を、効果的なコミュニケーション方法によって置き換えようとしました。そのような中、ある日学校で、コミュニケーションを獲得する瞬間があったのです。ジャスティンの担任の先生は興奮してそのことを伝えようと電話をかけてきました。ジャスティンは彼女の手をつかんで、教室の外へ連れ出し、ホールをくだり、ワゴン車のドアノブにしっかりと彼女の手を置いたのだそうです。声を出してしゃべることができないジャスティンは、「もう勉強に飽きたから、車に乗りたい」ということを伝えたかったのかもしれません。それをきっかけに、ワゴンに乗るときに必要なコミュニケーションスキルが芽生えてきたのです。

彼のコミュニケーションは（ことばはないけれど）意味のあるものとして成長していくにつれ、ジャスティンの行動は予測できるものになってきました。ジャスティンは今にも起こりそうなパニックのサインに、顔やことばの手がかりを示すようになりました。それは、（パニックを起こしそうなので）環境を再構造化して（変えて）くれ、と私たちにお願いしているのでした。ジャスティンはときどき「散歩」をすることで、気持ちを落ち着かせることを教えてくれるようになりました。ジャスティンが十代のとき、最も重要な行動スキルが発達しました。彼はパニックを起こしそうになる前にその状況から離れる、いわゆる「自分を落ち着かせる場所へ行くこと」を自分で行うことを学習したのです。

ジャスティンはついに自分の世界を理解し始めたのでした。彼は問題解決のために脳の神経細胞が輝き始めたのです。彼のスキルや理解力が高まっていくにつれ、周りの世界を恐怖と感じなくなってきたのでした。

私は母親として、「あなたの息子が幸せじゃないならあなたも幸せじゃない」ということばの真実を経験しました。ジャスティンは生活の中で楽しみを見つけ出していくにつれ、母親としての喜びを感じ始めました。ジャスティンが周りの世界とうまくやっていける能力を身につけるたびに、私も同じようなことができるようになってきました。私が希望していたほどの成功ではありませんでしたが、黒か白と思っていた世界観は、そうではなく、すべての自閉症が灰色であるためにもがいていたのでした。しかし、私たちを援助してくれる人々に出合い、私は希望とは何かを知りました。

ジャスティンのために、ドアを開いてくれた大先輩でありその道のパイオニアでもある多くの自閉症の母親たちと出会うことができました。その中には、賃金の少ない母親、働きづくめの母親、そして過小評価をしてしまう母親などいろいろなお母さんがいました。彼女たちはたとえ効果的な治療法を見つけるのが困難とわかったときでさえ、ジャスティンを指導する際にパートナーとして私に対応してくれました。「どこへ行こうとしているのかはわからないけど、そこへ行くのに一人で行く必要はない」と私に告げてくれる先輩たちがいました。この旅路をよく**知っている**「自閉症の母親」がいたのです。彼らは自分自身の「身の上話」や「自分たちの希望」や「自分たちの強さ」で私に生きる道筋を提供してくれたのでした。他の母親の忠告に耳を傾けたり、友人のマティが「私の重度の普通の子（severely normal）（注：極めて正常。障害に対する線引きを批判した表現）」と呼ぶような母親の後に続けと、みんなで母親としての役割を、長い時間をかけて成長していくことを教えてもらいました。母親になるということは、不安や不確かさ、危険、悲しみ、そして相反する感情に直面することです。母親としての相反する感情の例は、私たちは童話、漫画、そして童謡から検証できます。（たとえば、「枝が折れたら、ゆりかごが落ちる。（注：マザーグースの有名な一節、子守り歌の最後は残酷な終り方をする）」という歌を歌うとは、はたしてどういう意味なのでしょう）。私の好きな週刊誌「ニューヨーカー」の風刺漫画の一つに、二匹の親金魚が小魚の群れの中で泳いでいます。一人の親はもう一人の親にこう言います。「私たちは子どものことを思っていると思うよ。一緒に生活をしている。そして私たち家族はお互いに愛し合っている。そしてまだ子どもたちを食べていないけどね。」

　自閉症の子の親になるということは多くの努力が必要で、母性が異常に増大することになります。私たちの誰もがそういった準備をしていませんでした。悲しみから回復するということはもっとも複雑な科学かもしれません。最初のうちは、私たちは無駄骨を折ってばかりで、そこから引っぱってくれる人たちを捜し求めていました。私にとっての母親の会での時間や経験、そしてサポートは私の人生を変えてくれました。

　時とは、人生がよくなっていく真の答えです（まだ十分ではないのですが）。息子たちの潜在能力を引き出してくれる遺伝学的、心理学的な脳の難しい仕組みについても時間が提供してくれます。時が経つにつれて、私たちの心は復活できる強いパワーを持つようになってきました。結局はアン・ラモットの言葉にもあったように、「時間が経つにつれて見えるものが見えてくるようになり、汚いものでも堆肥となるべく変わっていき、驚くべき成長がみられる……（Lamott, 2005, p.16）」のでしょう。

　そうやって、私はいい経験をしてきました。私が切り抜けてきた危機によって、次のステップへ向かおうという親としての自信がわいてきたのです。長い間些細な事柄を大災害のように扱っていた私は、何がもっとも大変なことだったのかを考えられるようになってきました。このような私の学習体験は、自閉症の親として若いお母さん方に提供できるような答えではないかもしれません。しかしながら、予期できない自閉症の問題の対処法について、どのように生き抜いてきたかを話すことによって、未来への恐怖心が少なくなってきたのは事実です。エレノア・ルーズベルトは次のように述べています。「直面した恐怖に真正面から立ち向かう経験によって、強さ、勇気、そして自信を獲得するのです。自分ができることではなく、自分ができないと思うことに挑戦してごらんなさい。」そうすることによって、私たちは生き残るすべを学習し、前進していくことができるのだと思います。

いつのまにか人生は、悲劇のような感じが終り、それが何であるか考えることに変わって行くのです。私たちの人生において唯一予測できるものが、「私たちの人生は予測できないもの」だということなのです。

私たちに安定したユーモアのある生活が戻ってきました。それと同時に、後悔と哀しみが消えうせました。この変化がいつ生じたか思い出すのは難しいことですが、私の日記の記載に見つけました。

「ジャスティンは今日で六歳です。私はこの六年間どうにか乗り切ってきたことが信じられません。どうにか乗り切るどころか、もっと普通で幸せな生活をしています。ついに私が期待していた以上の普通の生活になったのです。この六年の間、苦しみは喜びにいつも影を投げかけていました。時を経て、私の生活にとって、今ではジャスティンがいる喜びのほうが苦しみをしのぐようになりました。」

ジャスティンとの生活が楽になったというのではありません。そうではないのです。苦しみや悲しみが再び生じることがなくなったというのでもありません（実際、それは続いています）。しかし、ジャスティンは学習し成長し始めたので、彼の生活の上でいくつかの技能が発達してきたのです。そして私も学習し成長し始めたので、私もいくつかの技能を獲得してきました。私たちの成長はとてもゆっくりでしたが、ジャスティンと私は（ジャスティンの父親と兄弟とともに）家族として一緒の生活を徐々に進み始めました。ジャスティンの勇気や熱情によって悲しみが見えなくなってきました。私たちの幸せの未来図が、徐々に明確になってきました。ジャスティンはもはやにせものではありません。ジャスティンはジャスティンであり、他の誰でもないのです。

今ジャスティンは二十七歳になります。二年前まで家族と一緒に生活していました。今では自閉症の人たちのための農場で働き、そこにある住居で生活しています。ジャスティンは重度の自閉症と知的障害を持っているにもかかわらず、彼の機能、コミュニケーション、行動スキルは幼いときに培われたものであり、今でも成長し続けています。ジャスティンは話す能力が育ってこなかったとはいえ、訓練を受けていない観察者でさえも彼がコミュニケーションを取ることができるということがわかったでしょう。ジャスティンは粗大運動能力がとてもよくなりました。持ち上げる力、物を動かしたり、運んだりする力などは農場での仕事にとても役に立っています。ジャスティンはまた、「プットイン王（注：put-in 教材で、穴のなかになにか入れること）」といわれています。花壇に土を入れる仕事、花壇の土に種を撒く仕事、花壇の土の種に水をまく仕事。（長い時間をかけて体系化した課題を続けさせたからだと思いませんか？）

こうして農場でのジャスティンの仕事を話している中で、私は彼が働き者である印象を与えたくないのです。力仕事は必ずしも彼の「もっともできる仕事」ではなく、彼を放っておくと怠け者になってしまうでしょう。ジャスティンは仕事に集中する能力が改善されたとはいえ、彼の本当の興味やスキルはレクリエーションと化しています。ジャスティンの背中に手を置いてメッセージを伝えようとしたり、スケートやハイキング、食事、車に乗ることのような活動に参加するときには、ジャスティンは愛想よく笑いかけてくれます。

ジャスティンが家に帰ってくると、彼はまた自分の部屋に引きこもり、私とジャスティンはときどき毛布を引っ張りあいます。彼が毛布に執着する目的がわかるまでに、ずいぶんと時間がかかりました。今では、ベッドから出たくないために、毛布にしがみついているというのがわかっています。ジャスティンはいまだ自傷行動や攻撃行動を生じるときがありますが、それらの行動はずいぶんと減少しました。

ジャスティンの今は、極端に子どもの頃のような問題があるわけではありません。夫のロブが冗談めかして言うのですが、「私たちは、ジャスティンを子どものときからグループホームに入れるべきだったのかな。そして、こうして成長した大人になったジャスティンを家に迎え入れるべきだったかな」と。（実際はそんなこと微塵も考えていないと思います。）

自閉症と診断された後の生活を立て直すために

ふり返ると、アンと私は自閉症の診断後の日々が、とても辛かったことを承知しています。「自閉症ママ」の友人たちも、うなずいてくれるものと思います。私たちは将来起こるであろうと思っていた不安のほうが、最終的に向き合った事実よりもはるかに悲観的でした。大人になった自閉症の母親として、この恐怖にアドバイスできること、二十年以上前、悲しみにくれていた母親が申しあげることができるのは以下のとおりです。

1．深呼吸をしましょう。もう一度。はい、もう一度。もう一度……。

2．いくら相反する感情の徴候があったとしても、それを悲しんだり、不安になったり、恐れたりしないようにしましょう。

3．スーパーマンのような力を持ち合わせた完璧な親なんてどこにもいません。

4．親としての役割はだんだん育つものです。危機があって生き延びるのです、将来への恐れも徐々に薄れていくでしょう。

5．将来あなたが恐れている問題と向き合うときまでに、だんだん経験をつんで、だんだん自信をつけて、だんだん知識をつんで、親として変化していくでしょう。

6．人生は相変わらず見通しの立たないものですが、適応していくものです。

7．人生は辛いかもしれませんが、それればかりではありません。

8．だれも自閉症のあなたのお子さんを、助ける正しい方法を知りません。あなたとお子さんが、ご自身の道を探してください。

9．将来の人生にかられる気持ちを抑えましょう。今日、生きること――そして向上すること――に没頭しましょう。

10．毎日少しずつ着実に行いましょう（それが一日一時間でも）。

11．自閉症は生活をいつも支配するものにはならないでしょう。時は流れ遠ざかり、もはや専念することではなくなり生活の一こまとなるでしょう。

12．あなたが予想だにしなかったこの経験に癒されるときがくるでしょう。

第3章 家族生活のバランスを保つために

——きょうだいとの関係

家族生活をうまくやっていくことは、家族みんなが満足の均衡を保つことです。親は増えていく日々の生活をカバーするために、時間やエネルギー、予算をやりくりしながら、それぞれの子どもたちの精神的なニーズにこたえなければなりません。自閉症の子どものいる家庭というのは、このバランスを保つということがとても労力を使い、また困難なことなのです。全体として他の子どもたちのニーズに比べて自閉症児に高い比重をかけてしまいます。

☆モリーンの場合

ジャスティンがまだ生後八カ月のとき、夫のロブは特殊教育教師をやめて大学の医学部へ進みました。マイケルは医学部を卒業する直前に生まれ、パトリックはロブがインターンを終えて病院で実習しているときに生まれました。そして、私たちは三人も息子を持つ家族になったのです。インターン生活が終り、仕事を探し始めるときに私たち家族のバランスが問題になりました。

ロブは四つの州から勤務先のオファーが来ました。私は彼に伴い、好ましい隣人がいるか、普通教育と特殊教育がどうなのか調査しました。毎日、私たちの家族に最もいい転居先を決めようとしました。しかし、日々基準は変わっていきました。

一日目、私はロブにとっていちばんいいところにしようと決めました。結局、ロブの医学トレーニングの最後に外科医学士の資格をとるため大学に戻るまで、九年の厳しい仕事と彼の犠牲があったからです。ロブは望む仕事を選んで当然だったのです。

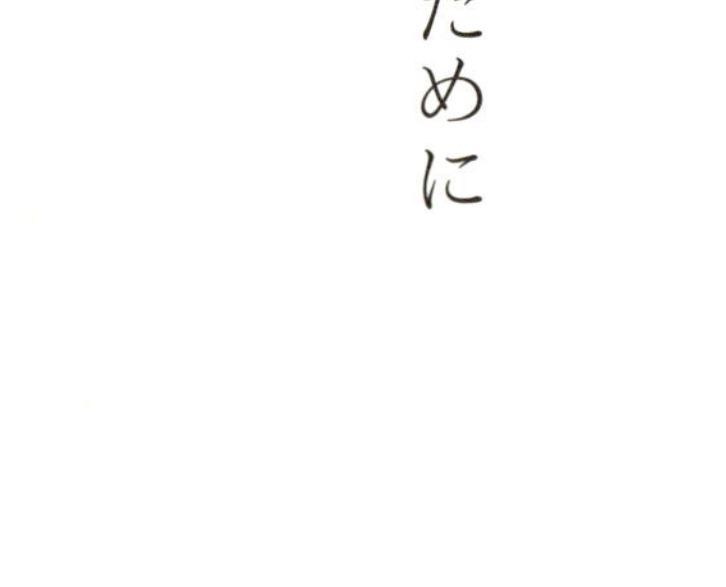

ジャスティン

二日目、ジャスティンにとっていちばんよいところにしようと決めました。やはり、ジャスティンが私たち家族にとって最も弱いメンバーだったからです。ジャスティンの可能性を最大限に広げていけるサポートを、受けることができるようなサービスが最も価値があると考えたからです。

三日目、マイケルやパトリックにとって、いちばん必要なのは何かで決めました。なぜなら、ロブはとても疲れ果てる仕事をしているし、私はジャスティンにかかりきりだったので、彼らは順応してくれていて、親から世話をしてもらうことに諦めを感じていたからです。

四日目、私にとって最も必要なことは何かで決めました。というのは、私が家族を束ねる中心だったからです。私が幸せであるということに価値を置きました。私の家族は「ママが幸せじゃないなら、ぼくらも幸せじゃない」という原理で生活していたからです。

最後には、私たちの家族は妥協に達しました。私たちの家族誰一人にとっても転居することはベストではない、しかし私たちそれぞれが、十分に満足できる仕事や地域のために動くことがベストであると。とても親しい友人が言ったことがあります。「もし家族の誰か一人でも苦しいと感じるなら、あなたはきっとほぼよい均衡を保つことを考えるでしょう」と。

親というものは、自閉症という障害が、家族関係にどのような影響を及ぼしているか常に心配しているものなのです。

この章と次の第4章では、家族生活が安定するために、必要な三つの異なった視点に焦点を当てます。自閉症の保護者だけではなく、きょうだい、結婚、親類等の拡大された家族まで含みます。

私たちの子どもが最初に診断されたときは、自閉症がいる家族は少ないものでした。稲妻が二度は当たらないという私たちの幼稚な信念のもとで次の妊娠に入りました。子どもを持つという決心は、現在のだいたいの親にとって理解しがたいことではないと思います。私たちは自閉症の特徴を示すもう一人の子どもを持つという脅えをかかえていません。

私たちの心配は、自閉症児が普通の子どもたちにどのような影響を及ぼすかということです。家族関係を構築しようとしている間、どのようにしたらうまくいくのかは全く闇の中でした。私たちの次の子どもが誕生するという喜びに、不安は影を投げかけていました。

☆モリーンの場合

病院から生まれたばかりのマイケルを連れて帰ったとき、不安と出産直後のホルモンが急激に低下したため、無気力状態になっていました。「私は何をしていたのか？」と考えるのが精一杯でした。子どもがもう一人増えたために、ジャスティンを裏切ったように感じていました。また、普通じゃない家庭にマイケルを迎え入れたことが、不幸なことではないかとも感じていました。私自身、生まれたばかりの赤ん坊と多動で常に動き回る五歳の自閉症児の世話を、常にしなければならないことは認識していましたが、ジャスティンと同じようにマイケルに対して深い愛情を注ぐことができないのではないかとの不安もありました。もっと悪いことに、マイケルの方を可愛がるようになってしまうのではないかと考えたりしました。夫のロブは私の落ち込みを察知したようで、ユーモアを交えて慰めてくれました。ロブは出産後のうつ状態を正常の状態に戻してくれました。ロブはこのような状態に「ぼくも一緒にいるんだよ」と勇気づけてくれました。そして、何かあったときには、「(医者である) 白衣の紳士がいて、ちゃんとみているんだから」と。何日かすると、出産後の落ち込みは消えてしまいました。きついプレゼントはとても忙しくて、無気力ではいられない状況にしてくれました。

★アンの場合

エリックが自閉症と診断されたとき、妹のセイラはまだ生まれて六週間を過ぎたところでした。セイラは十時間にも及ぶ苦しみのあと帝王切開で生まれました。へその緒が撒きついていたため、心拍数が低下していたのでした。医師はすぐに私に麻酔をすることを決め、わずか三分間で奇跡的にセイラを取り出してくれました。エリックの帝王切開のときに比べて私の回復は遅く、また難しいものでした。家に帰ると、二歳の自閉症児であるエリックと、生まれたばかりのセイラの世話をするのはとても大変なことでした。エリックが診断されたときには、ようやく立って歩けるようになっていましたが、それまでの数週間は前かがみでしか動くことができませんでした。医師は必要なときにエリックを迎えに行くよと言ってくれていました (必要なときは頻繁にありましたが)。

エリックが自閉症と診断された後に経験したうつ状態により、私はかなり衰弱してしまいました。私はセイラの寝室でロッキングチェアに座って、母乳をあげていたことが何度もあったことを覚えています。このときだけは私はセイラと二人で過ごし、肉体的に一つになって、まさに暗い部屋で二人っきり、私のための逃げ場のようでした。そこでは「現実の生活」から遊離しているように感じていました。その時間はエリックを見る必要がなかったので、エリックに対する不安のすべてを払拭していました。その時間は、「私がどのように過ごしているか」「医者が何を言ったか」「次に何をしようとしているか」などを誰にも話す必要はありませんでした。

ときどき、こういった逃避の時間に、私は部屋に鍵をかけて、セイラを抱きながら泣いていました。エリックのこと、家族の未来のこと、そもそもやっていけるのか、心配でたまりませんでした。しかし、セイラについてはまったく心配していませんでした。セイラは幼くても大丈夫だということを確信していたからです。理由はうまく言えませんが、セイラは様々な点でエリックとは違っていました。セイラの部屋で二人だけで絆を結んでいるとき、常に私の目を見、私を触り、そしてすぐに笑みを浮かべてくれるのです。セイラといると安らぎを感じ、他の点では全く制御できないと感じる世界に対し、セイラは安らぎと予測性をくれるのです。セイラはこの困難な時期に、私のライフセーバーでした。おぼれている私を、支えてくれるようなそんな強さをセイラは与えてくれました。私はセイラが支えてくれたこの困難な時期を、決して忘れることはないでしょう。

四年後フィリップが生まれ、生活がちょっと大変になりました。実を言うと、私はセイラとフィリップも、もしかしたら自閉症の特徴を持っているのではないかという過度の不安を抱えていました。セイラは女の子だったので、その心配はなくなりました。自閉症は女の子には極めて少ないということを知っていたのですが、それだけではなく、セイラがエリックと比べて、多くの点で異なっていて心配の種がなくなりました。フィリップもセイラと同じような反応を、赤ちゃんのときにしていましたが、自閉症の発生率は女子よりも男児に多いので、フィリップについては大変心配しました。特にフィリップの発達には気をつけており、自閉症の特徴がないかと目を凝らして観察していました。フィリップが幼稚園のときに、担当の先生から少しどもりがあるので、言語療法の必要性があるかもしれないと言われたことがありました。私はすぐにまた何か嫌なことが起きてしまうと心配になったのです。夫は優しく私をサポートしてくれ、言語療法の予定を入れるまでにフィリップのどもりはなくなりました。フィリップは誰に対してもきれいに途切れなくしゃべり始めました。私は彼の目を見続けました。まるで何か起きることを待ち構えているかのように。

僭越ながら、子どもたちが一風変わった家族の努力をどう受け入れるか、お話してみます。

次に私たちが学んできたことをご紹介します。

レッスン1：ユニークな見方をするきょうだい

きょうだいは親と同じような感覚を経験しています。愛情、不安、欲求不満、プライド、罪、怒り、矛盾などの感情をすべて示しているかもしれません。しかし、健常に発達しているきょうだいは、性格としつけのつながりの中からいろんな反応を持つようにもなってきたのでしょう。自閉症のきょうだいという個人的な視点は、性格や気質、性別、生まれた順番、発達段階などにより、自閉症のきょうだいという個人的な視点は影響を受けています。たとえば、恥ずかしがりやの子どもは自閉症のきょうだいの行動を世間に知られるのはとても嫌なことでしょうし、一方度胸の据わっている子どもは、同じ状況でも困惑したりはしないでしょう。自閉症の子が生まれる前の生活になじんでいた年長のきょうだいは、生まれたときから自閉症の兄がいるきょうだいとは、その経験も異なるでしょう。

☆モリーンの場合

パトリックとマイケルは、十代のときにノースカロライナの自閉症協会大会でパネラーとして、きょうだいの分科会に参加しました。二人には多くの質問がされましたが、彼らは正直に答えました。彼らが答えることが難しかった唯一の質問は、同じような内容のものでした。「もし、ジャスティンが健常児だったら、どんな生活になったと思いますか?」この質問に対して、二人が露ほども思っていなかったというのが彼らの本音でした。この質問に対する二人の答は私に明るい思いを投げかけてくれました。このような質問によって、私たち家族が「普通」ではないと思い知らされ悲しんできたからです。ジャスティンという兄がいなかったらどんな成長をたどったかはわかっているつもりです。しかし、弟たちの視点は私とは異なるものでした。二人は普通の家族ではないことに悲しんではいませんでした。なぜなら、これが二人にとって普通の家庭だったからなのです。

きょうだいは自閉症の原因や、自分たちの未来について何度も気にかけています。きょうだいは自分たちが障害者に「なる」かどうか心配することもあります。

☆モリーンの場合

ある日、ジャスティンを学校に降ろしたあと、マイケルが車のシートに座って言ったことがあります。「ジャスティンはしゃべらないし、知的な遅れがあってぼくより年上だよね。だからぼくが年をとってくると、知的な遅れが出てきてしゃべれなくなるの?」私は考え、マイケルのあらゆる可能性のある疑問について予想して言いました。「ほら、あなたはしゃべっているじゃない。」私は真面目にジャスティンの障害について説明しました。そして言いました。「他に尋ねたいことはある?」と。マイケルはしばらくの間真剣に質問を考えていました。そしてマイケルは言いました。「わかったよ。もしみんな死んでも、テレビはあるんでしょ?」

この出来事によって、私たちは子どもが聞いてくることになんと深刻になりすぎていたかと気づくことができました。私はジャスティンの自閉症という障害についてどのように、そしてまたいつマイケルに話そうかと悩んでいたので、マイケルが理解できる発達段階を忘れていました。これは、一般に性教育において「ぼくはどこから生まれてきたの?」という息子の質問に対し父親が答えてくれるジョークを思い出させてくれました。困惑して息子は答えます。「ぼくはカリフォルニアから来たと思っていた」と。マイケルとのやり取りのあと、私は苦心して説明するのをやめようと思いました。そして、年齢に応じた説明をしていこうと考えたのです。大切なこととして、質問の背景にあるふくらんだ感情に答えることを学習しました。私たちの会話に、「知らないわ」とか「難しいよね」あるいは「ええ、間違っているわ」のような正直な答えを入れてみました。家族として一緒に、私たちができるもっともいいことをしていこうと胸に刻みました。

親というものは、それぞれの特徴をなんとなくわかっています。自閉症のいる家族の中で、それぞれの子どもがどうやってきりぬけるかを援助できるもっとも良いポジションにいます。私たちは、子どもたちに愛されているということを伝え、そして問題はあるかもしれないけれど、子どもたちのために私たちは常にそばにいるんだという安心感を与えなければなりません。それが親として子どもに対する最も良い援助方法なのです。

レッスン２：きょうだいは自分の感情を話し合う時間が必要

自閉症のきょうだいと一緒に生活していくということは、多様な感情を経験することです。きょうだいたちは望むべき自分たちへの注目がなされないため、憤りを感じているかもしれません。あるいは、自分たちの生活に起こる混乱に対してもそうかもしれません。きょうだいたちは自閉症の行動に面食らうでしょう。彼らはまた自閉症であるきょうだいを守らなければならないと感じ、自閉症を理解しない人たちに対しても防御反応が強くなるでしょう。このような矛盾した感情は、自閉症のきょうだいに理解させ、また対処させるのはとても難しいことです。親はそのようなきょうだいの感情を敏感に感じ取り、不平を言う時間を与え、質問をさせたり、彼らの懸念を分かち合うことでサポートすることができます。私たちは、自分たちの矛盾した感情についても、他の保護者や専門家と話し合う機会を持つことも必要です。きょうだいたちに同じようなサポートシステムがあるわけではありません。きょうだいたちも自閉症である自分のきょうだいについての感情を、良きにしろ悪きにしろ、話す機会を設けるべきです。彼らも両親についての憤りや失望について、自分の不満を言って少しは気が晴れるからです。彼らはきょうだいに対して否定的な感情を抱いたり、感情を声に出して表現することに落ち込むかもしれません。

☆モリーンの場合

私はマイケルとパトリックに自分たちの感情が肯定的なものである限り、正直にしゃべらせるようにしました。私は否定的なことを聞かされるのが嫌だったのです。否定的なことを聞くと私の気持ちが落ち込むのを子どもたちは感じていたので、私の質問に対する彼らの答はそれ相応に和らげていたと思います。ジャスティンの行動について文句を言いたいのは当然だと思います。ジャスティンの昼夜逆転のおかげで、まともに寝られなかったときなど不満がないはずはないでしょう。鍵をかけ忘れたために寝室をめちゃくちゃにされたら、怒らないわけがありません。毎晩夕食の度にジャスティンが立ち上がって、部屋を出て行ったときはどんなに深い悲しみを持ったことでしょう。とは言っても、ジャスティンとの生活が大変だというのを聞きたくはありませんでした。なぜなら、弟たちの感情は氷山の一角に過ぎず、否定的な感情が氷山の奥底に潜んでいることが怖かったからです。私は弟たちがジャスティンのことを嫌いになってしまうことが一番心配でした。

きょうだいたちは、自閉症である兄や弟について自分の感情を抵抗なく出せるようにだんだん変化してきます。親も自分の感情を声に出して表現することによって、きょうだいたちの感情もオープンに出せるようになります。親であっても常にイライラが溜まり、この感情をどう処理したらいいかわからないということを、自ら認めることが見本になるのです。私たち親は、子どもたちを混乱させないように苦しみや悲しみを隠したいかもしれません。しかしながら、息子たちもこの生活が大変なものであって、私たちが計画したことではないことを知る必要があります。自閉症の子どもとの生活を知ることで、私たちのストレスを受け入れたり、そのストレスを学習することができるようになるのです。息子たちもこのような知識を必要としており、大変なことであるとわかったうえで、その生活を肯定的な視点で享受できるようになるのです。

☆モリーンの場合

ジャスティンには、明らかな弱点やかくれている長所のどちらもありましたが、その自閉の度合いは目に見えるものではなかったので、マイケルやパトリックにはジャスティンができることを強調し、できないことはあまり言わないようにしていました。学習面ではジャスティンが懸命に努力していることをマイケルたちに正しく理解させようとしました。ある日パトリックがジャスティンのことを友だちに紹介する際に、次のように言いました。「ジャスティンはしゃべれないけど、家で一番スケートが上手なんだよ。」ジャスティンの長所を毎回しゃべっていた私のマネをしたわけです。しかしながら、私がジャスティンの長所に焦点を当てるだけの矛盾した指導は、マイケルたちにジャステインの問題行動について何も知らせない状況を作ってしまいました。この曖昧な指導は私自身の問題を鏡のように映し出していました。私たちの生活が本当はどれだけ大変かを自分自身認めようとはしなかったし、他の誰にも言いませんでした。大変な生活を送っていると公言することは、ジャスティンを深く裏切るように感じていたからです。愛情のある家族関係の中に否定的な感情を持ち込むことはとにかく大変で、まるで、それは相容れないことであらゆる関係がぎくしゃくして普通でありませんでした。何年も経ってからようやく、こう考えるのは間違いではなく、ジャスティンのことを深く愛しているがゆえのことわかり、安心しました。自分に正直になればなるだけ、私はマイケルやパトリックが、ありのままの文句をきょうだいであるジャスティンに言うことを認められるようになってきました。私はジャスティンに対して不満が溜まったとき、パトリックたちに大声をあげることがあり、それを指摘されたとき自分が少し成長していることがわかりました。私はすぐにこの正直な感情表現が結局よいことであるかどうか自問してみて、マイケルたちの行動観察が正しかったことを知ったのです。マイケルたちの不満の声によって私はジャスティンとの生活に不満があるということを認める機会を得ました。私たちは以前にもまして、私の不満をうまく処理する方法について話し合いを続けています。

往々にして、きょうだいたちの不満について話をすることは、大変な労力が必要です。障害児をもつきょうだいについての本を読ませることも有効な手段となることがあります。また、自閉症についてのトピックが書かれた本を読んで話し合ったり、自閉症に関する映画を見たりすることも、きょうだいとのコミュニケーションを広げるいい方法だと思います。

レッスン3：自閉症のきょうだいに対する家庭外でのサポート

自閉症児との生活は大変であることは、どの親もわかっています。でもそれは自閉症の子との生活からだけではなく、他の自閉症をもつ家族からも学ぶことができます。自閉症のきょうだいたちは、自閉症のきょうだいがいる他の家族の経験について学ぶ機会はほとんどなく、自分たちと同じような生活をしている自閉症のきょうだいのことを知らないでしょう。自閉症のきょうだいをもつ子ども同士が集まることもとてもいいことです。

きょうだいサポートグループでは、自閉症のきょうだいがいることで、嫌悪感を示す友人に対する憤りの感情を話し合うことができます。また、「遺伝」に対する不安や親を取られる嫉妬のような感情についても仲間どうしだと話し合うことができます。時には、家族以外の人と、このような感情を話しあうこともいいことだと思います。自閉症のきょうだいをもつ子どもたちどうしであれば、不満感情を自然に受け入れてくれるでしょう（Harris and Glasberg, 2003, p20）。

きょうだいサポートグループは現在、多くの国に広がってきています。親は大人同士のネットワークを広げることによって、きょうだいサポートグループを作ることもできます。私たちは家族どうしお互いの友人を作り、それを家族だけでなく教師や他の支援者たちに広げていきました。時には、カウンセラーからの援助も役に立ちます。

☆モリーンの場合

マイケルとパトリックがまだ小さかったときには、ジャスティンに対して抱いている感情を他の大人たちに話をさせる機会を与えたいと思いました。夫は病院での過酷な研修のために家にいないことが多々ありました。「ジャスティンに対して正直である」ということの中には、複数のメッセージをこめていました。弟のマイケルたちは、私のストレスや悲しみを理解してくれているように思えました。自分たちの文句を表そうとしないのです。ちょっと奇妙なことのように思えますが、マイケルたちがとても良い子であることを逆に心配しました。私は些細なことを大きく捉えるたちなので、子どもたちに心理的な問題が生じているのではないかと心配しました。それで、子どもたちを心理の専門家のところへ連れて行ったのです。この心理の先生は、親の立場と心理学者としての双方の視点から障害の世界を見てくれる専門家でした。何回かの治療セッション後、その心理の先生から次のように言われました。「子どもたちはいくつかの問題があります。しかしそれはジャスティンに関するものではなく、マイケルとパトリックのお互いに関するものです。マイケルはパトリックが小さいため、甘えて好き勝手なことをすると思っているし、一方パトリックもマイケルがボス面するのに怒りを感じているのです。」この心理学者の治療サポートによって、私は（ジャスティンの問題ではないことがわかり）安心することができました。

レッスン4：自閉症のきょうだいたちも自分のための特別な時間を必要としている

自閉症児には親の時間をたくさんとられてしまいます。自閉症のきょうだいが、それに腹を立てるのは当然です。子どもたちが、自分が大切にされていると感じるための方法の一つは、自閉症の子ども抜きの彼らとだけの時間を作ってあげることです。この時間には百パーセント母親、あるいは父親の関心を子どもたちに注いであげます。子どもたちと旅行ができないことに申し訳ないと思ったり、彼らの楽しみが限られることに心配する必要はありません。親は自閉症の子どもの面倒を見るためのストレスや不安をとりあえず見せないようにし、自閉症のきょうだいのためだけの時間を持ってあげることが大切なのです。そのことは、子どもたちの生活に何が起こっているか知るいい機会になります。

★アンの場合

子どもたちが小さかった頃、私たち夫婦はセイラもフィリップも、彼女たち自身に必要な活動をするべきだと考え、また確信しました。セイラはダンスでした。私たちは何年もセイラをダンス教室に連れて行き、彼女のダンスやリサイタルを楽しみました。ここではセイラはスターであり（少なくとも私たちの目からは)、彼女のことを誇りに思っていると伝えることができました。一方フィリップにとっては、小さいときはボーイスカウトでした。父親がキャンプやボーイスカウトに連れて行き、二人ともこの活動をとても楽しんでいました。それは夫のボビーにとっても空白感を満たしてくれるものでした。というのは、エリックとは持つことができない父と息子の経験を味わうことができたからです。後に、フィリップは空手に興味を示すようになり、私たちはフィリップが黒帯を取れるように応援し続けています。こういったことによって、私たちは、子どもたちの興味に手を貸したり、面倒見てやれるすばらしい機会をもらっています。

☆モリーンの場合

私たち夫婦もマイケルとパトリックが放課後に彼ら自身の活動を見つけることを望みました。音楽やボーイスカウト、絵画教室、スポーツなどの家庭外での活動が彼らにも必要であり、私たちも彼らがそういった活動に参加できるようにスケジュールを調整しました。

マイケルたちの興味を考えると、スポーツがいいのではないかと助言しました。夫の考えは、マイケルたちをスポーツで疲れさせるねらいでした。夫は肉体的にも精神的にも健康を促進するためには、スポーツの効果が高いことを知っていたからです。マイケルたちがスポーツで完全燃焼できるのではないかと信じていたからです。スポーツをすることによって、思春期の激しい衝動を抑えることができるとも考えました。

彼らにスポーツをさせたことは、かなり私の自分本位な考えでした。しかし、スポーツに参加させることによって、私が関わることができない場所があるということがわかりました。子どもたちを応援したり、レフェリーに文句を言ったりするほかは、ただ黙って座ってみているほかありませんでした。今ようやくわかったのですが、私の母は私たち五人の子どもすべてに、泳げるようになったあとでも水泳を習わせていました。私はマイケルやパトリックの試合を見るためにレスパイトケア（注：ジャスティンを一時保護してもらうこと）を利用することに意欲的になりました。

三人の子どもたちの中で、ジャスティンが弟たちの放課後のチャンスをとばしているのではないかと心配でした。今では、ジャスティンがいたからかえってよかったと信じています。私の関心がジャスティンに集中していることで、私は弟たちのサッカーママになることはできませんでしたが。しかし、彼らはみんなでスポーツを楽しみ、贅沢な一時を楽しみました。大人によって決められた生活ではなく、子どもたちは自分がしたい活動の時間を持つようになったのです。

レッスン5：家族全員で同じことをする必要はない

自閉症児を育てる課題や日々の活動のため忘れられていますが、家族の一員として行うべき活動を見つけてあげることは大変なことだと思います。しかし、子どもが小さいときに、彼らが楽しめる活動を探してあげることはそれほど難しいことではありません。たとえばモリーンの家族の場合は、水泳やスケート、ハイキングなどのアウトドア活動でした。そこでは、ジャスティンはそこでの活動をするしかなく、公の場でのパニックなどの問題はほとんどありませんでした。アンの家族の場合は、映画や博物館、動物園のような活動がエリックの視覚的な楽しみとして提供され、他の子どもたちも同じように楽しむことができました。一般的な家庭の子どもたちは、歳を重ねるにつれて自分の興味が出てき、みんなと一緒に行うことのできる活動は減ってきます。自閉症の家族が一般の家庭と異なることは、きょうだいたちが別々に指導を受け、誰かサポートをしてくれる人が必要だというだけなのです。

☆モリーンの場合

マイケルたちがジャスティンと毎日の活動を一緒に行わないように決めたときは少し後悔しました。子どもたちは大きくなるにつれ、自分たちがしたいことを主張するようになりました。彼らの活動はジャスティンの行動が、明確にわかるようになると、だんだん興味が相容れなくなりました。そこで、私たちの指導スタイルは「離れつつ育っていくもの」へと変化してきました。私はジャスティンの面倒を常に見ることにし、夫はマイケルとパトリックを違うところへ連れて行くことが増えていくようになりました。

★アンの場合

私も、家族の活動にエリックを同伴しないときには申し訳なく思うことがありました。エリックがひとりで家にいることができるようになったとき、わたしたちと一緒に行くかどうかをエリックに選択させるようにしました。エリックが見たくない映画でも私たちが行きたいということや、エリックが食べたいものがないレストランに、私たちが行きたいということが何度もあったからです。そのようなときは、「私たちは行きたいところがあるんだけど、エリックも一緒に行きたい？」と尋ねたものでした。エリックは「いいえ。でもどうもありがとう」と答えていました。エリックには、私たちが行こうとしているところに、強制的に連れて行くべきではないということがわかりました。

妥協案として、現在は私たちと遠く離れることなくエリックが楽しめる活動をしています。たとえば、私たちと映画を見に行っても、エリックは一人だけ違う映画を見る場合がありますし、ショッピングセンターに行っても自分の興味のある店に行き、決まった時間にフードコーナーで待合わせをします。また、レストランではエリックが好きな食べ物を持参し、私たちと一緒に食べるということもあります。

もちろん、選ぶことができない活動もいくつか残っていますが。ある日、「近所の人たちと集まる会が近くのクラブハウスであるんだけど、エリックはどうする？」と尋ねたところ、彼の答は次のようなものでした。「そうだね。ぼくは自閉傾向があるので、たくさんの人たちが集まるところは好きじゃないんだ。でも行かなきゃ駄目なの？」私は自閉症のエリックが参加しても、何かできるものがないかと考え、次のように言いました。「そうなの。あなたも参加しなきゃならないの。でも、あなたが好きな本を持っていってそれを読んでいてもいいのよ」と答えました。

レッスン６：きょうだいにどれくらいの責任を持たせるかを決めるのは難しい

自閉症児のために、そのきょうだいが行うべき責任を決めるのは難しいことです。家族によっては、経済的問題や家族の問題によってきょうだいの援助が必要なときには選択の余地はありません。家族に余裕があるときであれば、自閉症の援助をきょうだいにお願いすることは難しいことではないでしょう。他のきょうだいの世話が必要なときに、責任を持って「協力」するように頼まれる多くの一般家庭の子どもたちが育っています。自閉症児のきょうだいの場合でも、この責任を負うことには新しい意味があります。私たちはきょうだいに自閉症の面倒を見てもらうように頼むことがあるかもしれません。家族のすべてのメンバーに自分ができる責任を持たせることは問題ありません。しかし、子どもの年齢に適切なことを頼んでいるかを確かめる必要があります。難しすぎたり、要求しすぎたりしないようにしなければなりません。

ときにきょうだいたちは、自閉症のきょうだいの世話をする必要がある、あるいは世話をしたいと思うときがあり、その場合自分自身に責任を持つようになることがあります。きょうだいたちは自閉症児に対し、かばったり、親を楽にさせてあげたいと感じたりすることがあるかもしれません。このことは、とても力になってくれ大切なことであると思われるかもしれませんが、自閉症のきょうだいのために多大な責任を負わせたり、感じさせないようにしなければなりません。自閉症児のきょうだいたちに大人のような責任を負わせ、子どもとしての楽しみを奪うようなことはしないでもらいたいものです。結果として自閉症児にも、そのきょうだいにとってもプラスになるようにバランスを取ることが大切です。

☆モリーンの場合

マイケルとパトリックにジャスティンの面倒をどのようにさせたらいいか全くわかりませんでした。というのは、ジャスティンは他の子どもたちだけではなく、きょうだいでさえ無視しがちでした。ジャスティンは、静かな人で、ジャスティンに合わせてくれ、予測しやすいような大人との関係を好んでいました。マイケルとパトリックにうまくジャスティンをかみ合わせてバランスを取るのはとても難しいことでした。ジャスティンがマイケルたちをたたいたり引っかいたりすることがあるため、その時の怒りを静めるのも大変でした。しかし、彼ら三人を一緒にしないと、三人の関係を作る機会を失うことにつながりました。結局、マイケルとパトリックをジャスティンの世話からはずすことに決めました。ジャスティンの問題行動があったときに、どのようにマイケルたちを関わらせたらいいのかがわからなかったからです。マイケルたちが十代になってからでさえも、ジャスティンが眠っているときに様子を見に行ってもらうくらいしか、マイケルたちにジャスティンの面倒を見ることは頼みませんでした。私はマイケルたちにジャスティンをできるだけ肯定的な見方をしながら一緒に生活をしてもらいたかったのです。その結果、私は常にジャスティンを見ていなければならないようになりました。

ときどき、ジャスティンの世話をきょうだいに背負い込ませないように努力するあまり、責任を持つ機会を彼らから遠ざけてしまいすぎたのではと思うことがあります。いろんな点で、マイケルとパトリックが小さいときは、ジャスティンと交差するのではなく、平行して関わりました。マイケルたちにもっとジャスティンと関わる機会を作っておけば、彼らもそういった力を高められたろうに、と今自問しています。しかし、そのときは私ができる精一杯のことをしたのだと思っています。子どもたちが小さいときは、みんな同じように食事を与え、同じように手を洗い、同じように衣服を着せ、同じように幸せであることがよい事だと決めていました。子どもたちに別々に対応する時間も労力も持ち合わせていませんでした。現在は、子どもたちには、それぞれの道があるということをじっくりと考えてあげることが、母親としての本質的な役割であるとわかっています。

幸運にも、家族の一員として、今では遠慮なく話し合える関係が構築されています。ジャスティンのほかに二人の健常児を見ているので、彼らがもう子どもではないということがわかっています。子どもたちの未来はお互い密接に関わっており、両親としての私たちよりも長い期間そのつながりは続いてくものでしょう。大人になったジャスティン、マイケル、そしてパトリックは、いまや自分たちで関係を広げていく機会を持っています。私たちがお膳立てをする必要もなく。

★アンの場合

セイラは大人になるにつれて、兄のエリックと同じ大学に行こうと決めました。エリックが大学三年生になったときにセイラは同じ大学に入学しました。セイラが寮を選んだとき、彼女とルームメートはエリックと同じ寮にしました。キャンパス内にはたくさんの寮があり、自分で選ぶことができるのですが、セイラはエリックと同じところに住みたかったのです。最初はセイラがその寮を選んだことを心配しました。なぜなら、エリックの近くにいて彼の面倒を見る必要性があるとセイラは感じていると思ったからです。しかし、全くそんなことではないことが後になってわかりました。セイラは家から離れることに不安があり、ホームシックになりそうでした。それでセイラは近くに兄がいると安心なのでエリックと一緒の寮を選んだのでした。セイラが、エリックと同じ寮に住むようになった後で、私はセイラに「エリックと一緒じゃ迷惑しないの？」と聞いたところ、セイラはこう答えました。「ぜんぜん。だってエリックは普通のきょうだいに比べて静かなんだもの。」

レッスン7：親は効果的なロールモデルである

親は、自閉症がもたらす現実を切り抜けることで、健常発達の子どもに手本を見せているという自信を、ややもするとわかっていません。健常の子どもたちが自閉症の子どもとの生活にどのように適応するかは、しばしば親の管理を超えたものになっています。私たちは子どもの性格や、発達段階、年齢、生まれる順番、性別などを変えることができませんし、彼らの生活を容易にすることもできません。しかしながら、自閉症の子どもと関わる方法はそのきょうだいがどのように対処するかによります。私たちが子どもたちに話してきかせるよりも、私たちが行っていることを見せるほうが重要であることを認識する必要があります。自閉症の問題行動に対処するために、きょうだいたちに手本を見せてあげることはわかりやすいものと思います。

親は、健常の子どもたちに対処方法の手本となったり教えることを見過ごしがちです。私たちは情報や資料に基づいて自閉症の診断に応じています。私たちは自閉症の社会に関わっているのです。私たちはサポートが必要な人たちに手を差しのべ、援助する人たちにも与えられるものがあります。私たちは自分の気持ちに正直であるという手本を示せます――良い感情も悪い感情も醜い感情も。そして客観的な物の見方、冷静さを取り戻すためにユーモアを使っていることを。

ストレスの溜まる状況では、少しの間でも自分の時間をとって休んでみせましょう。私たちは家族の誰もが協調して責任を分かち合っています。そのうえ、家族それぞれの価値、技量、個々の特性などを理解したうえで、子どもに手本を見せているのです。

とりわけ最高の状態は、自閉症児の子とそこにいるという日々の責任が、大切な手本を示しているのかもしれません(悪いことをしていると感じるときでさえも)。スティーブン・コヴィーは次のように指摘しています。

実際、あなたの家庭でのこの文化を育てる方法はどうやって子どもに見せるかです。いちばん難しい子どもに無条件の愛を示したとき、あなたの愛もまた無条件であるということが他の子にわかってもらえるでしょう。(covey 1997, p.261)

そういう認識が、たくさんの現実のまたは認めざるを得ない親の失敗を補うことができるのです。

レッスン8：きょうだいたちは友だちの影響を強く受けるものである

親は子どもたちに、ほかの普通の子と同じような子ども時代を経験させたいものです。とりわけ友人関係においてそう思います。しかしながら、障害児のきょうだいをもつ子どもたちに対しては、ときおり残酷な対応を示す子どもたちもいます。彼らにからかわれたり、拒絶されないかと親としては心配なものです。

☆モリーンの場合

長年にわたって、マイケルやパトリックがジャスティンのことでからかわれたことがないかどうか聞いたことがあります。不思議なことに、彼らは全くなかったと答えています。これは時代の変化だと思います。障害のある人たちに対する学校や地域サービスが変わり、過去に私たちが考えていたよりも障害のある人に対する社会理解や意識が増えてきています。おそらく、今の時代は自閉症の子どもたちと一緒に地域や学校で育った子どもたちは、私たちの子どもの頃のように恐怖や否定的な意識をもたなくなってきているようです。しかし、マイケルたちの答に影響しているのは彼らの世界観であるかもしれません。長年にわたって、障害のある人をからかったり、否定的な対応をした人たちがいたことは想像にかたくないでしょう。しかし、個人の性格によって、また稀に性別によって他人がどう思うかどうか気づかず、いたわらない人がいるものです。もし、いじわるでばかげた発言をする人がいたとしても、マイケルたちは原因を考え、そして先に進むでしょう。彼らはまた運よく、歳をとるに従い親しい友人ができています。そういった友人たちも、偏見に肩をすくめ、より深い部分で、お互い信頼しているのです。

すべての子どもが他人の意見を自分のうしろにすべり落としてしまうようなテフロンのような（強い）性格の持ち主ではありません。子どもの中にはマジックテープのような性格の子もいて、その点では言葉は最初に焼きつきますが、いつか振り返れば、忘れて消え去るようになります。もっとも難しいきょうだいは、接着剤のような性格の子で本当に体全体でいじわるを永久ボンド並みに抱えてしまいます。補足すれば、どうやって親としてテフロン・マジックテープ・接着剤性格の子どもたちの鋳型に沿って援助するかです。

私たちが子どもたちにしてあげられる唯一のことは、できる限り潜在的な問題を予測し、それを取り除いてあげることです。もし、自閉症の子どもが参加する誕生パーティが毎回滅茶苦茶な状態になってしまうのであれば、自閉症の子ども抜きの誕生パーティを開いてあげてもいいでしょう。もし、新しい友達をはじめて家に招待する場合、自閉症のきょうだいがパニックを起こしたり、邪魔をしてしまう可能性があるときは、その自閉症児を見ている大人かきょうだいが一人いれば助かるでしょう。

★アンの場合

エリックが十七歳のときセイラは十五歳でした。二人は何年も同じ学校に通っていました。セイラが高校に入った年にエリックは三年生になっていました。二人は学校へ毎日一緒のバスで乗って通っていたのです。頻繁に起こったトラブルは次のようなものでした。学校が始まった最初の二週間は、バスの時間が予測できないものでした。学校が終わって帰りのバスの時間がほとんどいつも遅れたのです。生徒たちは毎日放課後に学校で待たなければなりませんでした。時には一時間近く遅れることもあったのです。私はこんな状況を知ったとき、エリックとセイラはどんな風に待っているのだろうと考えたものです。

　バスを待っている間、エリックがどんなことをしているのかは容易に想像できました。エリックは言ったり来たり、独り言を言ったり、指を顔の近くに持ってきては動かしていたことでしょう。そのとき私はセイラのことを考えました。彼女は高校に入ったばかりで一所懸命学校に適応しようとして、友だち作ろうとしていたのです。そして彼女の新しい友達がエリックの行動も一緒に見ているのです。友達の前でエリックは奇妙な行動をし、セイラが不安を感じたことも分かっていました。セイラがとりわけ頼りない気持ちでいるこの状況に対処してあげたいと思い、私は放課後二人を学校まで迎えにいくことにしたのです。私の仕事を調整するのは大変でしたが、トラブルが生じる環境を避ける価値があると感じました。ときに私たちは自閉症児のきょうだいが直面する不快な環境を、前もって取り除くようにしてあげる必要があります。

友だちを家に呼ぶことによってサポートできる場合もあります。これは親にとって大変不安を感じるものですが、子どもたちが孤立するのを避け、健常な子どもとの活動を経験できるステップとなります。

☆モリーンの場合

私は常に子どもたちが孤立を感じないように、家が活動の中心になるようにしたいと思っていました。息子たちは、はじめてジャスティンに会う友だちに対して何も準備はしていなかったので、私が彼らに説明しようとしました。それは、ジャスティンが自閉症で知的障害もあるので、話すことができないしおもちゃで遊んでいるとき妙な音を立てることがあるかもしれない、話す時は短く、わかりやすくしゃべってくれるようにとお願いしました。ジャスティンは始めて会う子どもたちに気後れし、おそらく一人にしておいて欲しかったのでしょうが、弟の友だちたちがジャスティンのことをいい人だと知ると徐々に打ち解けていきました。友だちたちはいつもジャスティンの問題など大したことじゃないと感じていたようで、私の説明に肩をすくめ、すぐに遊びの中に戻っていきました。

私はマイケルとパトリックの友人関係を心配していたのですが、彼らの友だちはジャスティンを受け入れることは思ったより簡単で、杞憂しすぎていたようでした。おそらく息子たちはいい友達を持つ幸運に恵まれていたのか、あるいは自分たちと性格が似ている友人を選んだのではないでしょうか。すべての子どもたちを含めて、家の中でジャスティンの行動にストレスを感じているのではないかと思われるただ一人の人間は私でした。

ある日の午後、パトリックと彼の友人たちはキッチンのテーブルに座って、アイスクリームを食べていました。そのとき、ジャスティンが二階から降りてきて、大声を上げながらキッチンで飛び跳ねて、アイスクリームを手掴みしそうになりました。六人の子どもたちは、取られないようにすぐに身体を丸め、アイスを手で覆い隠し、すばやく食べてしまいました。私は子どもたちの適応力に思わず笑ってしまいました。

私は子どもたちが来る家の中を、彼らのために気をつかって念入りに準備する必要がないことがわかりました。子どもの友だちのために部屋をきちんとしておくとか最新のテレビゲームを用意しておくといった必要はなかったのです。しかしチョコチップクッキーは必要でしたが。近くのスーパーからチョコチップクッキーの生地を購入し、いつも冷蔵庫にたくさん入れておきました。クッキーを焼いてあげながら、私は一九五〇年代の完璧なお母さん像である「ジューン・クリーバー（注：アメリカで人気を博したテレビ番組『ビーバーちゃん』の理想的な家族の優しいママ）」になっている間、子どもの友だちの心を掴むことができました。この友だちは今では大学生になっていますが、クッキーとミルクのためにいまだに家に立ち寄ってくれます。家族生活の他の問題も、いつもこのように簡単であったらと思います。

レッスン9：親は健常なきょうだいの行動に感謝すべきです

きょうだいたちの行動が、自閉症児がいるためにストレスを招き、健常な子どもをそうではない大人に育ててしまっていると決め付けるかどうかは難しい問題です。子どもたちがけんかをしたり、文句を言ったり、怒ったりすることは、自閉症のきょうだいがいるから深い情緒的な悲しみを持ったとか、愛情が欠如したとは必ずしも決め付けられないものと思います。自閉症のきょうだいをもつ子どもたちは、小さい大人として成長したわけではない証拠はたくさんあります。ただ、観察するのは困難なことですが、子どもたちに必ずしも忍耐と理解をする必要はない生活を与えてあげるべきです。

☆モリーンの場合

テレビ番組の「ウォルトンズ（注：邦題『わが家は11人』一九三〇年代、小さな農村に住む一家の西部開拓の物語。）」は、家族みんなの生活が大変で、番組の最後になってようやく解決できるといった家族の苦しみや喜びを描いている人気番組です。明りが消えた寝室で毎晩、長男のジョン・ボーイが、きょうだいの一人ひとりに「おやすみ」を順番に言って回ります。メアリー・エレン、ジム・ボブ、ベン、ジェイソン、エリザベス、そしてエリンすべてから優しいお休みの挨拶があるまでです。夜が来るとわが家ではウォルトン家と真反対でした。ジャスティンは寝る際におもちゃに夢中になって、耳にたこができるほど反復的な音を立てたものです。家の電気を全部消した後すぐに、不満に溜まった声が聞こえたものでした。「ジャスティン、静かにして！　ママ、**お願いだから**ジャスティンのおもちゃを捨てて！」。あるいは、おもちゃを守ろうとするのが見えると「ジャスティン、ばかなことを言うんだったら、知りませんからね。早く寝なさい！」私がマイケルたちに行った唯一の慰めは、ジャスティンに何もしないで寝るように訓練したことでした。そして、マイケルたちには大学ではゆっくり眠れるように寮生活をしてもらうことにしました。

★アンの場合

ときに自閉症児の行動はきょうだいたちを悩ますことがありますが、逆に興味をそそらせる行動になることもあります。エリックが小さいとき、好きなテレビ番組やビデオを見ているとき、テレビの前に極端に近づいて立っていました。エリックはたびたび見ているテレビに興奮し、両腕を硬直させ急に指をこすり合わせることがありました。セイラはエリックがテレビを見ている間エリックのそばで一時間半もエリックを見ていたことがあります。セイラはエリックがそうしている間、エリックの行動を観察し続けていたのでした。その後セイラはエリックの行動の真似をしはじめました。両腕を硬直させ、指をこすり合わせたのです。この行動を見て、セイラが単に兄のまねをしているとわかる前は、セイラも自閉症の特徴を示し始めているのではないかと変な考えを持ち、私は落ち込んでしまいました。セイラがそうしたのはほんの短い期間だけで、すぐにやめてしまいました。そして肩をすくめながら、まるで「何でそんなことが楽しんだろう」とでも言わんばかりに。その後彼女のそういった行動は二度と見られなくなりましたが。

親の中にも、健常の子どもが自閉症のきょうだいの真似をすることに心配をしている人も多いと思います。セイラの件と同じように、他の親の話にも、同じような健常の子どものことが出てきますが、それは長くは続きません。健常の子どもは私たちを心配させるというよりは、ときにいらいらさせる行動へと移っていきます。

★アンの場合

エリックの弟や妹は何年もの間、信じられないほどのサポートをエリックにしてくれました。ただ、彼らはエリックの世話をしたり、エリックに新しいスキルを教えるのに多くの時間を使ったわけではありません。いちばん助けられたことは、エリックのきょうだいとして、彼に社会性を身につけるように一緒に過ごしてくれたことです。子どもたちは遊びを通して（ときにはけんかを通して）エリックに社会的ルールを教えてくれました。このルールは学校の社会的スキルの授業では決して学ぶことのできなかったものでした。「インユアフェイス（注：他人が失敗などしたときに遠慮なく言うことば。）」という社会的な経験は、他の子どもたちが楽しい時間を過ごすということをエリックに体験させることができました。セイラたちはエリックに、どんな服や音楽が「クール」なのかも教えてくれました。セイラたちは学校の先生のようにはできませんが、とても現実的な指導だったので、エリックの人生に大切な授業をしてくれたものと思います。

エリックが自閉症と診断されたときは、普通のことばを話し、社会的行動が取れる健常の友人たちと一緒の時間を過ごすことがとても大切だと考えていました。実際には、そのような環境はエリックにはあまり有効ではありませんでした。エリックはクラスメートの行動を模倣しませんでした。それどころか彼らを完全に無視していましたし、そ学校の先生たちはエリックが必要な「仲間といっしょの構造化による学習機会」を提供することは不可能でした。一方、エリックのきょうだいとの関係は、常に一緒にいることが多いせいか、学校の統合教育クラスにくらべてわかりやすいものでしたし、有効なものでした。（もし、きょうだいがいなければ、これらのインフォーマルな授業をしてくれる、きょうだい関係のようないとこや親の知り合い、あるいは年上の指導者たちと遊ぶ機会を作りえるかもしれません。）

レッスン10：きょうだいの成長

★アンの場合

長い間、自閉症のきょうだいと一緒にすごすことが、弟や妹にとってどのような影響を与えるかにくよくよと悩んでいました。今この本を書いていて、セイラは二十歳、弟のフィリップは十五歳になり、私は二人とも個性のある健常な子どもたちに育ってきている事実をとてもうれしく思っています。彼らは自閉症のきょうだいがいたにもかかわらず、いや、いたがゆえに今があるのだと思っています。私は子どもたちをとても誇りに思っています。子どもたちは自分とは違う人に対しても、とても気遣いがあり、また世話をしてくれます。

セイラたちは自閉症であるエリックのことを尊敬し、彼が成し遂げてきたことに誇りをもっています。セイラたちはどんなときも腹を立てたり、不適応を起こしているようにはみえないので、私は本当に安心しています。二人に対し、自閉症の兄との生活のためにかなり傷跡が残るのではないかと憂慮していたからです。

いくつかの点で、とりわけ重度の行動問題をもっている自閉症児のきょうだいの生活に比べると、セイラとフィリップは比較的楽にこれました。しかし、エリックと人間関係を築くことはけっして容易ではありませんでした。エリックは愛情とか心づかいという点では、ほとんど反応しません。エリックはいつも一人でいるのが好きでした。妹や弟が何年も一緒に遊ぼうと働きかけても、決まったようにていねいにこう答えるのでした。「いいえ、結構です。」エリックは決して妹たちに、何をしているのか、どうかしたの？などと聞いたことがありません。エリックは妹たちの生活がどんなものであり、彼女らがどんな気持ちでいるかなどには別に興味もなかったようです。エリックは妹たちのことは好きなのですが、うまく表現できません。ときにセイラとフィリップがエリックと情緒的なつながりを持とうとして失敗するときには悲しくなってしまいます。しかしセイラたちは気にしていないように思えます。エリックはセイラたちと抱きしめあったり、隣に座ったりすることはほとんどないことに、私と同じように彼女たちも慣れてきました。それはエリックが私たちを嫌っているのではないことはわかっていますし、個人的に関わらない方がいいことを学習しました。

セイラは妹としてエリックと一緒にいたことが将来の選択に影響しています。セイラは現在大学三年生ですが、スペイン語と心理学の二つの専門を専攻しています。大学での勉強を続けて、修士課程、そして博士課程へと進もうとしています。セイラは大学のサマーキャンプで自閉症の子どもたちとよく遊びました。そして、自閉症の子どもをもつ私の友人たちのためにレスパイトケア（一時的な保護）を提供していました。セイラは子どもたちにとてもうまく接し、忍耐強く、また理解もあります。彼女が研究しようと思っている心理学の分野がどのようなものかは知りませんが、彼女が関わるクライエントには、とても気遣いを持ってくれるものだとわかります。自閉症の兄をもつということによって、セイラは将来の展望を見つけたのです。その展望は障害のある人やその家族に対する援助をしたいというものでした。

セイラもフィリップも自分たちの人生が特別大変だったとは決して感じていないと言ってくれます。実際私たちよりも大変な問題を抱えている家族の中で育った友だちもいます。さらに、どんな家族もある時期には問題を抱えており、自閉症が悲しむべきものであると決められないし、また家族が孤立するというわけでもないとわかったことは、私にとって意味のあることでした。

☆モリーンの場合

自分の健常の息子たちが、自閉症の兄がいる生活から、深い心の傷を持つのではないかというアンの不安がわかります。今では私の心配が過剰すぎたように思われますが、マイケルとパトリックが成長した後、ジャスティンとの生活のために、自分たちの子ども時代が台無しにされたと言うときが来るのではないかと心配していました。きょうだいが自閉症の兄と子ども時代に、どうやったらいい関係でうまくやっていかせるか、判断が難しく、大人になるまではよくわからないことなのです。成長するにつれ、説明することばもわかり、彼らの経験に由来するものの見方も獲得していくのです。今までのところ、私の息子たちは、彼らの経験が私の心配するほどのものではなかったと言っています。

　私はマイケルが高校時代のある日、二人で夜遅くまで話し合っていたとき、心配から解放されました。その特別な夜に、マイケルは一人の友人について話していました。彼は両親が離婚して、落ち込んでいる友人を心配していました。長い会話の最後に、マイケルはぶっきらぼうに言いました。「ぼくの友達の家族と比較すると、うちはほんとうに何の変哲もないね。」その声のトーンは、本当に面白くもおかしくもないといった言い方でした。マイケルが私たちのことを何の変哲もないと思っていたという見解に耳をそばだてながら、もう少し聞きたいと尋ねました。するとマイケルは次のように応えました。「ぼくたちはみんなうまくやっているよね。ぼくたち家族はみんな愛し合っているし、誰も大きな問題を抱えているわけじゃないし。」**（えっ、本当に？）**

　ジャスティンとの生活がいくらかの傷も残していないと思っているわけではありません。きょうだいについての多くの論文では、彼らはとりわけ親とは分かち合うことができない感情を所持していると示しています。私自身子どものときから引きづっている、悲しみや怒りをもちつつ、一人の親になってきています。話さないからといって彼らの難しい感情は存在しないということを意味するのではありません。息子たちが兄との間で欠落している関係性の悲しみについて、もう一度聞いてみる必要があるのだろうと考えています。また、私の誘導しがちなネガティブな感情を、表現する機会が必要かもしれません。人生の厳しいレッスンから、私の息子たちを守る能力に限界があることを理解するにつれ、誰も幼児期に傷つかないようにすることはできないという結論に至っています。私は将来、親の失敗として、この問題を思い返す必要がないかもしれません。私はそれを親の成功と思うようになるかもしれません。

　一方では、二十二歳と二十四歳になるマイケルとパトリックを見るにつけ元気をもらっています。息子たちは母親からするといまだに腹立たしいような思春期の特徴を持っており、怠惰で忘れっぽく、ずさんなところもあり、また自己中心的なところもあります。しかしながら、息子たちはまた、他人に対し優しく思いやりがあり、学生としてまじめでよく勉強し、友達や家族に誠実で協力的です。そして、「とても愉快」で、家族として何か物事を行いたい楽しい仲間でもあります。息子たちは小さいときに、不公平な生活を余儀なくされるという学習の洗礼を受けたにもかかわらず、最悪のことに打ち勝ち、最良のことを楽しむという強さや精神を見つけました。息子たちは私に、「大変なときを過ごしたかもしれないけれど、ジャスティンはぼくたちの生活を豊かにしてくれたし、思いやりのある感情を深めてくれたんだよ」と言ってくれます。実際には、私は私たちの育て方と言うよりは、息子たちのもって生まれた性格によって適応していると思います。夫のロブは、私たちが子どものためにできることは、絆、尊敬、そして愛情を提供することであると言います。そして、希望に向かってただ最善を尽くすのみです。

第4章　安定した家族生活を営むために

——結婚と親戚づきあい

結　婚

いろんなストレスと同じように、自閉症の子どもが生まれた場合の結婚生活には、少なからずストレスが生じてきます。睡眠時間が少なくなること、お金がかかること、時間がなくなること、悲しみが多くなること、多くの予測できない出来事が起こること、こういったことが結婚生活に過度のストレスを生じさせることになるでしょう。

アンは結婚して二十五年、モリーンは三十二年になります。私たちは自閉症という嵐に耐えて、長い間結婚生活を送った多くの保護者を知っています。自閉症児がいるという苦労の多い生活の中で、どのように結婚生活を維持させるべきかの答えはまだ見つかっていません。もし夫婦が十分に強い関係であったなら、自閉症の問題に耐えうる強さを持つことができるかもしれません。それは、自閉症児をもつことだけではなく、失職したり、家族が亡くなったり、経済的に破綻したり、年取った両親を介護しなければならなくなった状況に耐えることと同じ状況だと思います。自閉症の親として、これらの予期できないことに挑むことと同様に、結婚を安定させて続けていく努力が必要になります。

第4章では、私たちが学んできたことをご紹介しましょう。

結婚式のスナップ

レッスン1：夫と妻は悲しみが異なる場合がある

母親と父親では、子どもが自閉症と診断された場合に異なった反応を示すことがあります。ある親は悲しみを表面に表し援助を求めるかもしれません。ある親は感情を心に秘め、ひとりで悲しむかもしれません。また、診断結果を信じようとしなかったり、強制的に心に留めておくかもしれません。この打ちのめされるような診断結果に、どのように反応すべきかといった正しい方法というものはありません。夫婦でも子どもへの対応の仕方に、同じようには反応しなかったり、同じような考えでないときに、結婚生活に緊張感がはしる場合があります。

☆モリーンの場合

私と夫の悲しみの違いはジャスティンが生まれたとき、分娩室ではっきりとわかりました。へその緒が二重に撒きついていたので、ジャスティンは様子を見るため育児室に連れて行かれました。私は安心したいためにすぐに夫を見ました。にもかかわらず、夫の憤りと苦渋に満ちた顔を見たとき、私は混乱し驚きました。彼の表情は私に次のように訴えていました。「赤ん坊に何か大変な問題があるらしい。ただ、今のところ何が問題かよくわからない。」私は瞬時自分が過剰反応をしているだけで、大丈夫と自分に言いきかせていました。その時点では、夫が医学を志すことになり、私が二十四時間ジャスティンの世話をしなければならないという厳しい状況になるとは思いもよりませんでした。

ジャスティンの正式な診断が下されるまで、私たちの悲しみは違う視点に立っていたのです。夫は憤りに駆られていました。彼は正義感が人一倍強い人だったので、ジャスティンの障害の大きさは、このうえもなくフェアでないと感じていたのでした。皮肉にも私たちは障害児教育の教師と小児科の看護師であったがゆえ、重度の障害のある子を持つことになったことは、あまりにも冷酷なジョークのように感じました。夫は人生を台無しにされたと感じていたのではないでしょうか。

私は人生が公平であるものだろうと期待する気持ちはそれほどありませんでした。怒りよりも悲しみの方が深く、大きかったのです。私自身が、自分や他人に向かう怒りをいつも恐れていました。私の相反する怒りと愛情とに折り合いをつけられるものではありませんでした。

何年か、私たち夫婦の異なった感情の反応は、結婚生活を疲れ果てさせました。私はジャスティンを否定するような状況の中で、夫の落胆や怒りの正直な気持ちを察していました。母と息子はへその緒でつながっているがゆえに、自分の否定的な気持ちを受け入れることができません。夫は怒りを表すほうで、私は自分自身を見失い、落ち込むほうでした。私はジャスティンの防御壁になるよう自分に強いて世話の大変さを過小評価し、私たちの生活を肯定的に回転させたい気持ちでいたのです。夫の否定的な感情に対し、バランスを取ろうとすればするほど、彼の手厳しい公明正大な反応が返ってきました。夫がジャスティンに対して示した憤りは、深い悲しみと息子を深く愛するがゆえのことだと後になって理解できるようになったのです。

反対に、私が自分の悲しみを過度に示すと、夫はそれをうめるように強固な態度になりました。私の悲しみにもろい感情に対して、彼の私を守るための断固とした態度が、バランスを取っていたのです。私たち夫婦が双方とも情緒的に同じ位置にいたら、うまくいかなかったでしょう。夫は自分自身が取り乱すような状況を表したくなかったのです。気持ちを外に出すか出さないかのズレは、二人の仲に隙間を作ることになってしまいました。そういった二人の関係が進むにつれて、私たちはお互いに孤独感を味わっていました。

夫と私は夫婦間の問題である経済的なことや親類関係、性、親としてのスタイルなどについて言い争いをすることはほとんどありませんでした。しかし、ジャスティンのことについては何度もけんかをしました。私たちが共有しなければならない道が二つバラバラに分かれてしまい、私はパニックに陥っていました。私はこのバラバラの道が長いこと続いたら、お互い戻るべき道を見つけられないと不安に駆られていました。私がジャスティンや家族に感じている気持ちを同じように夫にも感じてもらおうとしましたが、結局うまくいきませんでした。長く、難しい、取るに足らない議論を続けていましたが、ジャスティンについての私たちの見解の違いはついに終止符を打ちました。夫は眼の中にあった悲しみ、苦しみ、深い疲労を溜めて言いました。「モリーン、君が思うような気持ちにぼくはなれない。君はぼくなりの考えを認められるようにするべきだと思うよ。」おそらく、お互いに悲しみをもちこたえるには疲れ果てていたのでしょう。私は彼が正しいことをようやく納得したのです。

★アンの場合

エリックが診断された後に経験した夫と私の悲しみの違いを説明するのは難しいことです。夫がどのように悲しみを感じたかを言うことができないのは、夫が自分の気持ちをほとんど外に出さなかったからです。夫はとても繊細で、思いやりのある人なので、深く悲しみを感じていたと思いますが、他人に自分の気持ちを表すことはしませんでした。私が「自閉症」ということばをはじめて聞いた日、夫が寝室で泣いていたのを見ています。私たちはお互い支えあい、一緒になって泣きました。それからというもの、夫がエリックのことで泣いているのを見たことがありません。エリックが自閉症とはっきりした日、夫はとても静かで、夫が感じていたに違いない悲しみを決して見せようとはしませんでした。私は、診断されたときも家に帰るときも取り乱して、泣き叫んでいました。エリックの診断をした女医はその後私たちの家に電話をかけてきました。もし夫がOKなら夫に会いたいということでした。夫が無口になり、全く感情を表さなくなったので、彼女は夫のことを心配していたのでした。彼女はその日夫が感情を抑えているのだということを夫の顔を見てわかったに違いありません。モリーンの夫と同じように、私の夫も強くなろうとしているのでした。夫は私たち二人ともが平静を失ってはいけないと考えていたのでした。そのことがありがたいと思いました。

おそらく他の何よりも、夫婦はお互いに忍耐を必要としているし、お互いがどのように感じるか、またどのように感じるべきではないかも話し合う必要があります。私たちは二人とも苦しみに喘いでいるけれども、二人とも子どものことを愛していることは忘れてはならないでしょう。夫婦は愛情によってお互い助け合い、高めあう方法を見つけることができるものと思います。困難なときにこそお互い与えあい、支えあいたいものです。

レッスン２：夫婦はお互い与え合うべき可能性を見つけましょう

夫婦がお互い耐えられなくなったり、努力しなくなったら、多くの結婚は離婚へとつながるのはそう不思議なことではありません。結婚にすべてを求めるなら、どんな結婚もうまくいかないでしょう。

結婚生活をうまく維持するためには、実現不可能な幻の結婚を、お互い成功すべき結婚へと変えていかなければなりません。この結婚の問題は、自閉症の子どもが生まれたことにより、さらに複雑なものになってしまいます。結婚生活では、精神的に傷つく機会すべてでストレスは生じます。ヘレン・フィーザーストーンは次のように述べています。「不安はコミュニケーションを脅かす。疲労はいらだちを生じさせ、喜びや許容を減らし、活気のある生活を排出してしまう。そして、怒りは適切な目標を見失い、夫婦間の関係を壊してしまう。」(Featherstone, 1980, p.94)

経験からいって、現実味のない結婚への期待を修正することによってうまくいくようになりました。

☆モリーンの場合

私の体験からは、妻としての役割から友人としての客観的視点に切り替えることができたとき、とても安定した結婚生活ができるようになりました。妻としての役割をしていたときは、すべて「何々すべき」という意識を持っていました。たとえば、夫に対し「あなたは私の気持ちをわかるべき」とか「ジャスティンに合わせるべき」あるいは「私のやり方でやることをあなたも望むべき」といった具合でした。妻としてはすぐにぷりぷりして、「あなたはいつも○○ね」とか、「あなたは決して○○しないんだから」などの言い方ばかりしていました。しかし、夫を友人としての視点から見ることによって、これらの非現実的な期待を減少させることができるようになりました。私は夫の視点から物を見ることができるようになり、夫がどんな苦しみを持っているのかを理解し、思いやりがもてるようになりました。

私たちはすべての感情を共有したり、自閉症の生活に関する不安を分かち合うことは、必ずしもお互いに役に立つことではないことがわかりました。状況があまりにも近すぎると、お互いを慰めるというよりは、お互いの悩みを増加させるように感じてしまいました。私たちの友人である、自閉症の母親たちは、私たちの気持ちをよく理解してくれました。自由に気持ちを発散させてくれるのです。

★アンの場合

私はどう感じているか、またどうしたいかをいろいろと考えたり、またお互い考えていることを話したいと思っていました。しかしながら、夫はあまりしゃべる方ではありません。私はつねに二人で十分に話し合い、二人で決めていくべきだと考えていました。エリックについての不安や不満を、長い間夫は私の話をすべて聞いてくれて実に聞き上手でした。

夫は聞き上手であり、頼りがいのある人です。しかし、自閉症の子どもの母親としての苦悩は同じ母親同士で分かち合いました。彼女たちは、いつでも私が必要とするときにことばをかけるだけではなく、心から慰めてくれました。

☆モリーンの場合

夫と私は、難題にぶつかると、男と女で違う考え方をする典型でした。夫は驚くべき早さで問題を解決しました（夫は論理的であり、分析的であり、素早く活動プランを実行するのです）。私は問題の原因が何か、また何をする必要があるのかを探り出そうとするより前に、問題に関するあらゆる観点を話し合う必要性があるのではないかと考えるのです。私たちは感情的になると、お互いに正気でなくなることがわかります。夫が声を荒げたいのもわかっています。「もう十分だ。ぼくたちは嫌になるほど話し合った。他の解決方法に移ろう」と。一方、私はもっともっといろいろなことを知りたかったのです。私が求めている答えはまだ十分ではないと感じていたのです。何年もかかって、私たちはお互い必要としていることを、ストレートにわかりやすく尋ねなければならないことがわかりました。

もう一つの問題は非現実的な期待が解決されるべきであることです。どんな夫婦でも結婚生活を維持していくために必死に戦っています。最新のウォールストリートジャーナルの記事のタイトルに次のようなことが書かれていました。「結婚を長く続かせる鍵：それは戦闘」と。この記事を詳しく読むと、うまくいっている夫婦はいないことになってしまいます。幸せな結婚であろうと不幸な結婚であろうと六十九パーセントは、夫婦の食い違いが解決されていません。結婚セラピーの専門家は解決できない問題を解決しようとするよりは、「何を主張するかではなく、自分の否定的な感情にいつどう対処するか、これこそが、人間関係を予測するのに役立つものなのです」と述べています。(stout, 2004, p.D8)

☆モリーンの場合

夫と私の意見が違ったときは、いちばんよいコミュニケーション技術を使うようにしたいと思います。その時には、私たちは何も妨害されずにお互いの話を聞き、お互いの視点を理解しあって。【私たちは「あなたはいつも……」や「あなたは決して……」といったことばを「私は〇〇を必要としているの」「私は〇〇と感じているの」ということばに置き換えるようにしました。そうすることによって、嫌悪感を出したり、目を合わせなくなったり、相手に恩着せがましい言い方をしたり、また何もしゃべらなくなるといった態度を取ることがなくなりました。そして、すぐに問題に焦点を戻し、過去の傷ついた出来事を引きづらないようになりました。】

そんな風に言えたらと思います。しかしこれはほんとうの話ではありません。ジャスティンが生まれた当時、私たちはまだ若く、傷つきやすく、いつも不安におびえ、そしてジャスティンに対する捉え方、悲しみ方も違っていたので、言い争いがたえませんでした。

しかし、私たちの意見の不一致を容易に解決できる方法を二つ発見しました。一つ目の方法は、私たちが議論しあったことは本当に必要な問題ではなかったと認めることでした。問題は、私たちが疲れきり、と同時に貧乏だという事実でした。少なくとも、お互いにそれを気づかせることが私たちにとって大切でした。当時はお互いを慰める余裕は残っていませんでしたし、私たちのタンクは空っぽだったのです。そんなエネルギーの落ちたときお互いに支えあうことができることはほとんどありませんでした。

二つ目の方法は、とても役に立つものでした。まず、一つのルールを作り、それを達成できるように二人とも努力するのです。ルールというのは次のようなものでした。お互いに怒ったまま寝ない。過去の経験から、このルールに従うことはとても難しいことでした。というのは、お互いの主張を封印して、翌日に残すことは眠れぬ夜を過ごすことが多いため、それだけはしないほうがいいのです。しかし、お互いの誤解を解き、なんとか折り合いをつけられる不一致にしておくことです。そうすることにより、大げんかの後の沈黙や怒りがおさまります。

レッスン3：責任はできることによって分担しましょう

自閉症児の世話をすることは、肉体的にも精神的にも大変なことです。子どもの身体的な世話に加えて、障害についての知識も必要であり、子どもに適切な擁護もしなければなりません。理想的には、夫婦はお互いが疲弊しきらないように責任を分担しましょう。

夫婦はお互い強さも弱さも持っています。理想的な世界では、片方の親が忍耐強くうまく教えるスキルを持っていたら、子どもに自立スキルを教えることができるかもしれません。もし片方の親が子どもの擁護が十分にできるなら、その親は学校に電話をかけてミーティングに参加するような人を集めるかもしれません。すべての責任を夫婦間で分け合う必要はありませんが、ここぞというとき、どちらかが発揮できる力が必要です。しかしながら現実の世界では、どんな夫婦にとってもお互いの責任分担をどのように効率的に、かつ公平に分担するか決めるのはとても難しいことです。自閉症の子どもの世話をするために夫婦が、単に平等に時間やエネルギーを使うという必要はないと思います。

★アンの場合

　私は夫に対して、私が思っているほど息子の擁護に一生懸命ではないと、よくかんしゃくを起こしました。私は学校や療育において必要な電話をしたり、エリックの要求をたった一人で確かめたりしていました。自閉症について学ぼうとするのも、親の会や研修会に参加するのもすべて私一人だけでした。

　でも夫がエリックのことを何とも思っていない、エリックの面倒を見ないことではないことは、後でわかりました。実際、夫は私と同じようにエリックを何とかしようとがんばっていたのでした。研修会や親の会に参加することが彼の「やるべきこと」ではないと夫は思っていました。私は他の親と会ったり、自閉症のことが学習できるどんな研修会にも参加するのが好きでした。私は個人的には差別をなくそうと、サポートのため他の親御さんと接する必要がありました。しかし、夫はそのようなニーズを感じていなかったのです。夫の仕事は融通性の利かない、とてもストレスのかかる仕事でした。ですから、研修会や親の会に参加することはとても難しく、さらにストレスをかけることになってしまうのでした。私はこの分野が得意で興味・知識・時間を持ち合わせていたので学校でのエリックを擁護するには適任でした。私が中心となって学校に要求し、私が得た知識を夫に伝える。これでうまくいくようになりました。夫はエリックのサービスには一緒に考えて決断をし、重要なミーティングには私と一緒に参加しようとしてくれました。

　最初はこのやり方にとまどい、そんなとき自分自身を鼓舞し、エリックのプラス面を思いながらなんとかがんばろうと考えました。教師だけではなく、作業療法士、言語療法士の先生たちはエリックが一日一日できるようになってきた新しいスキルを教えてくれたので、心配もなくなりました。夫は専門家からの勇気づけられることばを聞く機会がありません。それにひきかえ私はエリックがいろんなことを覚え、徐々に成長していく様子をマジックミラー超しに見ることができるたった一人の人間だったのです。夫もまた希望を感じたかったに違いありません。そう気がついた私は、ほんのわずかに改善されたことや教師や専門家のコメントをすべて記憶に留めました。夫に同じように伝えたかったからです。どのような指導をしているか、エリックがどのように学習しているか夫に、夕方ときおりエリックと個別作業をやって見せました。

☆モリーンの場合

母親グループの集まりの中で、「夫婦の話題」は常に活発な話題となっていたことを覚えています。夫婦げんかは、お互いが助け合おうとしないことで、不満が溜まり、嫌悪な状態になってしまうことが度々あるのです。このいらいらを止めるために、私は何かしなければと考えていました。夫の仕事は病院で長い間拘束されるものでした。夫は誠実で、それどころか、自分を犠牲にしていましたが、夫が夜も長い時間働かなければならないことで、家の中の混乱を知らなかったため、さらに事態が悪くなっていました。私がフルタイムでエリックの世話をすることができることに安心できる部分はありましたが、一人だけではできないことも多く、腹を立てていました。私は夫が援助してくれるときでも、それがうまくできないと、いつも文句を言っていました。母親の会に参加すると、いつも夫の愚痴を述べ合っていました。「私は夫に対し怒るのをやめたわ。この領域は夫がやるより私のほうがいいと思うの」とアンが私のために助言してくれました。

アンは続けて、息子の世話をするのは一人の方がかえってやりやすいという気持ちも述べてくれました。アンの気持ちは私の状況をうまく説明していました。私は何も手伝ってくれない夫を責め続けていました。現実には夫は一日に十五時間も働いていたにも関わらずに。夫はいつもジャスティンが落ち着いて寝てしまった夜に帰ってきました。母親として、私はジャスティンの成長と問題行動を常に見ていなければなりませんでした。ジャスティンを援助してくれる人たちやそのプログラムに私は助けられていました。アンの話で、夫が何も手伝ってくれないことを問題にすべきではないと思いました。夫は必要な経済的、精神的なサポートを提供するため、できることすべてをやってくれていたのです。問題は、私たちの能力以上の援助が、私たち家族に必要だったということでした。私たちは精一杯一所懸命にやっていました。しかし、私たちの家族をサポートするための、さらなる援助者を見つける道をさがし始めたのです。

レッスン4：夫婦のための時間を作ることが必要

自閉症児と生活するということは、夫婦だけの時間や自分のための時間を忘れてしまうほど、時間を取られてしまいます。自由時間なんて見つけることはできません。自分たちのために使える貴重な時間は、睡眠や食事、お風呂などの最低限生活に必要なことだけになってしまいます。子どもたちから離れて夫婦だけのひと時を見つけることは、とても贅沢なように思われます。でも、そういったことは普通のことですし、結婚生活にはとても必要なことなのです。夫にとっても妻にとっても、日々の生活で苦しんでいる状況から、少し離れて夫婦一緒に過ごす時間を楽しむ必要があるのです。

夫婦二人で外出するためには、子どもの面倒を見てくれる人を探す必要があります。しかし、これは必ずしも簡単なことではありません。私たちと同じように自閉症児の世話をしたり、子どもの安全を守ってくれるような人を探すのには苦労します。たとえどんなに難しくても、可能であれば適切なリスパイトケアを見つけることはとても重要なことです。もし、援助を提供してくれる友人や親類がいたら、遠慮なく受け入れることを勧めます。夫婦が夕方外出できるように、その人たちに面倒を見てもらうことを勧めます。

さらに、地域で提供されるリスパイトケアサービスを推し進めていくべきです。それは夫婦のためにいいだけではなく、自閉症の子どもが親とは異なるサポーターに適応するための新しい経験にもなるからです。

たとえそれが、夫婦だけのほんの短い食事や簡単な買い物であったとしても、二人だけの時間を持つことはとても大切なことになるしょう。私たちが望むこのような「休息」を、前もって決めておくのもよいでしょう。二人だけのロマンチックな時間を一緒に過ごしたり重要な話題をゆっくりと話し合うことも可能かもしれません。家族によっては、この時間を大切にするために、自閉症の「自」ということばを二人だけでいるときには使わないというルールを決めてもいいかもしれません。家から一歩離れるということは、一緒に何かをしたり、スポーツや映画を見に行ったり、同じ楽しみを共有するために使ってもいいでしょう。どんな選択をしようとも、私たち夫婦二人が価値があると考えたことを、お互い話し合うためにこのような時間はとても大切なのです。

★アンの場合

最初の頃は、私たち夫婦は子どもなしの時間などは考えられませんでした。夫の仕事はとても忙しく、私は産まれたばかりの子どもの世話に大変で、またエリックのために多くの治療者と関わらなければならない状況に疲れ果てていました。子どもたちが寝る頃には、私たちは二人とも何をするにも力は残っていませんでした。私は夫がいなくて淋しかったし、母親の役割としてだけではない時間を必要としていました。私たちは、ベビーシッターを雇い、数時間だけ家を留守にできるように、一週間に一回だけ夕方に二人で過ごす時間を取れるようにしました。夕食をともにしたり、映画に行ったり、それはとても幸せなひと時であり、毎週楽しみにしていました。私たちはファストフード店に行くこともあれば、ショッピングセンターをぶらぶらしただけのこともありました。このように大したことをしているわけではなく、子ども抜きで一緒に話をしたりする時間を持っているだけでした。

最近、結婚二十五周年の記念に旅行にも行きました。結婚生活を通して、子どもたち抜きで二人だけで旅行したのは、これがはじめてでした。子どもたちが小さいときは難しかったのですが、今ではそれがたとえ一週間に一回であろうと、何とか日々の雑事を忘れ、うまくやっていけるようになりました。このような時間は、私たちの結婚生活を豊かなものにし、また家でのてんやわんやの状況のときに、見失っていたものを見つけることができます。家に戻ったとき、以前に比べていろんなことが楽になったと感じられるようになりました。子どもたちは毎回私たちがいないことを淋しがっていましたが、子どもたちにとってもよいことでした。とりわけエリックにとっては、違う接し方をする他人と過ごすことはとてもいい経験になりました。

自閉症児がいる多くの家庭では、このような余暇を取るといった行動は難しいことでしょう。私たちの場合は、子どもたちの世話をしてくれる祖父母がいたというメリットがありました。多くの家族にとって、このような贅沢な行動は許されないことかもしれません。子どもたちの面倒を見てくれる人を探すということはとても難しいことですが、そういったことにチャレンジしてみる価値はあると思います。

☆モリーンの場合

アン夫妻のように、私たち夫婦も二人だけの時間を作ることは、とても大変なことでしたが、そうした時間をとることは二人の関係を修復することにもなりました。子どもたちの寝る時間が決まっていたので、私たちは毎晩自分の時間を使ったり、あるいは家を離れる時間を作ったり、夫婦間の絆を強めることができました。結婚生活にはとても必要なことです。それで、ストレスが軽減され、夫への愛を再確認しました。

親戚づきあいについて

親類づきあいはいろいろと複雑なこともあり、誰でもいい経験と嫌な経験の両方を経験したことがあると思います。自閉症と診断された子どもをもつ家族は、この親類づきあいがさらに複雑なものになってきます。もし、いつも親戚と親しい付き合いをしているのであれば、子どもが自閉症と診断された後でもうまくやっていける可能性はあります。もし、それほど親しい親戚づきあいをしていなかった場合は、自閉症という障害児をもつことによって、その関係はさらに悪化することがあります。自閉症という現実の診断結果を理解してくれないかもしれませんし、育て方や治療方法についても理解を得られないかもしれません。自閉症の子の特異な行動のため、親戚の家へ行くこともはばかられるし、一緒に何かをしようと思っても限界があるでしょう。自閉症の子どもを頻繁に見ることがない親戚にとっては、私たちが毎日行っている自閉症児の世話や、私たちが決めたことを理解してくれない恐れがあります。

親戚の中でも祖父母に対する問題は特に大変です。自閉症の孫を持ったという深い悲しみだけではなく、私たちは日々悩みを抱えている彼ら自身の子どもでもあるからです。自閉症の孫が生まれたという絶望的な気持ちになりながらも、祖父母は子どもである私たちや孫を何とか手助けしたいと思うでしょうが、どうやっていいかはわからないと思います。

また、祖父母がどこに住んでいるかということも問題となるでしょう。さらに、祖父母の年齢的な問題やそれに伴う健康の問題も生じてきます。そのような場合、祖父母に援助を請うのは難しいかもしれませんし、自分たちが経験している苦しさを祖父母に委ねることに抵抗があることもあるでしょう。私たちが親類との関係について学習したことは次のとおりです。

レッスン1：期待を補正する必要があるかもしれない

『功績を上げるには目標を低くすることである』は絶望ドットコム（注：despair.com はユーモアで、既存の社会のモットーを揶揄した商品を扱っている。）の社訓です。よい家族関係を保つためにも、この題目は当てはまります。親戚には血のつながりがあります。とりわけ、きょうだいとは一緒に育った歴史もあり、似たような考えを持っていたり、お互いの気持ちはよくわかります。しかし、対応できない問題も多々あります。私たちが唯一コントロールできることは、期待するレベルを高くしないことです。

☆モリーンの場合

幸運にもジャスティンが生まれて最初の五年間は、私たち家族は私のきょうだいの近くに住んでいました。私はきょうだいたちにジャスティンのことを頼もうなどとはみじんも期待していませんでした。しかし、（障害や人種などの）違いを受け入れるということは（政治的なことを除いて）、私の家族の中で長年続いている伝統でした。私のきょうだいが何の躊躇もなく、私たちに近づいてくれて、私たちに手を差し伸べてくれることはわかっていました。

一方、夫の家族に対しては、何が期待できるかはわかりませんでした。ジャスティンが生まれたとき、私たちはノースカロライナ州の中西部に住んでいました。夫の家族も少し離れてはいましたが、ノースカロライナ州の海に近いところに住んでいました。私は夫の家族が私たちのことを心配してくれており、できることをしてくれるということは感じていました。しかし、私はジャスティンについて夫の家族がどのように感じるのかが心配でした。私が一番心配していたのは、ジャスティンの祖父母となる夫の両親との関係でした。両親との関係には以前から大変神経を使っていました。というのは、夫の両親は夫が障害児教育の教師になるのを反対していたからです。ですから、夫の両親が自分の孫となった「障害児」に対し、どのような反応をするかとても心配でした。私は何を言われても仕方がないと自分に言い聞かせていました。

しかし、それは私の想像とは逆のものでした。夫の両親はジャスティンを愛情を持って普通の孫の一人として受け入れてくれ、私はとても感動しました。夫の両親は私たちに愛情を持って接し、いつも心配してくれました。そして、日々祈り続けてくれました。夫の両親は私たち家族のストレスが少しでも軽減できるように、経済的援助もしてくれました。

しかし悲しいことに、夫の両親はジャスティンのことを詳しく知るようにはなりませんでした。実際彼らはジャスティンを「かわいそうな子」と見ていましたし、私たちの生活を悲しいものと見ていました。夫の両親はジャスティンを家庭から離し、どこかの施設へ預けた方がいいのではないかと感じていました。幸運にも彼らはことばに出してそのようなことを言ったりしませんでしたが。

最後まで、夫の両親は私たちの生活に嫌な思いをさせることはありませんでした。なぜなら、私は精神的な慰めを夫の両親に依存しようとしなかったし、彼らがしてくれる以上のことを期待しないようにもしていたからです。

レッスン２：親戚も自閉症児の教育から何かを得る可能性がある

一般に、親類たちは自閉症について詳しく知りません。できれば親類たちも自閉症についてより詳しく学習するだけではなく、自閉症児が家族に与える影響がどのようなものかを詳しく知ることも必要だと思います。すべての自閉症児はそれぞれ異なっています。自閉症が与える影響はどのようなものかを学習することで、親として経験するかもしれないことが、その親戚によりわかりやすく伝わります。私たちは自閉症の問題がどれだけ大変かを親類に説明することができます。そうすることによって、時には親類たちと一緒に自閉症児の情報を分かち合うことができるでしょう。自閉症に関するウェブサイトには、障害について新しい情報が示されていますし、役に立つ本もたくさん出ています。私たちは親類たちと一緒に私たちの息子である「自閉症」についての診断や治療報告を共有することもできます。そのような報告に記載されている臨床的な記事は、時に読むのが負担になるものもあります。親戚たちと何を共有すべきかは、慎重にしなければならないでしょう。親類たちが示す情緒的な反応や関心のレベルに応じて、検討すべきです。自閉症について親戚たちに知ってもらう最もよい方法の一つは、自閉症の子どもと過ごす時間を経験してもらうことです。もし親戚が遠くに住んでいるようであれば、それは困難なことかもしれません。自閉症児が決まりきったパターン化された生活からうまく離れられないときは、頻繁に親戚のところへ連れて行くことはとても難しいことになるでしょう。その場合、親戚が自閉症児のいるわが家に来てもらうことはできるでしょう。診断や治療についても多くの誤解があるでしょう。なぜなら、親戚は自閉症の複雑な特徴を詳しく知らないでしょうから。家庭という環境で自閉症児と一緒の時間を過ごすということは、親戚に理解してもらうためにとても有効です。私たちは親戚を自閉症児の治療に連れて行き、その行動を観察してもらったり、学校でどんな活動をしているかを見せることもできます。親戚たちは自閉症の家族をサポートしているグループに参加することによっても、より理解してくれるようになることがあるかもしれません。

★アンの場合

以前にも述べたように、私の両親であるエリックの祖父母が近くに住んでいてくれたことは何より助かりました。私が自閉症のことやエリックとの関わり方を勉強しようとしていた学習段階に、祖父母はとても大きな存在であることがわかりました。エリックについての多くの評価結果や報告を祖父母と話し合ったものです。祖父母にも自閉症児についてのわかりやすいと思った記事を渡すこともありました。頻繁に親の会の集まりや研修会にも祖父母を連れて行ったものです。祖父母は私が家でエリックに対応している場面を見るだけではなく、作業療法や言語療法の場面でもエリックの様子を見てくれました。そういったことで、祖父母はエリックを理解することができ、私たちが親として決めたことを理解してくれ、また手伝ってもくれるようになってきたのです。祖父母は私たちと一緒になってエリックに関わってくれ、またうまく関わることができると感じてくれるようにもなりました。

☆モリーンの場合

ジャスティンについて、祖父母である私の両親とどう情報を共有すべきか決めるのはいつも大変なことでした。というのは、最初の頃は情報が少なすぎて、私自身どうしていいかわからなかったからです。ジャスティンが生まれたときの脳損傷が将来の発達にどう影響するのか、全くわかりませんでした。そういうことが、たとえ私の親であっても、不安を誰かに言いたくないという妙な意識を持っていたのかもしれません。診断結果を受けただけでは、答えは見つからなかったのです。私たちはジャスティンの障害が重度であることはわかっていましたが、自閉症という障害が今後どのようになっていくのかはわかりませんでした。この時期、私は自分自身自閉症についての「学習曲線」で、じたばたしていたのでした。私自身がまだ自閉症についてまだ十分に理解していないときに、祖父母にこの難しい息子をどのように説明したらいいのかもわかりませんでした。

おそらく祖父母にジャスティンのことを話すのをためらっていたのは、苦しい話をするのが嫌だったからだと思います。祖父母に苦しみや悲しみを与えるのは、私自身の悲しみを増すことにもなるからでした。伝えなければと決めてかかっていると、多くの精神的エネルギーを使い果たすものです。私たち家族を大事にしてくれる精神的な予備軍を必要としていました。

アンとは違って、私は両親に自閉症について伝えることはほとんどありませんでした。ジャスティンを理解してもらうことは、まさにそこにいなければわからないと考えていたからです。遠く離れている私の両親に、一般的なわかりやすい説明をしようと思ったのですが、詳細を理解してもらうのは難しいと考えました。ジャスティンは長旅をすることが困難だったので、私の両親にジャスティンのことを知ってもらう機会はほとんどありませんでした。近くに住んでいる親戚は、わが家に頻繁に来てくれたり、ジャスティンと一緒に過ごすことで、彼の自閉症独特の特徴を理解してくれました。ジャスティンが祖父母と一緒に生活すれば、ジャスティンを理解し、受け入れてくれるのでしょう。親戚たちはジャスティンがたくさんのことを教えてくれ、自分たちの人生を豊かにしてくれたと言ってくれます。たしかにジャスティンを受容してくれることによって、私たちの生活も豊かなものになりました。

レッスン3：必要であれば援助を受け入れるべき

祖父母から援助を受けるということはいろいろと複雑なものがあります。結婚して新しく構成された若い夫婦は、自分たちの親から離れることによって自立していくからです。若い夫婦が親から離れたまさにそのときに、自閉症児は祖父母の援助を必要とするようになるかもしれません。どのように援助を受けたり、あるいは自立を維持するようにするかのバランスは、なかなか難しいものです。

☆モリーンの場合

私は精神的な面で自分の両親に頼っていくことはしませんでした。少なくとも私の生活の一部であるジャスティンとの生活の中で、援助を受けたくなかったのです。それは、私の両親が援助の手を差し伸べることができないとか、援助したいという意識を持っていないということではありません。私自身が他の誰かに負担をかけることに気が進まなかったのです。私は長女でしたし、いつも誰かの面倒を見る側でしたし、見られる側ではなかったからかもしれません。違ったことをするのは、私には居心地が悪かったのです。今思い返してみると、私は両親に心を隠していたことで、両親と私自身をひどく傷つけたと考えます。しかしまた、その時はおそらく私ができる精一杯のことをしたのだと思っています。

しかしながら、私の兄と妹は具体的に、それもやさしい対応で援助をしてくれました。二人とも自閉症支援プログラムに経済的な援助をしてくれました。妹は子守をしてくれたので、週末の救済者でした。兄や義姉たちは、いつも自分たちの活動の中に私たち家族を入れてくれました。ジャスティンが参加しやすいようにノースカロライナの海岸に行くことを提案してくれました。私たちの家族だけではノースカロライナの海岸まで行くのがたいへんだったので、その時は義弟が連れていってくれました。兄や妹たちの財政的援助や彼らの優しさによって、決して経験できない休暇を楽しむことができたのです。

レッスン4：場合によっては「そこまで」と言う頃合を知らなければならない

自閉症と診断されたことを祖父母に納得してもらえるには、あらゆることをやらなければならないかもしれません。やがて、問題ないよと信じ続けてくれるかもしれませんから。あるいは親戚に助けてもらうあらゆる方策を（それが無駄であっても）試してみましょう。子どもの問題を下手なしつけによるものであると考える親戚がいると話す親御さんもいます。あるいは診断を受けて十年たった場合でさえ、子どもと交流しない親戚や、他の孫たちと違った対応をとる祖父母がいるかもしれません。不運な出来事が必ずしも親戚関係の結束を強めるとは限らないのです。

祖父母たちの考えをどうしたら変えられるかと悩むのをやめなければならない場合もあるし、同様に「そこまで」と言う頃合を学ばなければなりません。私たちは祖父母である両親が私たちの家族をサポートしてくれることを期待しますし、子どもがどんな子であれ私たちの子どもを愛してくれることを望んでいます。しかし、私たちは、自閉症のわが子について理解してもらえるように努力しても、理解しようとしなかったり、頑固だったりする場合、それに対処するための過度なストレスまでも持つことは避けたいのです。親類関係は、あまりにも壊れやすいので、自閉症がもたらす問題で持ちこたえることができなかったり、最善の努力をしたにもかかわらず、親類関係がうまくいかないことがあります。それは悲しいことですが、子どもや家族にとってためにならない場合もあるということを、私たち親が決めることも必要なことです。生活に有益な親類関係を構築していけるときには、私たちの活力も充実したものになるでしょう。

親戚づきあいで『そこまで』と言う頃合」とは一時的な

ものです。人間関係は時間の経過とともに変わっていくということを私たちは忘れています。子どもを育てているときは、私たちは自分の家族の世話で手一杯の状態です。私たち核家族の外にいる人たちに、提供できることには限界があります。しかし、子どもを育てる日々が終わったら、新しい親類関係を再度築ける機会が出てくると思います。

☆モリーンの場合

ジャスティンの生活には、多くの親類関係を構築できて私たちの家族が成長したことをとても驚いていますし、またうれしい限りです。ジャスティンのいとこたちは、彼らが大人になるにつれ、よく家へ遊びに来てくれるようになりました。いとこたちは莫大な自閉症の情報をメディアで探してくれ、自閉症に対する最新記事を頻繁にメールで送ってくれます。

彼らはジャスティンの生活に興味を持ってくれ、子どもの頃や今の様子を尋ねてくれます。彼らはまた、ジャスティンの生活を改善する方法や、他の自閉症児者の生活についても教えてくれます。夫と私は歳を重ねながら、ジャスティンの世話をしようとしたり、また将来ジャスティンにサポートを提供することができるかもしれない親類の輪を広げていく機会が増えたことにとても励まされています。

第5章
子どもたちの人権を守る

子どもが自閉症スペクトラムと診断されたことによって、私たち親は彼らを守る立場の人間として否応なく放り出されてしまいます。私たちは学校や医療、福祉などの子どもに必要なサービスを受ける際に、気力をくじかれるような問題に直面します。それと同時に、自閉症といった障害の学習曲線(成長にばらつきがある)が最も厳しい状況のときに、子どものことを説明するための通訳者となり、子どもを守り、そして育てていく仕事をしていかなければならないのです。おそらく親は何も準備をしていないのだと感じ、動転しているのです。

普通の生活だけでも大変なのに、それ以上にたくさんの問題が生じるため、それらを一つひとつ解決しなければなりません。子どもを守る最初の段階は、子どもと関わってくれる専門家を見つけることから始まります。何年もの間、私たちはいろいろな専門家と関わってきました。そういった専門家の能力や思いやりは、エリックやジャスティン、そして私たちの家族生活の質を劇的に変えてくれました。

しかし、専門家の中にはそういった能力や思いやりがなく、私たちの生活を、実に嫌な目に合わせた人たちがいたのも事実です。初めて会った専門家が、思いやりのある人かそうでないのかを見抜くことは、とても難しいことです。

☆モリーンの場合

私はすべての専門家を、子どもを守ってくれる擁護者として見ていました。カトリックの女子学生だったころのように、そういった権威のある人たちを尊敬していましたし、何の疑いももたず彼らの考えが正しいものとして受け入れていました。しかし、援助してくれる人がいるという先入観は、とき

チムニーロック(ノースカロライナ州)

に彼らを専門家として客観的に評価できないことがあるのです。夫は私に比べ洞察に優れており、客観的に見る目がありました。私はジャスティンを言語療法に通わせ、ジャスティンも私も大変な目に合って終わらざるをえなかったことがありました。夫はこの言語療法は私を混乱させていると考え、観察に来ることにしたのだそうです。

夫はこの言語療法を十五分ほど観察しただけで、私に言いました。「どうして君はこの言語療法でつらい思いをしているの？　大変な状況になっているのは、ジャスティンの問題じゃないよ。彼女が下手な言語療法士だからだよ。彼女は美人だし、髪の毛や爪もきれいにしている。化粧も素晴らしいと思うし、洋服もおしゃれだよ。しかし、彼女の本質は魚のような冷たさを感じるよ。ぼくがジャスティンだったら、嫌だと思うよ。だから、ジャスティンをうまく指導してくれるような専門家を、探そう。」

私たちは「権利擁護者（advocate）」の役割を学習するにつれ、本当に必要で、信頼できるような知識や援助をしてくれる専門家が、どのような人なのかを、判断することができるようになります。

私たちが専門家とどのようにうまくやってきたか、そして生じてきたトラブルにどのように対処したかについて、これから説明していきたいと思います。また、私たちは子どもをうまく守ることができなかったとき、どう対応をしたかもお伝えしたいと思います。最後に、私たちの家族のためになる最もよい専門家をどのように選ぶべきか、そしてどのような人たちが「最も素晴らしい専門家、実践家」として私たちの基準にマッチしたかをお伝えします。

I　専門家とポジティブな関係を築くためには

親と専門家とのより良い関係を作るためには、時間と労力を惜しんではいけません。需要と供給の視点で考えると、家庭で必要としている需要に比べるとほんの短い供給でしかないかもしれません。しかし、専門家との良い関係を作るために、時間とエネルギーを投入することは、子育てに失敗する時間やエネルギーと比較すると、わずかなものかもしれません。

これから、専門家と積極的に関わるために築いてきたことをご紹介します。

レッスン１：子どものために何をしてあげたいかを具体的に示すこと

世界中で最高の専門家でも、私たちが必要としている援助が何かわからないと援助はできないのです。専門家との関係を始める前に準備しておくことは、子どもたちのために私たちがどのような生活を望んでいるかをきちんと整理しておく必要があります。これは、意外と大変なことなのです。というのは、「将来のためにどのようなことが妥当なのか」「どんなことに到達できるのか」「どんな能力が現れるのか」「どんな興味が湧いて来るのか」、また「自閉症の領域における進歩があり、それがどのように生活を楽にしてくれるのか」などが全くわからないからです。子どもの将来の生活像は、そういったことがわかってくるにつれて答えも変わってくるかもしれません。現在、何が本当に必要なのかを整理することによって、効果的な子どもの支援を行うことができ、それが将来の可能性を開くことにつながります。

私たちが専門家と作りあげる教育や治療プランは、診断のためばかりではなく、子ども全体に反映させるために必要です。子どものために具体的にわかりやすく書かれたプロフィールは、短期間の指導計画においても、長期間の広範囲な指導計画にも役に立つものとなります。

考えられるべき項目は以下のようなものとなります。


「子どもの長所は何か?」

「子どもの問題となっているところは何か?」

「子どもの興味・関心があるものは何か?」

「子どもの最も賞賛すべき特徴は何か?」

「子どもはどのように学習させると伸びるか?」

「子どもの希望、不安、そして将来の展望はどのようなものか?」

☆モリーンの場合

IEP(個別教育計画)の過程は、ときに残念な結果を示すことがあります。IEPは、子どもの個別のニーズや能力に基づいて、親と専門家の協力によって計画される重要な資料として始まりました。しかしながら、IEPを正確に遂行していこうとすると、いろんな規定が増えてきて、計画書というよりは命令書のようになってくることがありました。子どものプロフィールを書くことで子どもから焦点が外れたIEPのルールや決まり、教育の専門用語が使われた文書になっていました。私はIEPのお役所的内容はさておき、ジャスティンの支援に関わってくれるために必要なIEPプロフィールをチーム全員が記憶に留めるため使用しました。

レッスン2:子どもはできるだけ権利の分け前にあずかるべきである

子どもの中には、彼ら本人のために設定されたIEPメンバーの中に参加できる子もいるでしょうが、すべての子どもたちが参加できるわけではありません。もちろん、そのような場合、保護者がコミュニケーションや理解力のレベルに応じて関わっていかなければなりません。しかし、大人になって必要となる自己擁護スキルを子どもたちに教えることは可能です。子どもがIEPの過程の中に含まれていけばいくほど、将来の子どもたちの権利擁護は進んでいくでしょう。私たち親は、健常児と自閉症の違いを理解してもらうことや、どのようにしたら援助が求められるかなど、できるだけ早くから子ども自身が自己擁護できるように準備していく必要があります。子どもたちになぜ援助が必要なのか、また学校では誰が援助してくれるかなどを子どもたちに知らせることはできます。私たちは、自閉症の子どもたちが健常児とは異なったかたちで学習し、その障害があるにもかかわらず誰もが長所を持っているということを、子ども自身に理解できるように教えることができます。

私たち親が、障害の話の渦中から子どもを守りたいと思うことは決してめずらしくありません。ＩＥＰミーティングでは、子どもたちの欠点や問題について議論されますが、私たちの本音は彼らの長所や興味について議論して欲しいのです。私たちはそのような不愉快な議論から子どもたちを守りたい気持ちを説き伏せねばなりません。というのも、子どもたちが成長したときの彼らの将来や権利擁護の必要性に対して、先手を打っておく必要があるからです。

ＩＥＰミーティングでは、適切な段階に自閉症児自身も入っていくべきなのです。ＩＥＰミーティングに参加することが難しい自閉症児でも、教師や保護者の援助があれば、ミーティングを共有する時間を作ることができます。

おそらく、そのミーティングに顔を見せるだけになってしまうでしょうが、短い時間であれば、そのようなＩＥＰミーティングに参加できる自閉症児もいるでしょう。子どもたちが好きなこと、あるいは好きではないことを伝えたり、また彼らにとっては難しいことが書かれている文面を説明したりすることができます。参加のレベルがどの程度であれ、子どもたちのケアをしてくれるＩＥＰチームを知ることはとても重要なことです。そうすることによって、学校で子どもたちがうまくいくように援助してもらえるようになるでしょう。

学校は、一般的にＩＥＰミーティングに子どもが入ることまで要求しません。子どもたちは高校になって生じるＩＥＰ（個別移行計画）ミーティングまでは、公にはＩＥＰミーティングに招待されることはないと思います。ですから、親は子どもたちがＩＥＰミーティングに参加できるように主張する必要があります。なぜＩＥＰミーティングが開かれ、誰がミーティングに参加しており、そしてどのようなことが話し合われているのかを前もって子どもたちに伝えておくべきでしょう。子どもたちをそのような権利擁護の中に巻き込むことは大変な労力がいることだと思いますが、彼らの能力やニーズを理解してもらうためにはとても価値のあることだと思います。また、子どもたちはうまくやっていける機会を得るために、重要な役割を果たす人たちとの関わり方を学習することも可能となります。

★アンの場合

学校のIEPミーティングにエリックが小さいときに参加させなかったことを私はすまなかったと思います。それは、エリック抜きでミーティングに参加する方が楽でしたし、実を言うと、エリックの障害を他の人に聞かせることは、エリック自身を困らせることになるのではないかと思っていたからでした。エリックが参加した最初のミーティングは、高校生のときの「移行」のためのものでした。そのミーティングにはエリックに関わるすべての専門家が揃っていました。作業療法士、教師、教頭、進路指導カウンセラー、障害児教育の代表者、そして私たち保護者です。公式には含まれませんが、エリックの祖父母（私たちの両親）、地域の図書館で無償のアルバイトをしたときにエリックを指導してくれた人、職業リハビリテーション機関の人、診断されたときからエリックのことをよく知っているTEACCHセンターのセラピスト、そして学校の移行（進路指導）教師などです。それはとても大人数であり、私たちはみなエリックとともに大きなテーブルの周りに座っていました。自己紹介が始まり、一人ひとり自分の名前と所属、そしてエリックとどのように関わってきたかを説明してくれました。エリックの番になったとき、「ぼくの名前はエリック・パーマーです。そしてぼくは自閉症です」と答えました。私はとても驚きました。というのは、エリックが自分のことをそのようにはっきりと言うのを初めて聞いたからでした。後で、私がエリックに聞いたとき、エリックは次のように答えました。「他の人たちが名前の後に自分の所属を説明したけど、ぼくの場合は自閉症という所属がすべてだったから。」

数年後、エリックと私は彼の大学の障害学生サービスの最初のミーティングに参加したとき、エリックが自分自身で権利擁護を知らねばならないと悟りました。障害者サービス担当の人はとても親切でしたが、エリックに直接いろんな質問を投げかけました。エリックにこれから必要なサポートについて、私にはサービス担当者が何も尋ねなかったことがとてもショックでした。そもそも、法的にはエリックは十八歳を超えているので、彼は自分で権利擁護ができる立場にいたため、サービス提供者はエリックが必要とするサービスを（私からではなく）エリックから直接要求されなければならないと考えていたのです。大学の授業でノートのコピーの必要性があるのではないかと彼女が尋ねたときも、エリックは「わからないよ、母さん。どう思う？」と答えるだけでした。学校におけるサービス計画に、エリックをできるだけ早めから参加させるべきだったと、その時にわかりました。エリックは、大学が要求する自己擁護のレベルに対応することができなかったのです。

レッスン3：保護者は子どもの自己擁護スキルを伸ばす必要がある

専門家と親の協力的な関係は、自閉症の子どもがうまく対応できるような環境を作ります。親は、専門家と協力して対処していこうとする際には、その援助過程で同等のパートナーとしての役割を自負しています。私たちは、職場や家庭で対人関係をうまくこなしているテクニックを使うことによって、専門家とうまくやっていく関係を増やしていくことができます。そのためには、正直であり、誠実に心を開いてその過程を尊重することです。専門家との適切な関係を作っていくために、これらの原理を組み入れたいくつかの実践的方法を紹介します。

（a）支援プログラムが始まる前に教師や専門家と接触しておく

★アンの場合

エリックの学校時代の何年か、権利擁護を行いましたが、まず学期が始まる前にはじめました。私が権利擁護の努力をした学年はクラスで行動問題もなく、特別な支援も要求しませんでした。エリックに関わる新しい教師たちとの最初のミーティングは重要でした。うまくいけば、その年を通して最大限の権利を要求できたのです。最初のミーティングでは、私は自分の子どもであるエリックを売り込まなければなりませんでした。教師の役割の中で最小限の努力で、うまくエリックには対応できるということを納得してもらい、また突然の変化などには、うまく対応できないということを先生たちに理解してもらわなければなりませんでした。エリックが自閉症という障害を持っており、そのためにサポートが必要な場合があるということを納得してもらわなければなりませんでした。

私自身のことについても話をしなければなりませんでした。先生たちに私とうまくコミュニケートしてもらうために、私が文句ばかりを言うタイプではなく、ちゃんと対応ができる怖くない親としてみてもらうようにしたかったのです。私は専門家としての教師にどのようなサポートをして欲しいか、また、もし彼らが私を必要とする場合には、喜んで教室まで手伝いにいく意志があることを知ってもらいました。先生たちがエリックあるいはエリックの自閉症という障害について疑問があったら、どんなときでも私に連絡してもらってかまわないということを、はっきりと伝えさせてもらいました。私は、先生方に口うるさい親としてではなく、協力者としてみてもらいたかったのです。

☆モリーンの場合

夫と私は新学期が始まる前に、いつも新しい学校の校長先生のところを訪れました。私たちは「ドクターモーレル夫妻」として約束をして身支度を整え何度か訪れました。私たちは、学校では道理をわきまえた、思慮深い、望ましい親として努めようと努力しました。もしジャスティンが問題行動を起こし、ミーティングが避けることができなくなったとき、校長先生の心の中にしっかりとしたイメージを持ってもらえることを望んでいました。

（b）子どもについての情報を共有する

教師とともに子どものプロフィールを見直し、子どもの長所、ニーズ、興味、そして学習スタイルについて話し合いが必要です。心を開いて正直にならなければなりません。しかしまた、あなたがわかっていない疑問や関心をきちんと伝えることも必要です。

（c）子どものための大使になりましょう

ニーズや心配だけではなく、子どものとても魅力的なことを伝えましょう。子どもに対するあなたの希望や夢を専門家と分かち合うのです。

（d）あなたの子どもに関する「自閉症入門セミナー」を提供しましょう

担任の先生は自閉症のことを知っているかもしれませんが、あなたはあなたの子どものことを知っています。もしあなたの子どもが健常児クラスにいるのなら、担任に自閉症のことだけではなく、あなたの子どものことについても知ってもらう必要があるでしょう。要求できうる問題について、実践的な助言と情報を分かち合うのです。起きるかもしれない問題を予測し、問題が生じたらうまく対処できるような具体的方法を伝えることが必要です。この情報は、大学で学んできた理論的知識と、現場で対応する子どもの実践が、現実問題としてかなり違うというカルチャーショックを受けている新任教師たちには特に役にたちます。

☆モリーンの場合

私はジャスティンのことで何か問題を生じるかもしれないと、担任の先生に前もって伝えることに躊躇していました。ジャスティンの問題を大災害のように扱われた経験がありましたが、問題は継続的な情報を与えることであり、あらゆる可能性のあるシナリオ（今、核戦争の最中におり、ジャスティンは〇〇を必要としている）に対応することではなかったのです。ジャスティンは、普段の生活で変化が生じることに抵抗があることを知ってもらい、問題を防いだり、彼の行動をうまく対処するような実践的な方法を共有できるよう多くの時間を費やしました。たとえば、「ジャスティンは、ユーモアのある話し方をすると、言っていることがわかるようなんです。ジャスティンは、高圧的に指示をされると、その人たちを叩くことがあります。」「ジャスティンは笑顔や背中をさすられたり、ヘンテコな歌が大好きなんです。」「食事の際にテーブルの一番後ろにジャスティンを座らせれば、他の人の皿の食べ物に手を出したりすることは少なくなると思います。」「何か言う際に、時間を余分にかけると、ジャスティンは容易に反応できるようになります。」「ジャスティンが混乱し始めたとき、すばやく課題を終わらせ、カームダウンエリア（落ち着ける場所）へ連れて行くようにしています。」

専門家に多くの子どもの情報を伝える際には、どのように情報をまとめたらいいかは難しいことです。そのような場合、子どもとの接触の仕方を紙に書いてまとめておくととても役に立ちます。しかし、実際には一枚の絵が何千もの言葉よりも価値がある場合があります。ジャスティンの場合は、ビデオを使うことが、その対応を理解してもらううえで最も役に立ちました。ジャスティンが小学校在学中に、三回違う学区に転校しましたが、そのときにそのアイデアが生まれたのです。先生の中で意識の高かった一人は、ジャスティンが転校する際にビデオを使ったのです。そのビデオにはジャスティンの指導をしたすべての先生のインタビューシーンが入っていました。そのビデオには、教室でジャスティンが実施すべき一日の課題や生活の中で、良いことも良くないことも含まれていました。特別な場面では何を、どのように教えたらいいかを先生が解説してくれていました。その先生は、ビデオの中でとても貴重で数多くの助言をしてくれました。

そのビデオは、ジャスティンへの有効な対応法を伝えるだけではなく、そのような対応をしたらどんなメリットがあるかも説明されていました。ジャスティンは問題をたくさん抱えていたにも関わらず、ジャスティンを担当する先生たちのハートを勝ちとることができました。

★アンの場合

場合によっては、問題行動の防ぎ方や問題行動が起きたらどのように対処すべきかなどを教師に伝える親の権利擁護力が必要とされます。私のエリックに対する権利擁護は、エリックが教室内で友だちや先生から無視されないようにすることに多くの時間を割きました。エリックは学校の生活の中で物を壊したりといった破壊的な行動をすることはほとんどありませんでした。逆に、彼はルールに従い、決してルールを破るようなことをしないような子でした。教室でのエリックに対する心配は、エリックが「途方にくれたり」あるいは「何をすべきかわからないだろう」ということでした。エリックは何かに集中できないことが度々あり、注意を集中するためには再び指示してもらう必要がありました。ときにエリックは教師の指示がわからなくなってしまうことがあり、そのときでも「わかりません」と質問をしたりすることはできませんでした。教師がエリックのそのような点をチェックし、そしてエリックが理解できるように、繰り返し指示を出してもらえるような援助が常に必要でした。

私はまた他の生徒たちがエリックに意地悪をしたり、エリックの性格につけこんで利用したりすることをとても心配していました。エリックはいつも一人ぼっちでした。というのは、エリックには友達がいなかったし、ちょっと変わったことに関心を持ってしまうために、自分の興味のある行動しか行わなかったからです。エリックを攻撃の対象とするいじめっ子たちがいました。毎年、新学期が始まる前に私は学校の先生たちに私の心配を訴え、エリックから目を離さないようにお願いしました。とりわけ、教室内で構造化されない時間（休み時間）や運動場での遊び場面に意識して注意してもらえるよう頼みました。先生方に教室内でエリックを助けてくれるような友だちを探してくれるようにもお願いしました。たくさんの子どもたちがいてばたばたしている教室で、息子のために意識を注いでもらうことをお願いすることは大変でしたが、私にとっては、エリックに気をとめてもらうことがとても必要だったのです。

★アンの場合

エリックを担当する新しい教師に対して、私が何かを伝えたかったとき、「子どもの情報シート」というものを使いました。このシートは「障害児サポートセンター」で手に入れることができます。これは、自閉症の子どもを担任し、その子のことをよく知っている前任者によって書かれたわずか一ページのチェックシートです。この調査票は否定的な部分は書かれることなく、子どもが勉強する際にどんなごほうびがあればいいかとか、子どもの長所や興味などが書かれています。それだけではなく、子どもの問題行動に対する対処法も書かれています。

新しい担任教師は、この読みやすく、シンプルな調査票を喜んで読んでくれました。子どもとどのようにうまくやっていけるか、また教師がどのような責任を持つべきかなどについて知ることができたので、教師たちにとても役に立ちました。新しい担任は、前任の教師たちから直接経験を聞くことになるのでとても評価してくれました（その情報がたとえ親からの情報とは異なるものであっても）。この調査票は、小学校から中学校へと新しい学校に移る際にも役に立ちました。エリックの小学校時代の調査票を書いてくれた教師、セラピストたちがいてくれたため、その調査票を持って中学校の新担任の教師たちに配ることができました。

(e) 専門家（教師など）のことをよく知ること

専門家としての教師の略歴や経験を知るようにしましょう。

その教師が保護者と作る良い関係、悪い関係、またはどのようなギャップを感じるかなどを知っておくとよいでしょう。保護者と教師の話のなかで親の希望、期待を伝え、教師と共有することができるようにお願いしましょう。そのためには、教師とのコミュニケーションを図る最もよい時期、最もよい方法を決める必要があるでしょう。

(f) 論戦をして得るものがあればそれを選びなさい

親は、教師などの専門家と論戦する必要がままあるかもしれません。それは、子どもに有益な支援やサポートを優先することが大切だからです。そして、子どもの最善の利益のために落ち着くことが大切です。特別な支援や援助を求めるとき、親は現実に即した見方で見るべきです。議論、特に論戦に要する時間、労力、そして親と教師の緊張関係（精神的重圧）を考えなければなりません。もし、ゴールが労力と時間に値するものなら、そのときには親も決断しなければなりません。もし保護者がその目標が曖昧にしか理解できないなら、信頼できるアドバイザーからの援助を頼むことも役に立つでしょう。

★アンの場合

高校時代、エリックは必須で物理科学の授業を取る予定でした。学校が始まるときに、私たちはエリックの担任と自閉症について、およびその学期中にエリックが必要とするサービスなどの話をするためのミーティングを設定しました。物理科学担当の教師は、ミーティングに参加しなかっただけではなく、どんなに催促しても何の反応もなく、またなぜ参加できないかの説明もありませんでした。学期が始まってしばらくして、エリックは低い点数のテスト結果とレベルの低い宿題を持って返り始めたので、私はこの教師と話し合いを持とうとしました。私はこの物理教師にメールを出し、また電話をかけたりしましたが、彼女からは全く反応がありません。私が出したメッセージに何の反応もしてくれないことを学校スタッフに伝えたときも、そのスタッフは驚きもしませんでした。というのは、そのスタッフは私に次のように伝えてくれたのです。この特別な教師は、以前学習障害児の親の会から学校に訴訟問題を起こされた教師たちのメンバーだったことがあったのだそうです。

この情報と私が彼女に関わろうとした際のやる気のない反応から、彼女は特別支援教育が必要な生徒について、どんな方法も意欲的には取り組まないだろうと思いました。私の考えでは、彼女はエリックと関わることは簡単なことでもないし、また報われないことだと考えているようでした。彼女が自閉症生徒の教育者として十分でないことは明白でした。私は彼女が協力してくれるように法的な手続きをとることができたし、たぶんそうすべきだったのでしょう。しかし、これは私の望む戦いではありませんでした。そんなことをしても、エリックの学校生活がうまくいくわけではないと感じたからでした。その代わり、私たちはエリックをこの教師のクラスから別のクラスに移してもらうことにしました。

（g）子どもに影響する可能性がある問題について（教師と）情報を共有する

学校で子どもを担当してくれる教師に様々な要求をお願いする際のストレスは、離婚や病気、赤ちゃんの誕生あるいは誰かの死などによって生じるストレスと同様に大変なものです。

（h）援助を申し出る

あなたが提供できる時間や能力、経済的措置等どんなものであれ申し出て下さい。

（i）心の援助

教師が子どもによくしてくれたときには、感謝しましょう。教師の仕事における満足感は、給与や労働環境が第一ではない場合があります。というのは、教師が子どものためにしてくれたとてもいい教育について、心から感謝の意を述べることによって、教師のモラルを向上させることができます。自分自身あるいは自分の仕事に満足できた教師は、私たちの子どもに対してもよい仕事をしてくれるのです。

★アンの場合

エリックを支援してくれる教師や学校のスタッフにサポートのお返しとして、私はミーティングのたびに美味しい食べ物を持っていきました。大体いつもブラウニー（注：チョコレート味のクッキー）をよく持っていったものです。それはミーティングで雰囲気を和らげるのに役に立ちました。そしてそれは、彼らが子どものためにしてくれた、あるいはしてくれるであろうことに対する私ができる感謝の印でもありました。

小さな出来事でしたが、私たち（親と教師）の信頼関係を構築する上でとてもいいスタートが切れたと思っています。

レッスン4：わかりやすくまとめておく

子どもを守る（権利擁護）ことを行うことによって、信じられないほどの文書が蓄積されます。私たちのたどってきた多くのミーティングや、関わった多くの人たち、多くの情報の蓄積を意味あるものとするために、親はそれらをうまく、また生活が楽になるように、今まで記録してきた資料を有効に使うべきです。もし、より複雑な権利擁護の努力が必要とされることがあるなら、きちんとした記録を所有し続けることはとくに重要なことになります。

そういった子どもの軌跡すべてを文字にして記録しておきましょう。人とのコミュニケーション、それは電話によるものであっても、「誰と話したか、いつ、何を話したか」といった情報も記録しておきましょう。また、会話やミーティングのあとに、いつ、誰と、何を決めたかといったことをまとめたメールを送っておくのもよいでしょう。

すべてのレポートと通信文は、簡単に参照できるように、日付をつけてわかりやすく整理しておくことが必要です。要求したサービスも、両親と教師ともにコピーを共有しておきましょう。次回のミーティングの準備をするときに、ミーティングに持っていくのです。また、親として知りたい質問や知らせたい子どもの話題など、今後のサービスを広げるために、必要なすべての情報を集めておきましょう。

ミーティングは、避けられないものであるし、また子どもを守るために、ときに怒りを伴うこともあるでしょう。無計画であったり、過度に長かったり、焦点がずれていたりしたときには、すべてがカッとなる可能性があるものです。適切な準備をしていなかったら、問題解決をすること以上に意見の不一致が生じます。ミーティングの目的は参加者全員に明確なものであり、また目的を達成するために十分な時間が割り当てられていることを確認しておくべきです。始める際にたずねるよい質問は、「ミーティングが終了するまでに、私たちはどうしたいのか」ということです。ミーティングの目的を明確にしておきましょう。目的は、情報を共有すること、計画を発展させること、特別な問題を解決すること、あるいはある程度まで計画を評価することでしょうか？　私たちの経験では、親、教師とも一回のミーティングでかなり多くの問題を解決しようとしています。それぞれのミーティングメンバーがそれまでに準備し、その後宿題として割り当てられれば、ミーティングで争いが起きず、はっきりとした目的が表れることでしょう。

★アンの場合

エリックの毎年度のＩＥＰミーティングが近づいてくると、「張り切って」過去のまとめを行いました。私はミーティングの準備にかなりの時間を費やしました。必要な書類をまとめ、議論すべき問題のリストを作り、エリックができるようになったことをまとめました。私はまるで兵士が戦闘に備えるように自分を鼓舞していました。私はできるだけきちんと準備して「スーパー擁護者」となった自分に満足でした。当時のことを思い出し、なぜ私がそんなに準備したかを考えてみると、そのミーティングによるストレスから解放されたかったからなのだと思います。もし、私が十分な準備をしていたら、誰も私の弱点をつくことができなかったでしょうから。私はうまいスタートを切って、息子に良い援助を獲得させることの重要性が、わかっていましたから。エリックを学校で失望させたくありませんでした。

Ⅱ　対立から脱皮しよう

親と教師との関係は、協力的でありたいと私たちは願っています。親と教師協同のチームアプローチは、自閉症児をサポートするために最もよいモデルとなります。自閉症児には、サービスのために専門家の高度な知識が、必要であることを私たち親は十分に知っています。教師は家族のニーズに援助できるように、教師としての仕事を選んだのです。しかしながら、その関係は敵対するようになることがあります。なぜ、親のニーズと教師の要求が、食い違うことが生じるのでしょうか。

親―教師間の対立の主要な原因は、それぞれの役割にともなうストレスから生じるものと思われます。親―教師双方とも高いレベルのことが要求される環境の中で働いています。親も教師もストレスを抱えている場合は、適切な協力関係を構築することなどできるはずもありません。このようなプレッシャーのもとで協力し合うということは極めて難しく、対立は不可避となってしまいます。対立から協力へうまく移ることができた私たちの方略を紹介します。

レッスン1：教師等の専門家との関係が親のストレスを引き起こす

危機的な状況に出くわしたとき、まず自分自身を落ち着かせることが重要です。結局、私たちが教師との関係の中でストレスが溜まったとしても唯一コントロールできる部分は、私たち自身の行動や感情であるというわけです。争いを避けたり、あるいは争いを解決する唯一の鍵は、私たちのストレスがどこから来ているか、そして子どもを守るための私たちの能力にどのように影響しているかを認識することです。

自閉症児の親にとって子どもを守るためには、たくさんのストレスが出てきます。まずは、子どもを育てるという身体的なストレスです。多くの自閉症児には睡眠障害があり、その結果私たち親も頻繁に睡眠を奪われてしまうことがあります。一日中走り回る多動な自閉症児を、追いかけ回すといった場合には、身体的に疲れ果てることもあります。二十四時間、子どもに集中していなければならない状態でいることは、身体を疲弊させます。親は自分自身の身体的および精神的ニーズに気を廻すことができず、子どものニーズに集中してしまいます。このことによって、身体的にも精神的にも燃え尽き、子どもの適切な権利擁護を行う能力に影響してくるのです。

☆モリーンの場合

ジャスティンの権利擁護を、どうすべきか学ぶ際の最初のハードルは身体的疲弊でした。睡眠不足と精神的消耗によって、私の集中力は機能しませんでした。多くのミーティングに参加しましたが、何を討論し、あるいは何を決めるのかをほとんど理解できず、覚えてもいませんでした。極端に疲弊しきった週末、夫のロブは障害児教育の教師から障害児の親へ立場が変わっていることを思い出しました。夫は、「当時、教室でのミーティング中に、なぜ親たちは、ぼくのことをボーっと見ていたのか理解できなかった。今はわかるけど」と言いました。

とりわけ、子どもが自閉症と診断された最初の数年は、精神的落ち込みに埋没してしまいます。子どもの障害を受容するようになるまでには、信じられないほどの悲しみがあったのです。多くの親は、将来に対する不安、子どもの安全に対する恐怖などを感じています。もっともなことですが、子どもに障害があるということによって、子どもを過度に守ろうとするようになります。私たち親は、多くの障害に対する原因の理論や治療、そして今日メディアで次から次へと報告されている新しい療法に圧倒され、混乱しています。多くの親は、診断が正しいのかどうか、また耳を傾けたり信じたりしていい専門家なのかなどに、もがき、あがいています。私たちは親は罪の意識を感じたり、「私たちが何か間違っていることをしているのではないか」「何か別のことをするべきではなかったか」と私たち自身、自問しているのです。多くの親は憤りの感情を抱いているのです。なぜこんなことが私の子どもに起こったのか？　このいらいらした感情や、自閉症の子どもに注がなければならない時間や精力のすべては、私たちに孤独感を味あわせるのです。そして、経験していることは誰にもわかってもらえないと確信するのです。

また、子どものためのサービス、利用できる機関、子どもの守り方について学習を試みながら、十分ではないと感じることもあるのです。自閉症の子どもが小さい場合は、その親は常に気が狂わんばかりの状況であり、子どものためにできるだけいろいろな早期治療に関わろうとするでしょう。親は子どもが健常児に追いつけるよう努力したり、失った時間をくよくよしたりしながら、多くの時間を過ごしてしまうことでしょう。いろいろなことを経験した親でさえも、次に何をしたらいいのかわからない状況なのです。

★アンの場合

エリックが小学校三年生のとき、個別教育計画（ＩＥＰ）に基づいて言語療法と作業療法を受けました。エリックはまた、通級学級において週に一回、通常クラスで週に一回自閉症に詳しい教師のサポートを受けていました。ある日、ＬＤ（学習障害）の担任の先生も私に話しかけてくれ、週に一回エリックに対する指導を提供してくれました。この先生はエリックに会って、彼を好きになってくれました。そして、エリックに必要な授業では「構造化に」よる指導をしましょうと提案してくれました。これはとても素晴らしいアイデアだと思いました。エリックに対して意識的にサポートをしようと言ってくれる人は今までにいなかったからです。

エリックの個別教育計画における、LD教室の特別授業についてて校長と会った際に、次のようなことを言われました。「エリックは十分な教育的配慮を受けており、特別授業もかなり多いのではないのですか。」校長はまた、エリックはLDとしての条件を満たしていないとも言いました。なぜなら、エリックはLDとしての診断を受けていなかったからです。この会話後、私は再度LDの担当教師と話し合い、学校システムにおけるLDサービスに該当するようにお願いしました。その先生は、自閉症の診断は、LDとしての通級特別授業サービスを受けるのに、エリックは十分該当すると言われました。私は再度校長に会い、エリックがLDとしての授業を受ける資格を有しているという情報を伝えました。それに対し、校長は「エリックはその必要がないし、LD通級学級の先生には他に必要な生徒がいるのです」とおっしゃったのです。このようなやり取りの中で、私が呼ばれなかったエリックのミーティングについて再度調べ、なぜ呼ばれなかったかについて主張したとき、校長から非常に見下したような態度で、次のように言われました。「パーマーさん、我々はときに保護者なしでのミーティングで決定を下さなければならないときがあるのです。」

私はとても憤慨し、どうしたらよいのかわからなくなってしまいました。通常のクラスの中でエリックを守ることは私にとって初めてのことであり、自信がありませんでした。新しい学校に移ったばかりで、その学校でアドバイスをくれ、学校内で権利擁護をしてくれるような人をよく知りませんでした。私はこの校長がとても威圧的な人であるということがわかりました。またこの校長とこれから先、何年もやっていく必要があるのでこの校長とよい関係を続けたかったのです。こういった理由のため、エリックのためのLD特別支援授業を求めないことにしました。今思い返してみると、もっといろんなことをやっておくべきだったと思います。

過去において関わった教師とのよかった、あるいはよくなかった経験は、現在、そして未来の関係に影響します。もし、私たちの子どもが過去に誤った診断をされていたり、私たちの要望が拒絶されたり、また私たちの行動が「過剰反応」と思われたりしても、それらは驚くべきことではありません。また、子どもを担当し始めた新任教員に対して、信頼できないと感じたり、防衛的になったとしても驚くべきことではないのです。学校のお役所的な対応に長年関わってくると、親は燃え尽き、子どものための権利を守ろうとする意識が徐々に薄れてくることがあるかもしれません。何年もつらい関わり方をした後、学校教育システムの不十分さに対する許容力が低くなってしまうことがあるかもしれません。

☆モリーンの場合

子どもを守る役割が徐々に楽になると、私のパニックも減ってきました。しかしながら、すぐにカッとなってしまうような経験ばかりしてきたので、他人に対しても、すぐにいらいらすることがありました。融通性ということばで、広範囲にわたる教育や人へのサービス体制を説明することはできません。子どもが自分に向いていない不快な状況におかれ、合わせられようしたとき、融通性のないシステムのため、私の我慢は限度を超えそうになってしまいました。教師が変わるたびに「ジャスティン入門教室」を提供しなければならないことに、うんざりするようになってきました。私は調査票の様式に記入することに疲れ果て、優れた専門家の効用を妨げるものに時間と労力を使い果たし、悪気はないにしても非常識な人々に疲れていました。何年ものあいだ、必要な権利擁護のための精力、創造力を保ち続けるのは大変なことなのです。多くの状況で「ああ、またか」という感覚がわきあがるのです。

一方、もし私たちが過去に素晴らしい教師と、出会った経験があったとしたら、子どもに関わってもらう教師に高い期待を持つことがあります。私たちは教師たちから療育や授業やコミュニケーションについて、もっと関わってほしいと思うかもしれません。しかし、新しく担当になった教師たちが、私たちの期待に沿った行動をしないと、私たちは落胆するのです。

レッスン２：教師等専門家も親との対人関係にストレスを感じている

自閉症の親として、私たちはときおりストレスの市場を独占していると感じます。他の人たちに対して言いたいことはしょっちゅうです、「こまった (that's a problem) とお考えですか？　問題 (problem) についてお話させていただきます……。」親であることのプレッシャーがあるにもかかわらず、私たちが考えそうもない教師のストレス、親によるストレスについて考えてみましょう。しかしながら、教師が直面していることを理解することは、効果的な権利擁護を行うための本質でもあります。自閉症児と関わるということは、専門家にストレスをもたらしている、ということを理解する必要があるのです。

医師、教師、セラピスト、その他自閉症児に関わってくれる人たちは、みな毎日自閉症に関わるストレスがあるのです。新人の、あるいは経験の浅い専門家たちは自閉症児と関わる能力が十分ではないかもしれません。例えば、通常学級の教員は自閉症児と関わるためのトレーニングをあまりうけていませんし、自分たちはそのための必要なスキルを持っていないと感じているかもしれません。一方、自閉症に何年も関わってきた経験豊富な教師は、今までの長い疲れから燃え尽きてしまっているかもしれません。このような長期のハードワークと低賃金では、彼らの仕事に創造的で意欲的な関わりを持たせようとすること自体困難なことなのです。

専門家たちはまた、自閉症の原因や適切な治療、療法における継続的な論争に対処しなければならないのです。すべての専門家に受け入れられるような実践基準と言うものはありません。もし、親が提供されたサービスに満足しないなら、専門家は訴訟を起こされるという可能性に恐れをいだくこともあるのです。われわれアメリカ社会では、それがとても一般的になっているからです。専門家の中でもとりわけ教師は自閉症児と関わるために、要求されるたくさんの書類に圧倒されるでしょう。ペーパーワークに費やされるのに多くの時間が必要だと感じるかもしれません。学校システムや指導プログラムについて、管理的な支援が欠如しているかもしれません。教師たちは、自分たちが行った仕事に対して正当に評価されず、低賃金であると感じているかもしれません。また、補助教員などの物理的な支援も少ないため、フラストレーションを感じるかもしれません。自分たちの仕事に身体的な疲れを感じ、多くの障害児のニーズに対して、うまくやりくりすることができずに、圧倒されていると感じているかもしれません。子どもたちと関わる教師たちもストレスのある仕事外の個人的な生活があるということを、われわれ親も忘れないようにすべきです。親はこれらの要因も考慮すべきなのです。なぜなら、専門家の視点を正しく理解することによって、親はよりよい（子どもの）権利擁護者となりえるからです。

★アンの場合

エリックは学校生活で、十分に通常の授業に参加できていました。何年かはとてもいい時代がありました。しかし、エリックが統合教育の三年生のときが一番つらい年でした。担任教師からの連絡帳を見たとき、とても大変なことになっていることがわかりました。担任はエリックの机が散らかっているのが気に入らなかったのです。エリックは本やプリントをきちんと片付けることができず、頻繁に机の中に投げ入れていたからです。担任はまた、エリックがマイペースであり、休憩時間に遊び場で、独り言を言っているということを連絡帳に書き連ねていました。私が学校へ行って休憩中の遊び場でのエリックを観察してみると、確かにその通りでしたが、他の子どもたちの妨げになっているということはないように見えました。エリックは休憩中の時間にリラックスし、自分を落ち着かせるために、この時間をとても大切にしていたのです。なぜなら、クラスの中でエリックは一日中他の生徒と一緒だったからです。その後すぐ、この担任はエリックが算数の答を線の上にきちんと書くことができないと連絡帳に書いてきました。エリックはすべての答を正しく書いていましたし、与えられた時間内に問題を解いていましたが、担任は答が線の上に書かれていないということが嫌だったのです。

彼女の担任する年次は、私が望むようにはうまくいきませんでした。ある夕方、担任が我が家に電話をかけてきました。いい知らせではないだろうということはわかっていました。それは私にアドバイスをするための電話でした。エリックは年齢の割には身体が小さかったので、三年生ではなく二年生にいるべきだと彼女は言うのです。私は、エリックはすでに二年生のカリキュラムはマスターしているし、三年生にいることが必要なのです、と静かな口調で答えました。実際、エリックは読みと算数の能力において三年生のレベルをしのいでいたのでした。彼女は自分のクラスにエリックを置いておきたくないということは明白でした。このことは、とりわけ私に憤りを覚えさせました。というのは、エリックは教室内ではとてもおとなしく、行儀のいい生徒だったからです。エリックはルールに従うし、教室の指示にいつも従っていました。私はまた、エリックが担任から常に注意を向けてもらう必要はないということも知っていました。ただ、変更があったときの合図や宿題の指示について、エリックにわかりやすいような明確さは常に必要でした。

私はこの担任に対して、自閉症およびエリックの長所、短所を教えるために、保護者および権利擁護者として最善の努力をしなければならないと感じました。私の印象では、この教師は、自閉症児と関わった経験が少なかったので、エリックが突然コントロールできない破壊的な行動を始めることが怖かったのです。彼女は実際、エリックがどのようにうまく行動しているかを見ようとしなかったのです。起こるかもしれない問題行動をとても気にしていたために。

学年を通して、この担任はエリックの変わったところに過度な批判を続けていました。しかし、彼女が家に電話をかけてきた年の途中に、突然の変化がやってきました。それは、テレビのニュースで自閉症についての物語を見てからでした。テレビに出演していた自閉症児がエリックよりもきわめて障害が重かったのです。彼女は私にテレビを見たかどうか尋ね、そして言いました。「エリックは本当にとてもいい子ですね」と。四カ月が過ぎた後、ついに私が彼女に理解してもらおうとしていたメッセージが彼女から届きました。彼女のエリックに対する態度が変わり、この時点から、エリックを教室から追い出そうとしないばかりか、エリックの変わったところを許容し、エリックを過度に擁護するようになったのです。彼女はエリックが苦手な新しい変化にあえてトライさせようとしなくなりました。私は残った学年期間で、より自立した課題をさせてもらえることを主張し、エリックにいろいろ経験させられるよう努力しました。

子どもに対する良き擁護者となるためには、システム上の締め付けがあったり、専門家のための物理的、経済的な支援が十分ではないというだけではなく、専門家の考え方や自閉症に対する知識レベルを理解しなければなりません。専門家の立場をより理解できれば、私たちの子どもや他の自閉症児のサービスを改善するために、私たちが権利擁護努力をどこに焦点を当てるべきかがわかるようになります。

★アンの場合

私がエリックの擁護のために何年もかかってわかったことがひとつあります。それは、教師は親よりも他の教師に耳を傾ける傾向があるということでした。おそらく、教師は他の教師が自分たちの抱える問題を、より理解してくれるものと信じているのでしょうし、親は客観的に物を見ることができないと考えているのでしょう。なぜなら教師同士のほうがその状況に近いからです。理由が何であれ、私が行うよりも学校の他の教師やスタッフの方が前へ進めるのです。自閉症に理解のある教師は、私と他の教師を仲立ちしてくれるので、申しぶんありません。もし、私が学校で問題を見つけたり、心配事があったときには、自閉症に理解のある教師に話をし、彼がクラス担任に伝えることをしてくれました。私は必ずしも親―教師間を緊張させ、文句ばかり言う親である必要はありませんでした。

☆モリーンの場合

反対に、親はときに専門家よりも問題解決のために、よりよい立場にいることもあります。ジャスティンはクラスでうまくやっていくためには、頻繁に補佐をする人、あるいはアシスタントスタッフが必要でした。ジャスティンの教師たちは、その必要性を認識していましたが、プログラムの専門家を付けてもらえる事ができなかったり、追加スタッフの承認や任命を校長からもらえませんでした。私たちは親であり、雇用されているわけではなかったために、教師はだめでも私たちはいいなりにならずに済みました。個別教育計画の手続きや継続的な「外交手腕」を経て、私たちは追加スタッフの任命に「時の権力者」として説得できたのです。

レッスン3：耳を傾けることが鍵である

親と専門家は、お互い「話を聞いてくれない」という同じような不満を抱いています。私たちアメリカ社会のあらゆる人間関係で、このことは主要な不満として繰り返されています。私たちはきちんと相手の話を聞くという社会を持っていません。「聞く」ということは、自制心と忍耐が必要であり、必ずしも私たちの文化の主要なスキルではないのです。「聞く」ということはまた、貴重な時間を要求されます。しかし、長期戦では、聞くという時間を使うことが結果的に時間を節約することになります。

自閉症の親として、私たちは教師などの専門家と意見が合わない状況では、感情や激情に駆られます。私たちは、自分たちの視点から、ゆるぎない真価を認めてもらうために、専門家を説き伏せようと一生懸命になってしまうことが頻繁にあります。すべての人が私たちと同じような視点で世界を見ることはないのが厄介なことなのです。私たちが行っていることがどんなに正しいと思っても、また教師が行っていることがどんなに誤っているとわかっていても、彼らの視点を理解しようとしないなら、その食い違いは決して解決されないでしょう。「聞く」ということは専門家の思考を垣間見る「窓」を提供します。彼らの側に近寄ることによって、問題を理解することができるかもしれません。そうすることによって、問題解決への道筋ができ、親―教師両方のためにうまくやっていけるような決定ができるようになるかもしれません。

☆モリーンの場合

私たち親と教師が共有できる唯一のことは、お互いとても反感を持っているということでした。私は担任教師がとても恩着せがましい割には、無遠慮だと思っていました。彼女の方は、私がとても傲慢で神経質になりすぎていると考えていたようです。一緒の委員会では、参加するというよりもお互い違う意見を戦わせる方に時間を費やしていました。ある日、私は彼女の考え方や助言にいつもどおりの反対意見に身をおくことにうんざりしました。しかしいつもと違って、私は彼女の話に耳を傾け、彼女の意見をきちんと聞きました。私は彼女に対する考えを変え始めました。そうすると、彼女の表現の仕方に隠れていたのですが、彼女が仕事でみせる真の感情や意見を聞くことができました。彼女は多くのアシスタント教師などの資源がない中で、自閉症の教師として驚くべきことをやり遂げていたのがわかりました。彼女が行ってきたことは、私が役に立たないと思うようなものではないということがわかったのです。

耳を傾けることによって、彼女との新しい関係を構築することができたのです。何年もかかって、私たちは実に協力的な関係に発展させることができました。彼女のおかげで、他の誰よりもジャスティンに対する権利擁護を推し進めることができました。私は未だに彼女は恩着せがましく鈍感だと思っており、彼女もまだ私を傲慢で神経過敏な母親だと思っています。しかし、お互い妥協できない性質であれば、全部好意的表現にしなければならないわけではないとの結論にいたりました。

レッスン４：焦点を当てるべきなのは立場（ポジション）ではなく、興味・関心である

親と教師などの専門家の争いを、落ち着かせるためには、話し合う能力が要求されます。「親と専門家の関係の構築」と呼ばれるプレゼンテーションのための権利擁護のすぐれた二冊を見つけました。それらは『イエスに達すること』(Fisher, Ury and Patton 1991) と『ノーを認めさせること』(Ury, 1993) の二冊です。フィッシャーらは、「交渉」とは

「他人に望むことの基本的な手段であり。それは、あなたと先方が共有できる興味・関心があるとき、または相容れないものがあるときに、同意を得るために考案されたコミュニケーション」と定義しました。

著者たちは次のように述べています。交渉が失敗する理由の一つは、交渉する人たちが興味・関心よりも立場（ポジション）について議論するからだそうです。「立場」というのは、私たちが決めた最低のラインです。「興味・関心」というのは、私たちがしてもらいたいことであり、その最低ラインを決定する際の理由です。たとえば、私たちの興味・関心が、子どもの言語発達にあるとしましょう。私たちの立場は子どもが個別の言語療法獲得することなのです。私たちは一週間に五回の言語療法をやって欲しいために、ＩＥＰミーティングに参加するわけです。私たちの最低ラインは三回のセッションですが、それ以上を要求しています。学校はそれに同意せず、個別の言語療法が、もっともよい言語治療だとは思っていない場合があります。さらに、学校では言語療法士が不足していたり、治療を要求している多くの子どもがいるため、多くの言語療法士を供給できないことがあります。それで、最低ラインを望む立場は否定されます。その結果、両陣営がその立場を防衛したり、他人に反発したり、不満に対して無言で対応したり、あるいはことばで反応し始めるのです。これによって、同意に至らないだけではなく、一緒のテーブルに座ることさえなくなってしまいます。このような状況では、共有できる**興味・関心**を話し合う機会さえなくしてしまうことになります。つまり、子どもの言語スキルを高めることができなくなってしまうわけです。

立場に固執する前に興味・関心について話し合う時間を作ることは、創造的な解決のためのスペースを空けておくことにつながります。そこには、子どもの権利を守るための、たくさんの解決法があるのです。例をあげると、もし興味・関心に基づいたアイデアを出し合うことに時間を使うのであれば、どんなことが生じるでしょうか？　実際、話し合いの結果から、過密スケジュールで疲れ果てた言語療法士のわずか一日十五分の治療セッションをやめることにしました。その代わり、親と教師は個別の言語療法セッションにアシスタントをつけることを決めました。個別の言語療法は一週間に一回ですが、生徒の言語療法の目標に向けてトレーニングするアシスタントが毎日置かれることになりました。その問題に同意したすべてのＩＥＰのメンバーは、興味・関心を共有でき、みんながベストポジションに立ったのでした。

レッスン５：良いコミュニケーションはチームワークを育てる

親が教師とコミュニケーションを図ること、お互いの意見の相違を解決することにつながります。（子どもを必死で守るために攻撃的になる）「母熊」状態でコミュニケーションを図ろうとしても、さらに感情のすれ違いを悪化させるだけです。私たちが憤りや不満を感じることが、たとえどんなに正しいことであっても、子どもの権利擁護の場面で敵愾心をむき出しにしては、全く逆効果になってしまいます。効果的な権利擁護をするためには、明確で適切なコミュニケーションスキルが必要なのです。

(a) 教師等の専門家の視点を考慮する

教師の話に注意深く耳を傾けることによって、彼らの考え方、視点をより明確に理解できるようになります。私たちが抱える問題を言う前に、彼らが話したことを考慮すべきです。「おっしゃったことを正しく理解すると、○○なのですね」というような言い方をすることによって、彼らが聞いたことを確認させることができるのです。もっとも良いシナリオは、私たちの考えを彼らに多く受容してもらうことなのです。少なくとも、私たちは彼らの話を聞いて尊重しているというモデルを示し、そのお返しを私たちが期待するべきです。教師の視点を承認するということは、必ずしも同意するということではありません。それはまた、（教師の意見に）屈するというのでもありません。彼らが言うべきことに当然反対することもできます。しかし、もし私たちが彼らの考えを理解しているということを感じさせないなら、お互い過去にすべてのミーティングで話し合ったことが水疱に帰することになってしまいます。

(b) できるところは同意する

私たちが教師の視点とどう違うかを言う前に、まず、最初に私たちが同意できるところを明確にする努力をすべきです。私たちの共通認識によって、協力体制やチームで解決することが、可能であるという雰囲気を作り出すことができるのです。特別な問題があったとしても、それを解決できるような双方の自信を強めていくことができるのです。なぜなら、もうだいぶ片付けた問題があるからです。

(c)「しかし」という言葉を避け、「そして」ということばを用いる

このようなコミュニケーションスキルは、対教師ばかりではなく、夫や思春期に達した子どもたちとの関係にも役に立ちます。もし、ある話の流れの中で「しかし」ということばを聞いたら、その後の話は聞きたくなくなるものです。否定されたと感じたら、人は同意できる部分もなくなり、同意できない部分に焦点を当ててしまうものです。「しかし」という批判的なことばを使わずに、話の中で「そして」ということばを付け足すのです。たとえば、「はい、先生方のおっしゃるとおり、息子のジャスティンはずいぶんと地域で生活でき

るようになりました、〈そして〉そのスケジュールの中に(午前だけではなく)午後も付け加えていただけることによって、さらに改善できるものと信じています」のように。

(d)「私は」という言い方をする

私たちの考えを説明する上で、私たちがもっとも詳しく知っていること——私たち自身の経験——から話し始めるべきです。

「私はこう感じます」とか「私は○○に挫折しています」というような「私は」という言い方をすることの方が、「あなた方は」というような表現よりも、人々に神経過敏な印象を与えないで済みます。「私は」という表現は、現在の状況がどれほど私たちに影響を与えているか表すことができます。それは、教師が子どものためにしてくれないことについて文句を言う代わりに、私たちが必要とすることを、教師に伝えることができるのです。最初に会った教師に、私たちの考えを理解してもらうことは、教師に心を開いてもらい、受け入れてもらうことができます。それぞれの立場を守ろうとする力が減っていけば、おのずと問題を解決するための力が増してくるのです。

☆モリーンの場合

私はかつて、学校までの移動バスの添乗員とやりあったことがありました(注:保護者のための家庭から学校までの異動バスがある)。何週間もの常軌を逸した生活の後、私は「あなたがたは……」という攻めるようなことばを使ってしまいました。私のこの関わり方は、さらに悪い状況をもたらしました。学校まで行けないという問題だけではなく、誰も私の呼びかけに応じなくなってしまったのです。ついに私はキレて、彼女に文句を言ってしまいました。腹が立って私は、「この状況がすごくストレスになっているのです。次に何をしたらいいの。私にはとても重い障害の子どもだけではなく、歩き始めたばかりの子どもと、生まれたばかりの子どもがいるんです。何週間も眠れないし。もし私がこの問題を解決できないときには、なにをしでかすかわからないほどなんです。ほんとうに、ここに来るためにバスが必要なんです。もしあなたが私の立場だったら、どう思いますか」と。

実は、彼女は私と同じような状況にいたので、少なくとも十分に理解していることがわかりました。彼女もまた学校にあがったばかりの子どもと、よちよち歩きの子どもと、そして生まれたばかりの子どもがいたのでした。彼女もまた眠りが奪われ、正気を失っている状態でした。「あなたは……」という言い方を避けることによって、私は彼女の神経を逆なでせずに済みました。「私は……」という言い方をすることによって、彼女が私を理解し、共感するための扉を開くことができたのです。彼女は私の抱える問題を何とかしたいと言ってくれ、実際にそのようにしてくれました。私はこの移動バスの添乗員にお礼の手紙を書き、さらに花束を贈りました。バス移動しかできないという私の問題を解決するために、私の家にまで来てくれた彼女に報いたかったのです。彼女は、学校までの移動の問題に最初にきっかけを作ってくれた人として記憶に残っています。移動に特別なサービスを使う親には察しがつくでしょう、そう、その年は少なくとも何度か彼女とお話することができました。

この経験によって私は、権利擁護についてさらに二つの教訓を得ることになりました。人の話を受容し、学校や福祉サービスにうまくつなげてくれる人を見つけたとき、彼らと緊密になり続けなさい。教員ではなく、バス添乗員などの人たちは、計り知れないほど貴重な資源です。あなたのもっとも良い友達になりえます。ときにそういった世話をしてくれる人は、予期しない場所で出会う可能性があります。学校の用務員や食堂で働く人たちは、学校の雑務をやってくれており、私が今までで会ったもっとも協力的な学校のスタッフでした。

私の経験から学んだもう一つの教訓は、助言をお願いすることの方が、要求することよりもとても効果的であるということです。ときに、私が助言をお願いするときに、やや小手先のごまかしのような気がすることもあり、おそらくある程度はそうなのですが。もし彼らの自意識をくすぐり、彼らの専門性に頼れば、こちらのサイドに多くの専門家が来てくれるということを学びました。何かを要求するときには自分の得意な知識を使いますが、助言を求めることも考えや情報の純粋な要求でもあるのです。それは、要求リストを持って教師の部屋へ入っていくときよりも、ジャスティンのためにさらによりよい権利擁護を生み出しているのです。

レッスン６：感情は争いから取り除くべきである

教師等の専門家との争いを解決するために使う、もっとも有効な戦略は何も逆襲しないということです。私たちは子どものニーズについて話し合っているときに、感情的になっているものなのです。教師が私たちを退け、威張った態度を取り、攻撃的な感じを持つときには、私たちの権利を主張しようとする感情の琴線に触れてしまいます。子どもが必要としていることを受け入れようとしないことがわかると、私たちは、親の本能的反応として「戦闘モード」になってしまうのです。多くの親が共有している通念は、必要とすることを得るための最も効果的な方法として、このアプローチを使ってしまいます。親は戦いのために怒り狂って銃を持ったような争いをすることさえあります。そのときは、もはや注意を促す（キーキーと）うるさい車輪のレベルではありません。引っくり返って向こう側に突っ込んだ車になっているのです。この段階では、私たちは抑制できない状況になってしまっています。しかし、結局は私たちが教師を怒らせたり、やり返したりしている間、私たちが望むことを何一つつかんでいないのです

(Ury, 1993)。

経験からいって、私たちのこの「いっさい妥協しない」という対応は、教師に働いてもらえないということがわかりました。私たちが教師と争う際に感情的になると、子どもに集中できなくなります。「怒っているときにしゃべりなさい。そうすれば、もっとも後悔することばを生みだすでしょう」(Ury, 1993)。私たちは、親が要求ばかりしていて敵愾心を抱いているという教師の信念を正当化する機会を与えています。言い争いは、同意を得ると言うよりはむしろ、協力体制が壊れ、お互いに非難しあうといった無益な結果をもたらしてしまうことになります。争いにより、重要な長期的な関係を台無しにしてしまいます。例外なく、私たちが憤りを感じる中心人物は権威者であることが多く、彼らは私たちの希望する道に、大きな障害となってしまうことがあります。例えば私たちが短期間のサポートを勝ち得たとしても、私たちは腹が立つような自閉症児の世話人や教師を真に望んでいるでしょうか。争いを解決するために他の方法を追い求めることが懸命な利益につながるでしょう。ここに反論したいという気持ちと戦うためのいくつかの方法を紹介します。

(a) 態度をチェックする

私たちの態度で、満足できることばを引き出すことができます。もし、私たちが教師は敵であるという視点からミーティングに参加したとしたら、私たち自身が彼らに敵として振舞わせてしまうかもしれません。「鎧兜をかぶるのではなく、レーダーを張りなさい(Ury, 1993)」ということばは、価値のあるアドバイスです。知性と誠意を持てば、別の方法を探ることができるのです。

(b) 怒りの気持ちを持っているときに教師とのミーティングに参加してはいけない

教師に敵意を持った立場からスタートすれば、問題を解決する可能性は極めて低くなるでしょう。耳を傾けてくれる友人または違う専門家を見つけてごらんなさい。カームダウンするためにできる限りやってみましょう——大声を上げる、叫ぶ、ののしる、そして足を踏みつけるなど。そうやって前もって緊張を解きほぐしておくことにより、ミーティングでかっとなることがなくなるでしょう。

(c) 熱くなる気持ちを理解しなさい

しばしば誰かが私たちのホットボタンを押すことにより、私たちの身体が反応することがあります。それは、脈拍が速いと感じたり、手が汗で滲んでいたり、きつく歯を食いしばっていたりと感じ始めているときです。私たちがテーブルをひっくり返したり、誰かの首を絞めたりするようなコントロールできない緊急な行動を起こす前に、そのサインを早めに認識することが大切です。『ノーを認めさせること』という本の著者は、私たちが衝動を抑えられなくなるときに次のような助言をしています。

> あなたが困難な交渉に直面したとき、いったん距離を置き、あなたの思考力を集中し、客観的に観察することが必要です。舞台で交渉していることを想像し、それから舞台を見渡せるバルコニーの特等席に上ったあなた自身を想像するのです。この「バルコニー」は、距離を置いたあなたの心理状態の喩えです。バルコニーからは、ほとんど第三者としてその争いを冷静に評価することができるでしょう（Ury, 1993）。

もし、他のすべてが失敗したとしても、私たちはもう一つの効果的な方略があります。それはテーブルの下から蹴って知らせてくれる誰かが現れることです。

☆モリーンの場合

私の一番のホットボタンは、私が「三重苦」と名づけたものです。第一段階は、ジャスティンにわざと失敗させるようにするのです。「過度に先取りした親が荒れ狂っているのさ」、と助言を退けたり、提言に耳を傾けなかったりして起こりました。第二段階は、ジャスティンに問題行動を起こさせることです、それはときに誰かを傷つけることがありました。第三段階は、悪い子であり、トラブルの原因だとジャスティンを責めます。たとえば、高校に入ったばかりのとき、添乗員に、ジャスティンがバスの座席に座る際にシートベルトをしたがっているということを、私は繰り返し頼んでいました。数週間後、バスはゆっくりと走り出し、ジャスティンは座席から離れて運転手の頭を叩いてしまいました。私はスクールバスの添乗員から電話を受けました。彼女は最初の場所でシートベルトを締める責任のあった人です（彼女は私の電話に決して返事をよこさない人でもありました）。彼女はとても熱のこもった声で「ジャスティンがバスに乗ることを中止します、それは運転手に『暴行』を働いたからです」と言いました。もし私がそこにいたら、彼女の首を絞めていたかもしれません。私が叫びたかったことは、「なぜ親があなた方を敵視してしまうか、わからないの？」ということでした。

このとき、自分を落ち着かせるのに苦労しました。私は友だちや信頼できる専門家の何人かに電話をし、気持ちを発散させました。いったん気持ちが静まると、シートベルトを締めてもらうシステムのため、別のバス、別の運転手、そしてより快適に座れる準備をしてくれる別の添乗員での移動を、道理をわきまえた専門家に働きかけました。幸運にも、ジャスティンをバスから追い出した女性（最初に自分の権威を多用した女性）とは二度と会うことはありませんでした。

（d）沈黙を利用する

ときには、攻撃的でばかげたことばに対して全く何も返事をしないことは、ある状況を拒否することができます。何よりもまず、大きく深呼吸し、自分の反応の中から感情的な部分を取り除く努力をしましょう。そしてミーティング中に大声を出す**前に**、「この人はひょっとしておかしな人？」と自問してみるのです。また、専門家（またの名：変な意見を強調したおかしな人）が言ったことを再度考え直すために彼・彼女に時間を与えることにもなるのです。そういった場合、往々にしてミーティングで何人かを気まずくさせますが、もしかすると中間に立つ人々が、進んで手を差しのべてくれるかもしれません。

（e）クールでいること、静かにしていること、自分に資するメリットを集めておくことを忘れないようにしておく

☆モリーンの場合

私はすぐにカッとしないようにすることを、息子のマイケルから学びました。マイケルが高校時代にバスケットボールをしているとき、敵チームからの挑発に巻き込まれることはありませんでした。私は息子に、なぜ挑発的なことばを浴びてもクールでいられるのかを聞いてみました。息子は次のように言いました。「何か反応したときに集中力がそがれるのを敵は期待しているから。敵を無視すれば、ボールに集中でき、指示がうまく通るから」と。それから息子は表情一つ変えず次のように付け加えました。「さらに、相手にしなければ、敵の気持ちがいらいらしてくるだろうから」とも。このマイケルのことばは、私たちが感情を抑えることができる罪な喜びかもしれません。

レッスン7：あきらめない粘り強さ（しつこさ）を有効に働かせる

親のサイドには力やお金はありませんが、継続する粘り強さは親の武器になりえます。子どもたちが私たちに教えてくれた教訓の一つは、決してあきらめないというパワーです。子どもたちのしつこさは私たちを疲弊させるので、何百回私たちはへこんでしまったことでしょう。同じような原理を当てはめると、私たちもときに譲歩を勝ち得ることができるのです。親は「壊れたレコード」といったアプローチをすることができるのです。同じような要望を、クールに、静かに、そして集めた情報をもとに繰り返すのです。敵意というものは粘り強さの結果からは取り除かれるでしょう。私たちのアプローチは目立たず、確実に物事を身につける力、真に効果的（そして面倒くさい）なものを必要としています。結果的

に、私たちがあきらめないし、退場もしないことが明らかになるでしょう。壊れたレコードの針を動かしさえすれば、私たちのために誰かが動いてくれるでしょう。

☆モリーンの場合

ジャスティンが中学生だったとき、ジャスティンのクラスの教員はまだ特別支援教育の資格を持っていませんでした。校長先生はとてもいい人でしたが、自閉症児の教師をどのように採用していいかは何も知りませんでした。校長は基本的に意欲のある人を採用していたのです。

友人のクリスと私は教師の異動がないということは言われていました。私たちは自分たちで資格のある教師を探すことにしたのです。私たちは可能な候補者を見つけるため情報を捜し求めている間、マイケルとパトリックの小学校時代の新任アシスタント教員のことを思い出しました。彼の名はケビンと言い、ケビンは重度の問題行動のある子どものための一対一指導のアシスタントとして短期間の仕事をしていました。ケビンは大学院の修士を取るために最後の教育実習中であり、中学校教師としての職を探しているところでした。かつて、私は彼が障害児教育に長けており、意欲のある教師であることを見ていたので、クリスと私は校長と連絡を取りました。とても緊急なことだったので、私たちは校長にすぐに動いてもらうように働きかけました。しかし、一週間たっても、校長はまだケビンと面接をしていませんでした。

校長の対応が遅かったので、先の無資格の教員は破綻し始めていました。彼女は授業がうまくいっていないと涙を浮かべていたという事実を私たちは知っていました。炭鉱のカナリアのように、彼女は長く私たちと一緒にいてはくれないだろうと感じていました。そこでクリスと私は「壊れたレコード」を使うことに決めたのです。毎日私たちのどちらかが、校長がケビンとちゃんと面接したかどうかを校長に電話したり、校長室を訪れたりして確認しました。映画「ステップフォードの妻たち」（注：夫たちの陰謀により、人間の妻たちが永遠に美しく、従順なロボットにすりかえられるというＳＦ映画。ここでは休む間もなく働くという意味の比喩）を真似ることにより、何もしなかった校長に私たちのいらだちを示そうとしたのです。私たちは相手が守りの体制になったとき、何かを成し遂げるのが大変だと校長との経験から学びました。校長が疲れ果てて、針を動かそうとするまでは、私たちは静かにくじけずにプレッシャーを与え続けたのです。校長はついにケビンとの面接を果たし、彼を雇用しました。私たちの努力の成果が実って、ケビンはジャスティンがかつて経験した最も素晴らしい教師の一人となりました。

★アンの場合

私はエリックが大学生になったとき、エリックのために寮の個室を得ようと、大学キャンパスの事務所に電話しました。電話にはいい感じの女性が対応してくれました。私は彼女に息子が自閉症なので個室を得たいということを告げました。(私はこの大学ではすでに二人の自閉症学生が個室を得ていることをすでに知っていました)

彼女はすぐに答えました。「喘息などの医学的な疾病がないなら、個室を提供することはできません。」彼女は私を援助してくれる適切な人ではないことがすぐにわかったので、私は彼女の上司に話すことができるように彼女にお願いしました。ときに私たちは、子どもの権利擁護をするために、話をする人が正しい情報や決定権を持っているかどうかを確かめる必要があります。

レッスン8：子どもが必要なサービスを受けるため弁護しなければならない

自閉症児の中には、すべての授業あるいは部分的には、普通の教育プログラムで授業を受けることが可能な子もいます。これは素晴らしいことである一方、私たちの子どもを守る責任を複雑にしてしまっている場合もあります。私たちは、最初は頻繁に子どものサービスを受けるときに子どもの権利擁護をする必要があり、長期的にそのサービスを続けてもらうために頻繁に戦わなければなりません。もし、自閉症の生徒が学業の面でうまくいくようであれば（それは高機能自閉症／アスペルガー症候群の生徒の場合往々にしてあることですが）、学校はそれらの生徒に特別なサービスは必要ないと考えたり、サービスを差し控えたいと考えてしまうきらいがあります。実際、高機能自閉症／アスペルガー症候群の子どもたちは、彼らが受けることができるサポートの中で、学業の面ではついていくことができるかもしれません。しかしながら、彼らはまた学校における「社会性」や「集団活動」といった学業以外の問題を抱えているのです。

もし生徒が自閉症スペクトラム障害（ＡＳＤ）と診断されたら、いろんなサポートが必要になります。多くの親は、自分の子どもたちが学校で自閉症のラベルを張られることに心配しています。私たちは、そのラベルによって子どもに与えられるべき機会がかなり制限されるのではないかと常に気にしているのです。ことによると、教師は、その子どもが自閉症であるとわかったら、自閉症の生徒に対して、潜在能力を十分に引き出そうとはしないかもしれません。私たち親は、私たちの子どもを他の子どもたちと一緒にして欲しいし、平等に遊び場に参加させて欲しいのです。しかしながら、私たちの子どもたちの多くは、完全には一緒の活動に参加できず、分離された活動場面を頻繁に持つことになります。自閉症の診断は、学校で彼らが起こす変わった行動の説明になります。自閉症の診断は、学校でサービスが受けられるし、また生徒がうまくいっていて、援助を続けるかどうかと学校から質問されたとき、続ける保証になります。

自閉症の生徒にとって、彼らを理解してもらう時間を取らない限り、健常児のクラスでの統合教育は役に立たないものになってしまいます。彼らは自閉症児のための特別支援学級に合っていないかもしれないし、健常児のクラスにも合っていないかもしれないのです。彼らは双方の裂け目に落ちた子どもたちなので、親も学校も子どもたちのために適切な場所を決める際に創意工夫をしなければならないのです。私たち親は、学校が提供しない「何か」のため、声をあげなければならないかもしれません。私たちは、〝ＩＥＰ（個別教育計画）〟が「個別化された」教育計画を表しているということを思い起こすべきなのです。

★アンの場合

エリックの学校生活を通して、私はエリックのサポートのために頻繁に代弁しました。それはいつも新学期が始まるときでした。その年は、前年度の成績が悪くなく、一見、何も問題ないように思われ、調整しようとしていた追加の援助が必要ないと担任が考えるのではないかと思ったときです。私は、エリックはうまく調整された援助があったからこそ、授業や成績がうまくいったのだということを説明させてもらいました。かつて誰かが、担任と交わしたこのことの、うってつけのたとえ話をしてくれました。そのたとえ話とは次のようなものでした。「子どもが（メガネをかけて）よく見えるようになったからといって、子どもからメガネを取り上げようとするでしょうか？」

Ⅲ　ときには権利擁護が失敗するということを理解しなければならない

私たちがやったことが、最善の権利擁護スキルであったにもかかわらず、うまくいかない状況にぶつかることがあります。いくつかの問題が解決を阻み、結果として反対すべき代替案を選択してしまうことがあります。こういう時は難航をきわめることになります、なぜなら次に何をすべきかという簡単な答がないからです。以下に、私たちが経験した社会で生き抜くレッスンを紹介します。

レッスン１：親はサポートシステムを広げていく必要がある

教師などの専門家との意見の相違は親の活力をすり減らし、失望感や孤独感を感じさせます。修復できない状況に直面すると、私たちはまず孤立感を味わってしまいます。サポートしてくれる人に行動を起こすと、よい代案が出てきます。いつか誰かが、私たちの話を「最後まで聞いて」くれ、新しい取捨選択をはっきりとさせてくれます。

☆モリーンの場合

ジャスティンの高校時代の行動は、対応するのに難航しました。それは、不安な思春期と重なっただけではなく、自信がなく、対応の下手な教師の行動が重なって、ジャスティンが興奮しやすくなって生じたものでした。私が思うに、ジャスティンはトラブル続きだったのではないかと思います。私たちの学校郡の教育システムは、問題行動を解決するために「応用行動分析の専門家」を集めました。目的は本当に良いものであるにもかかわらず、まさに地獄への道を歩き続けていました。担任教師は、毎日私にジャスティンを連れて帰って欲しいと電話をかけてきました。私はこれでは問題解決にならないとわかっていましたが、自傷や他の生徒を傷つけたりする教室にジャスティンを置いておくことはできませんでした。

私は常に、パニック状態であり、不満が充満し、怒りと悲しみ、そしてうつ状態といった感情を経験していました。それはジャスティンの人生で初めてのことで、私は、この混乱状態から抜け出す方法を見つけられなかったからです。あらゆることを行いましたが、私の権利擁護はすべて失敗でした。私はジャスティンの心理アセスメントのために学校心理士のところへ行ったとき、八方ふさがりの真っ只中にいました。学校心理士にアポイントをとるまでは、現在だけではなく未来のビジョンもなく、私は完全に気力を失っていました。それが、退席するまでに、私はまるで世界中の重力が私の肩からなくなってしまったような気持ちでした。

しかし、帰宅途中に、私はなぜ気持ちが楽になったのかを考えてみました。何も解決したものはなかったからです。新しい計画も何もありません。実行できたものでさえ特に何もなかったのです。しかしそのとき、私は何か治療の力を感じました。心理士はほとんど何も言わなかったけれど、彼女は私に継続していく勇気を与えてくれたのです。彼女は全くむきになることもなく、私の胸から過去の不当な出来事や失敗をすべて吐き出させたのです。彼女は私が経験したことに対して「申し訳ない」と謝るのです。それも彼女の仲間である専門家を責めたりするわけでもなく、私の言うことにもっともだとさえ言うのです。彼女は「申し訳ありませんでした。あなたとジャスティンはこんな苦労をする必要は全くないはずです」と私に言ってくれました。私は思い返しました。「私に謝ってくれた専門家なんて以前にいただろうか。こんな素晴らしい〝謝意〟の気持ちが私の心を豊かにしてくれるなんて、彼らは知っているのだろうか。」彼女のところを去る前に、彼女は次のように確信を持って言ってくれました。「私たちはまだ答えを見出していませんが、チームを組んで一緒にあきらめないでがんばりましょう」と。この会話で、今まで費やしてきた感情が信じられないほど解放されました。翌週になって、私はこの状況に対して、新しい視点で対応できる力が出てきました。ジャスティンの教育システムに全く異なったアプローチの必要性があると気づいたのです。夫のロブと私は、ジャスティンをここから転校させることに決めました。

レッスン２：もし可能であれば、学校を変えることも必要な場合がある

子どもの権利擁護がすべて失敗したとき、私たちは別のオプションの時期を考える必要があります。いろんな状況に追い込まれたら、損害を食い止めたり、逃げたりする時期なのかもしれません。勝ち目のない状況から抜け出し、もっと良い方へ、多くの異なった道筋を追い求めた友人がいます。それは学校内の移動だけではなく、学校外への移動も含まれました。また友人の中には個別のプログラムから公立学校へ戻った人もいました。他の友人の中には、より良いサービスのために他の地域に移った人もいました。このような決定を下すには、経済的負担だけではなく、家族にとって精神的な負担も含まれます。今のサービスと縁を切る前に、助言や援助のために信頼できる助言者の輪を持つことは、とても大切なことなのです。

☆モリーンの場合

いったん私たちは、ジャスティンが高校に戻らないことを決めると、違うオプションを見つけました。幸運にも自宅から車で四十五分くらいの距離に、自閉症の人のための居住と就労のためのファーム（農場）プログラムがあったのです。このカロライナファームのディレクターは、ここ何年もジャスティンのコンサルテーションをしてくれていた助言者の一人でした。彼女はジャスティンにジョブコーチがついて、ファームで働く機会を提供してくれました。私たちは受け入れることにしました。

しかし、私たちはまだ公立学校制度がジャスティンのニーズを、阻んでいることで悩んでいました。私たちのＩＥＰチームは、ジャスティンのような行動に援助が必要な子どものプログラムを作りあげることができていませんでした。ジャスティンは学校教育でまだ三年残っていましたので、違うアプローチをサポートする学校システムを受けることにしました。どうやったら、まともに学校システムが進むか、長い間懸命に考えていたときに、私は自閉症プログラムの専門家に会ったのです。

そして、このようなシステムの正当性を説得できる人は誰なのでしょうか？　それは、最初私が嫌っていて、価値を認めていなかった委員会の専門家でした。幸運にも、今では私たちはお互い強い信頼関係を持つに至っています。私は要するにこう言いました。「あなたがこの問題に手を差しのべ、検討できるサービスをすべてしていることはわかりますが、まだ支持できないのです。私はチームプレイヤーとして、できるかぎり努力してきました。ジャスティンは、彼の異常行

動のため、職業的かつ地域での目標は何も決められていないのです。法的手だてでサービスを利用できることは分かっていますが、それは私たちにどこへも導いてくれないのです。私たちには、新しいアプローチが必要なのです。」私は場所とプログラムを見つけたことを説明しました。ジャスティンをとっくに学校の教室から出した方がいいと、進言してくれるマンツーマンの助手も獲得していました。すべての公立学校システムにおいては、必要な場合、助手が割り当てられることになっており、移動のための費用も支払われることになっています。この専門家は私のために権利擁護もしてくれ、公立学校システムも、いやいやながら同意してくれました。以上のことから、ジャスティンは高校生活の残りの三年間で、週に四日間ファームで働き、週に一日高校に行くというスケジュールが可能となりました。

レッスン3：みんな「禍《わざわい》を転じて福となす」が可能なのです

ときに、私たちは悪い状況から脱出する贅沢を味わえません。少なくとも一時的に、私たちができるかもしれないことは、ダメージを最小限にすることです。私たちは、外部の機関を利用して、獲得していないこういったプログラムを補うことはできます。と同時に、私たちは、必要とする改善点の手ごたえに納得できない親や権利擁護グループと協力し合うことはできます。

もし、学校で子どもたちの権利を守ることに行き詰まりを感じたら、経験豊富な補助教員を探すことで専門性のない教師の問題を相殺できるものと思います。それで、学校で多くの共感してくれる教員や強力なメンバーたちとともに、教室外での時間を調節することができます。こういうことに、学校職員に関する知識が役に立つのです。私たちの子どもに安全な場所を提供するスタッフメンバーは、どこにいるかわかりません。

☆モリーンの場合

ジャスティンは、小学校時代に特別支援クラスで三年間を過ごしました。そこには疲れを知らない非常に優れた自閉症専門の教師たちが、子どもの権利を守ってくれていました。しかし、最終年度だけ、そういった優れた先生ではありませんでした。

その先生は、「最もよい訓練」というレジュメを持っていました。しかし、実際には、彼女の能力はジャスティンのニーズにはとても合うものではありませんでした。ジャスティンの教室での行動はどんどん悪くなっていきました。外部のコンサルテーションも全く無益なものでした。教室の状況は問題解決ができる方向には進んでいなくて、教師を変える必要がありました。

私たちは半年後違う街に引っ越しました。新しい学校を見学してみると、そこでも数多くの改善策があることがわかりました。私が必要だったことは、短期間での問題解決でしたので、私はこの学校で見た支援を検討してみました。

学校の管理者から多くの援助を期待することができません。この学校は、もともと肢体不自由クラスから始まったもので、最近になって自閉症クラスを継承したばかりでした。これは、主要な教員にとってはあまり人気のない引継ぎでした。この学校の文化は、自閉症児は明確に「禁制」の場所で学習するべき不可蝕賤民であるといったカースト制度に基づいていました。

それで、私はここの教員とジャスティンの時間を、最小限にすべきだということに意識を転換しました。クラスにも私の同意者がいました。彼女は担任よりも常識があり共感をもってくれるアシスタント教員でした。私は、彼女がジャスティンと毎朝ミーティングをする時間があることを知り、少なくとも安全で思いやりのあるケアを受けられると感じました。しかし午後の時間、ジャスティンと関わる人、そして行ける安全な場所を見つけられずにいました。自閉症にとって良い先生はこのクラスにはいません。そんなとき、ひらめいたのです。ジャスティンは水泳が大好きで、そのうえこの学校には、屋内プールがあったのです。私は水泳救助員をしていたことがあるので、何度もプールでボランティアをしたことがありました。私はこのプールで指導している体育教師たちが熟練されており、また思いやりのある人たちだとすぐわかったのです。ジャスティンの学校の授業が休みで、泳ぎたいときにはいつでも日中は泳ぐことができるように調整しました。六カ月の間で、ジャスティンが学んだ唯一のスキルは、泳ぐ能力が身についたことでした。それにもまして、日中ジャスティンに関わる人たちが変わったことで、ジャスティンの多くの破壊的行動は減少したのでした。いちばんよい選択肢を与えられたような気がしました。

子どものニーズに応じたサービスが閉ざされていると感じるとき、私たちができる慰めの言葉はほとんどありません。学校システムの中で、不満を追及する親は訴訟の権利および手続きができます。法的な手段に訴えるかどうかは、保護者の決定に委ねられる難しい問題です。信頼できうる専門家や保護者アドヴァイザーと相談をすることは、権利擁護を制度にのっとって行うのにとても役に立ちます。

個人的な経験から提供できる唯一の慰めは、勝てない勝負があったとしても、子どもは私たち以上に立ち直りが早いということです。このような悪い状況は、きっと彼らの生活を台無しにしてしまうだろうと思っていました。決して取り戻すことができない失った時間に後悔していました。しかし、私たちが学習してきたように、私たちの子どもたちも、悪い状況から回復する大きな能力をもっていたのでした。

Ⅳ　専門家が行う「最善の方法」の質を見極める

いろいろな試行錯誤を繰り返すことにより、また専門家とのいい関係、悪い関係などを経験することで、私たちが関わってほしいと望む専門家の「質」について、だんだんはっきりと理解できるようになってきます。

★アンの場合

私とモリーンの双方の生活に大きな変化をもたらしてくれた一人の専門家がいました。彼の名前はリー・マーカス博士と言い、チャペルヒルTEACCHセンターのディレクターでした。マーカス先生は私たち二人を母親のサポートグループに引き入れてくれました。母親教室ではたった一人の男性であり、また自閉症児の親でないたった一人のメンバーであったにもかかわらず、私たちはマーカス先生を「私たちの仲間」として容易に受け入れることができました。先生は母親たちが、快適でかつ安全に思える素晴らしい方法を提供してくれました。またとても静かな人で、個人的な感情を出すこともなく、私たちの話に耳を傾けてくれました。マーカス先生は心理学の博士であり、私たち以上に自閉症との関わりを持ち、また知識も豊富であるにもかかわらず、私たちから学ぼうとさえされていました。

この親と専門家の特別な関係はとても気が休まるものであり、また役に立つものでした。彼は最初から私たち親が専門家であり、親の発言が、とても大切であると思わせてくれました。彼は長年家族と関わりをもってくれて、子どもの世話の大変さを理解してくれて、尊敬の念を表してくれました。私たちがある教師に対して怒りで興奮したときも、また子どものための期待が非現実的であったときも、マーカス先生は私たちを批判することはありませんでした。私たちは先生を信頼していたので、自分の感情をオープンにすることができ、そして正直になることができました。

この親と専門家の関係はためになりました。なにしろ、私たちが何をすべきかを指示するのではなく、事がうまく進むように援助してくれたからです。マーカス先生は、私たちがお互いうまく話し合えるように調整してくれ、私たちが下した結論や決定がうまくいくように援助してくれたのです。しかし、私たちが自閉症や治療、行動問題に関する博士の専門性が必要なときは、博士はとても誠実にそれらの問題に対処してくれたのです。私たちが必要な情報を博士が持ち合わせていないときは、捜す手伝いをしてくれました。

私たちのこの感情的で、苛立った、混乱状態の、そしておびえきった母親という不安定な集団を、よくうまく管理してくれたと思うと、驚くべき限りです。博士との関係が、私たちにとって意味のあることであったという真の証拠は、その後何年も継続していることで証明されています。およそ二十年前に集まったこの最初のサポートグループから継続している母親たちは、かつて小さかった子どもたちが、今では成人になっており、今なおサポートサービスのためにマーカス先生を中心に広がっています。今後マーカス先生に正規のかたちで会えなくても、お互いの尊敬および信頼関係はずっと続いていきます。

話を聞くこと

親と専門家双方にとって有益で大切な関係をつくるには、相手の話を聞くことです。最も素晴らしい専門家は、たとえ私たちと意見が合わなくても私たちの話に耳を傾け、私たちの考えを確認してくれました。私たちの話を聞いて理解してくれ、私たちのストレスはかなり解消されました。話を聞いてくれることは、私たちが信頼関係を得る最初のステップでした。

親の考えを理解することは、チームとして関わる能力を高めることだと専門家は認識していました。専門家は、私たちのことを知ろうとし、私たちの世界に入ってきてくれました。入ってきて私たちに合った対応をしてくれました。たとえば、彼らは私たちが過剰防衛的だと排斥したりするのではなく、話を聞き、私たちの子どもがうまくいくために、私たちの提言を使ってくれたのです。専門家たちは私たちのスケジュールが合わないことを理解してくれ、親が協力的でないと文句を言うのではなく、私たちに合わせようとミーティングを変更してくれました。彼らは家族のストレスレベルをわかっていてくれて、現実の家族生活に合うような「宿題」を出してくれました。

☆モリーンの場合

その年は、ジャスティンの乳幼児期にたくさん見落としてきたニーズの帳尻を合わせる一年間でした。私はジャスティンの学校からの「保護者プログラムレポート」を、恐怖感を持って読もうとしていました。教師によって書かれた「ご家族へのお薦め」と呼ばれる項目には、「あなたがジャスティンに現在実行していることを、このまま続けてください。それ以上は何もありません」と書かれていました。こんな先生のために天国には特別な場所があるのです。

これらの専門家は私たちが話す雰囲気を作ってくれました。他の専門家と関わってきた歴史を理解すれば、この専門家たちは私たちを個人的に攻撃する「母態」と捉えませんでした。防衛反応をなくして、子どもが過去に受けたサービスの不平や不満でストレス解消をさせてくれました。私たちの不満を言い表すことができることで、過去の不当な対応に集中することから、現在すべきことへと移ることができたのです。

教師たちは子どもを見ているのであって、診断しているのではない

自閉症と診断された後の私たちの生活では、他の誰よりも多く、教師たちは子どもを見る立場にありましたが、診断をしていたのではありません。そのことは私たちに孤独感を減らしてくれることにもなりました。新米保護者として、子どもの遅れや障害に焦点を当てることは容易いことでした。すばらしい専門家は、私たちの子どもの長所を見て私たちに援助してくれることで不足を補ってくれました。

☆モリーンの場合

ジャスティンが三歳だったとき、自閉症の保育園からの調査票に記入させられたのを覚えています。ジャスティンの長所を記入するための項目を見たとき、私は泣いてしまいました。何も思い当たらなかったからです。私は、子どもの長所に気づくのが先決なのに、自閉症の否定的な面に打ちひしがれていました。ジャスティンの評価レポートがジャスティンの権利擁護に関する私の始めての授業となりました。みんな弱いところと強いところを併せ持っています。まず、子どもの長所をはじめに探してください。

レポートによると、「ジャスティンの行動における長所と修正すべき点は次のようなものです：情愛が深く、大人と触れ合うことができ、食器を使って自分で食べることができます。ちゃんと目が合い、一人で遊ぶことができ、またユーモアがあります……」長所はそれだけで、修正すべき点は「ことばがとても遅れています。トイレットトレーニングができていません。物を口に持っていき、食べられないものを食べようとします。攻撃的で、適切なコミュニケーションは取れません。行動がかなり限定されています。」ジャスティンの評価を読んだあと、私は決まって、彼の欠点ばかりが頭に残っていたのです。今回再度見直してみると、ことばのない息子がユーモアのセンスを持っていたと、誰かが信じてくれたことに興味を注がれ、彼の欠点には意識が行きませんでした。それは予言的なレポートになりました。何年か経った後、私はユーモアのセンスが、ジャスティンをもっともいとおしいと思わせる特徴の一つであると、信じられるようになったのです。

★アンの場合

エリックは、何年間か作業療法士のセラピーを受けていました。彼女はエリックのとてもいいセラピストであり、エリックの弱点を補うために、どのようにエリックの長所を使うかを理解してくれていました。彼女が最初に関わったことは、社会性とコミュニケーションの問題でした。それは、彼女の専門とする巧緻作業と粗大作業に焦点をおきながら行いました。私は彼女を信頼し、彼女の意見を尊重しました。ある日、

彼女は私にとてもうまく言いました。「ああ、そうそう、エリックはおまるを使ってトイレットトレーニングができると思うので、早速始めてみましょう。」私はエリックに全くトイレットトレーニングをしていませんでした。一つには、それを恐れていたから。もう一つは、エリックがその準備ができているとも思っていなかったからです。私はエリックの自閉状態と彼の治療で頭が一杯になっていたので、幼児期における「普通」の発達問題がどこかにとんでいたのでした。彼女もおそらく、私に言うべきかどうかを悩んでいたようでした。なぜなら、私の親としてのスキルを非難することになるのではないかと考えたからでしょう。もちろん、彼女が正しいことはわかりました。私はエリックにトイレットトレーニングを始め、彼はすぐにできるようになりました。彼女は私が気づくことができなかった息子のことを指摘してくれたので、とても感謝しています。

ときに専門家は子どもたちの行動に肯定的な意見を示し、極めて創造的な場合があります。彼らは見通しとユーモアを与えてくれます。

☆モリーンの場合

ジャスティンの行動でおはこの動揺は、何かを噛む局面で現れます。それは、彼のクラス担任と一緒のときでした。ジャスティンには責任感の強いとても素敵な先生がいました。彼女はジャスティンの一日について正直な報告を私にしてくれました。彼女は私に嫌な思いをさせないように、正直にレポートをくれるという難題をしてくれました。彼女は、ジャスティンの様々な行動が、コミュニケーションを意味しているのだということを、私に教えてくれた最初の教師でした。彼女は常にジャスティンの行動を、彼が私たちに何か告げたがっているという文脈の中で捉えてくれました。ある日、私はジャスティンのコミュニケーションブックに書かれた短いメモを受け取りました。それには以下のように書かれていました。

私はジャスティンが今日は疲れたと思います。というのは、ジャスティンは午後辛くて大変だったからです。ジャスティンは何度もサリー（補助教員）に噛み付き……ジャスティンはいつも人の性格を見抜くのがうまいのです。彼女が私たちとこれ以上長くいることには疑問があります。

サリーが翌週解雇されたとき、彼女に対する同情が誰にもなかったことがわかりました。他の教師たちは、ジャスティンが彼らのためにサリーを辞めさせてくれたと感じたのです。

私たちを信頼している

私たちは新米の親として不十分と感じていたので、親としての弱点や失敗について並べ立てるのは訳ないことでした。

専門家は私たちの長所を見るように援助してくれました。私たちが親としての能力がすぐれていると感じたとき、自信と自尊心が高まるのです。私たちは不安を打ち消し、直面している問題に取り組むエネルギーを取り入れるのです。

★アンの場合

エリックの学校生活の中で、自閉症の通級指導の先生が一番良い関係を築いてくださいました。この先生はエリックが四年生のときから関わってくれ、高校を卒業するまで、エリックをサポートし続けてくれました。九年以上もこの先生はエリックと関わってくれたのです。この先生はエリックの学校におけるスキルや能力の向上を図っただけではなく、同様に多くの指導方法を私に教えてくれました。私がエリックのことで悩んでいたとき、自閉症についての質問があったとき、あるいは子どもを守るための助言が必要だったときに、相談できる人でした。もし、特別支援クラスで問題が生じたら、私は彼に電話をし、私たちは議論を尽くし、エリックの支援計画を立てました。また学校システムの制限により、学校内で話し合うことが困難だったときでも、彼は喜んで学校の外で話し合おうとしてくれました。

彼のエリックと私に対する何年ものサポートを思い出したとき、彼との関係が今まででもっとも良かった特別な関係であったと断言できるでしょう。彼が自分の仕事を信じ、エリックや他の多くの生徒たちのサポートをしてきたことは明白でした。彼はまた、親が子どもについて知っている知識を尊重してくれました。生徒を理解し、援助するうえで、情報がとても大切であると思っていてくれました。私の心配は根拠がなく、取るに足らないとは決して感じさせないようにしてくれました。彼はまた私に対して十分に正直で、もし私が望めば、今でも現実のチェックをしてくれることでしょう。私はわからなくなったエリックの自閉症の一面を言ってもらうときは、いつも彼を必要としていました。そして、エリックが新しいことにチャレンジするのを恐がっていたときも彼が必要でした。私たちの関係はオープンで、とてもわかりやすく、険悪にならず、会話が終わった後は何でもできる気持ちになりました。

これがお互い尊敬の念を持って、よいコミュニケーションを図れた親と教師の関係でした。私は彼が与えてくれる以上の期待はしないようにしました。そして私は息子のために彼が行ったことに協力し、彼の努力に感謝しているということを常に彼に伝えました。その代わり、彼も私をチームの同じパートナーとして対応してくれ、私の意見を尊重してくれました。何年か過ぎた頃、エリックは彼の援助が徐々に必要ではなくなってきました。つまり私のエリックについての知識が増え、学校での彼の権利擁護ができるようになったので、通級学級の先生に徐々に依存しなくなってきたのです。先生は私たち二人を自立させ、自信がつくようにしてくれました。私たちはいつもそのことに感謝しています。

親と専門家の境界（一線）を尊重する

ともに親しく関わることによって、親と専門家が友人になることはたやすいことです。その結果、お互いとても好感を持ち合うようになってくるのです。しかしながら、親と専門家が専門的な関係から個人的な関係に変わったとき、そこには問題が潜んでいることがあります。第一は、かなり多くの個人情報を打ち明けたいという衝動です。信頼関係を壊したり、ある保護者に対し、別の生徒や別の保護者のことを否定的に話したりすることほど早く信頼関係を壊すものはありません。これは基本的なことで、何年経っていても、いまだかなりの信頼関係を壊す専門家を見てきました。専門家が私たちとの一線を越えたとき、私たちは影で何かを言われているのではないかと常に疑ってしまいます。最も素晴らしい専門家は、常に信頼できる情報を持ち続け、否定的なコメントをせず、それによって私たちの信頼を勝ち得る人たちなのです。

もう一つの危険は、意見の相違が生じたとき友情がその関係を複雑にしてしまうというものです。親と専門家が、自閉症児が抱えるあらゆる問題で、意見が食い違うことが全く無いということはありません。友情を発展させようとする親と専門家との相違を解決することはきわめて面倒なことです。裏切られたとか敵意を持っているといった感情はさらに協力を不可能なものにしてしまいます。このような誤解を経験したことから、個人的な関係を求めるのであれば、子どもたちがもはや専門家の指導が必要ないという段階になって、そういった関係を求めるべきだということを学びました。

様々な資源を通して寄り添ってくれる

私たちのニーズが教師の能力を超えたとき、素晴らしい教師は、追加情報を見つけてサポートの輪を広げていきました。もっとも良い情報源の一つは、とりわけ私たちの子どもと似ている子どもをもつ他の保護者でした。もし最初の一歩が踏み出せずにいたなら、その教師は紹介を申し出てくれたり、一緒に会ってくれたりしました。ある教師のクラスで、新米の親たちはサポートが必要と感じていたのに、お互い知り合うのをためらっていると、興味のある話題について講演や討論の場を彼女の教室で、毎月お弁当を食べながら設けてくれました。

子どものための権利擁護は、ミーティングに出たり、ＩＥＰに署名する以上のことであるのは確かなことです。私たちは親と教師の関係をどのように構築し、どのように協力して意見の相違を解決していくかを話し合いました。次の章では、子どもたちの最も効果的な権利擁護のために、私たち自身のケアの重要性について話を進めたいと思います。

第6章 私たち自身に対するケア

私たちは自分自身のケアができていないと、母親としての役目を果たすことができなくなります。自分たちのケアをすることが必要だとわかっているのですが、家族のためにはいつも母親がまっさきに犠牲になってしまいます。アン・モロー・リンドバーグは、母であることの大変さを次のように記しています。

> 日常の煩雑さの最中に、どう平穏でいるか。どんなショックなことがあっても、車輪のハブが音を立てて砕けようとも、遠心力によって誰かが中心から離れようとする力が強くても、その中心となって強く維持しなければならい、それが母親として基本の役割である。(Lindbergh 1955, p.29)

私たちは、自閉症の子どもによって心を乱したり、不安定な気持ちになるときがあり、車輪が壊れて離れてしまうような状況になることがあります。私たちは時間や精力を消費しなければならない不安の中にいるのです。家族のニーズに合わせようとすれば、私たち母親は自分のニーズなどにかまっている暇はありません。こんな状況で、睡眠不足となり、常にイライラして、自分だけではなく子どもたちの世話までできなくなる、燃え尽きた母親になってしまうことがあります。

自閉症の子を育てるというのは、短距離走ではなくマラソンのようなものです。このレースを完走するためには、私たち自身のペース配分をし、身体的かつ精神的な力を育成すると同時に蓄積し、回復させる方法を見つけることが重要になります。このような苦しい私たちの生活が解放されるときの状況は、ちょうど飛行機内の案内に従って酸素マスクをつけるのと似ています。飛行機内の酸素が不足した場合、まず自

左からモリーン、訳者、アン

分自身に酸素マスクをつけ、それから子どもを助けることが重要です。次は私たち自身が自分たちのケアについて学んできたことをご紹介します。

レッスン１：睡眠を優先すべき

睡眠不足になると、私たちは力が湧いてこなくなり、何もする気力がなくなってきます。疲労によって、客観的な見方ができなくなり、集中力および問題解決能力も低下します。ストレスホルモンを司る、コルチゾールという物質のレベルが増加することによって、睡眠不足は私たちの感情を破壊してしまうのだそうです。疲弊によって、どれほどの家族や自閉症の専門家との争いが生じたことでしょう？　拷問の方法で、眠らせないことが効果的手法として使われたのも不思議なことではないのです。

自分たち自身のケアをするためには、まず私たちは睡眠をとることを優先するべきです。子どもたちに睡眠の障害があれば、その問題を解決するための人や機関を見つけることは極めて重要なことです。子どもが眠っているときや学校に行っている間、あるいは何かしなければならないことがあるときでさえ、睡眠をとることは重要なのです。

世話をしてくれる人がいたり、あるいは家庭内でサポートしてくれる人がいた場合、「夜の交替制」家族を検討することも必要です。また、学校に在学中であれば、自閉症の子どもが疲れ果てて、よく眠れるように、日中活動で身体を動かすことを、増やしてくれるように教師やアシスタントにお願いすることも一つの方法でしょう。さらに、学校で子どもを昼寝させないように、先生たちにお願いすることも必要かもしれません。あまりにも眠らないような子どもの場合は、睡眠薬の調合を医師にお願いすることも考えなければなりません。薬については、ときに自閉症児は矛盾した反応を示すことがあることを注意しておいてください。というのは、睡眠薬の中には逆効果を示すものがあるからです。睡眠を効果的に使うためには、いろいろと試してみる必要があるでしょう。

★アンの場合

私の場合は、昼寝をとることにしました。エリックや赤ん坊が寝たとき、私も一緒に眠りました。あるときは、横になって目をつぶっていただけのときもありました。そのときは洗濯や家の掃除のことなど考えないようにしました。わずかな眠りや休息によって、私は家の中に残っていた仕事をする気力を回復することができました。お風呂に入ることも、私をとてもリラックスさせてくれました。夫が家にいて子どもの面倒を見てくれたときは、熱い泡のお風呂に入り、身体を湯船に浸し、本を読んだりしたものです。もし必要であれば、ほんの短い時間だけでもプライバシーを守るためにドアに鍵を掛け、誰からも邪魔されないリラックスタイムを取ることもいいと思います。

☆モリーンの場合

私も鍵を掛けていました。しかし、それはアンの場合と同じではありません。ほとんど毎晩子どもたちの騒ぎに敏感になっていて、ちょっとした音でもすぐにベッドから飛び降りていたものでした。思い出したようにジャスティンは私たちが寝入ると起きて、部屋から出て行ってしまうのです。まあよいほうでは、ジャスティンが家の中のものを配列し直すこと、とりわけ、台所の棚や冷蔵庫の食べ物で夜中に遊んでいたことです。最悪だったのは、子どもに触れられないようにしていたにもかかわらず、ビンに入っていた薬をすべて飲んでしまったことでした。しょうがないので、ジャスティンの部屋のドアに外側から鍵をかけることにしました。しかし、緊急の場合にはすぐに空けられるようにしてあるのです。子どもの部屋に鍵をかけることで、ケースワーカーから児童虐待か教育放棄と告発されることが頭にちらつきました。しかし、ジャスティンがビンの中の薬をすべて飲んでしまってからは、部屋に鍵を掛けることが逆に彼を安全に保つ唯一の方法だと思ったのでそう決めたのです。

ジャスティンは一度眠っても、夜中に起き出すのです。熟睡することができず、夜中じゅう起きていました。その結果、結局ジャスティンは昼夜逆転することになってしまいました。最初はジャスティンに睡眠薬を飲ませるのに躊躇していたのですが、ジャスティンが毎晩連続して夜遅くまで起きており、自分の寝室の窓を開けて飛び出したり（ときに私に飛び掛かったり）していたので、薬が必要なのではないかと考えました。そんな状況から昼夜逆転のサイクルとなったとき、薬を飲ませることにしたのです。ジャスティンが再び正常な睡眠パターンになるまでに、ちゃんと薬を飲んでもらうようになるには一日か二日間かかりました。

私たちの睡眠をうばうのは子どもとは限らないこともある。

☆モリーンの場合

時たま、私が眠る時間がなくなるのは、私自身に問題があることもありました。家族のみんなが寝静まった後、自分一人の夜を楽しもうとしたことがあります。私は椅子に座ってワインを傾け、テレビを見たり本を読んだりするような、ゆったりとした時間が欲しかったのです。翌日、「収穫逓減の法則」（注：供給が需要をを越えてしまうこと）というのを発見しました。疲れているときに何かをしても、ちゃんと休んだときに比べてもっと時間がかかってしまうのです。疲れたときに何かをしようとしても、結局その疲れのあおりを受けることになりました。私はジャスティンが寝たときに私も眠ることで、私の欲求と妥協することにしました。私は睡眠が体脂肪を減らすといったことで自分を慰めました。睡眠によって体重が減ることは、ジャスティンが寝たときに私も寝た方がいいという納得できる理由でした。

しばしば、不安や心配で眠れなくなることもありました。私はそのとき抱えている問題で頭の中が一杯でしたし、将来についてとても不安を抱いていました。こんな夜、頭の中をクリアにし、眠ることができるような二つの活動を見つけました。一つは、困っていることを意識的にリストアップし、短時間で猛烈に紙に書くことでした。ジュリア・キャメロンは次のように言っています。「事実を書くこと」は、つまり真実を証明することです（Cameron,1998 p.17)。これをやったことで問題が一つ生じました。それは、私のクローゼットの中に苦しかったことを書いたメモがいっぱい隠されているということです。私は夫に言いました。「もし私が死んだあとに、あなたが私の書いたメモを読んだら、決して自殺ではなかったということを覚えておいて」と。二つ目の不眠の解決法は、ベッドから出て食器を洗ったり家の中を掃除したりするような家事に没頭して自分を忘れることでした。少しでも成果のあがることをすることによって、ほんのわずかだけ睡眠不足の埋め合わせをすることができました。

レッスン2：私たちは「ほどよい親」であると認めよう

子どもたちを育てる際には多くの時間を失いますが、その第一は、完璧な母親であるという個人的かつ文化的なプレッシャーを付け加えているからです。「ほどよい母親である」というニューズウィークの驚くべき記事の中で、アナ・クインドレインは「度を越した母性」の流行に注意を促しています（Quindlen, 2005)。母親はあらゆる活動において、子どものために極端に前に出て、なおかつ調和できるようにしようとしすぎる傾向があります。私たちは完璧な母親であることを追及することで自分たちを苦しめているのです。

☆モリーンの場合

マイケルとパトリックの小学校時代、学校の活動をサポートしてくれる人がほしいと思いました。パトリックが五年生のとき、学校から大皿にピーナツバターとジャムの入ったサンドイッチを、学校のパーティに持ってくるように依頼されました。その依頼では、サンドイッチを星型に切ってくるようにとのことでした。家で私は混乱状態だったので、サンドイッチを星型に作り始めたのは、夜遅くになってからでした。食べ物をきれいな形に作るのは苦手な仕事だったので、私の作った星型サンドイッチは、見るも無残な格好になってしまいました。星型のクッキーカッターを使ったところ、サンドイッチはすべてつぶれてしまいました。それでハンドメイドで作ろうとしたのですが、チャーリー・ブラウンのクリスマスパーティーに出てくるツリーのようなゆがんだ形になってしまいました。翌日学校のパーティーに手伝いに行ったところ、素晴らしくきれいに作られた星型のサンドイッチが盛られた皿の隣に、当然のごとく私のみにくいあひるの子たちが置かれていました。他のお母さんたちが、どうしてこんなに上手にサンドイッチが作れるのかは、未だにわかりません。そのとき、母親としての能力が備わっていないのではないかと煩悶しました。私は自分を嘲笑しながら「こういうサンドイッチを作れる母親たちは、手作りができる時間がたくさんあるに違いないのよ」と思ったものです。私の母親としての能力が日々本当に必要だと改めて感じたのでした。私の時間や精力を注ぐ場所を、もっと検討する必要がありました。私はアン・ラモットが言っている『ノー』は完璧なセンテンスだ、ありのままに生きよう」に従うことに決めました（Lamott, 2005）。自閉症児を育てるうえで完璧な母親症候群で臨むと、自閉症児の母親であることで、さらにプレッシャーや苦しさを増すことになります。自分たちができること以上のことをしようと、何でも完璧にしなければならないと考えてしまいます。できること以上のことをしようとすると、私たちは必ず失敗してしまいます。

★アンの場合

自閉症児をもつ親になるうえで、自分自身のことをするのはとても大変なことだと何度も思い知らされました。とりわけ、子どもたちが小さいときには何もできませんでした。自閉症の子どもたちを持ちながら素晴らしい任務をこなしている人がいます。しかし、と同時に彼女ら自身、正気の沙汰ではないスケジュールと、不可能と思われる期待で過度の仕事を課しているのも事実です。彼女たちは、子どもに可能な限りの治療を受けさせ、いろんな子どもたちとのサッカーチームやソーシャルグループ、あるいはプレイグループに入れ、そんな中で厳しい食事療法や栄養摂取に従うようにさせています。彼女たちはまた、自閉症のあらゆる講演会や研修会、サポートグループ、学校の行事に参加します。このような熱心さで役割を遂行させているのは、親としての無力感でしょうか？

過去二十年間自閉症の子どもを育ててきましたが、このレベルのパワーを維持するのは難しいことがわかってきました。私たちは誰もスーパーウーマンではないということをこのような母親たちに告げたいのです。長く生きていれば、良い日もあれば悪い日もあります。良い親であるとういことの本分は、私たちが人間であり、世間並みに物事が理解でき失敗から学んでいるということを理解することなのです。もし私たちが身体的、かつ精神的にできることに限界がある場合は、自分たちを批判したりせずに、大変な仕事をしているんだという価値を認めるべきだと思います。

ほどよい母親であるためには、いくつかの基準を下げなければなりません。残念ながらかたづいている家が好きな自閉症の子どもがいなければ、自閉症児を育てることとマーサ・スチュワート(注)の感性を同時に一致させるのは常に不可能となるでしょう。

（注）アメリカ合衆国ニュージャージー出身の実業家、料理、園芸、手芸、室内装飾など生活全般を提案するライフコーディネーター、カリスマ主婦。

☆モリーンの場合

私の家の中が決してあるべき状態にはならず、とうとう事実を受け入れることにしました。

ジャスティンは何でもかんでも物を剝がし、撒き散らすのが得意でかつ素早くそれを行ったので、片付けるのが大変でした。そのとき私は冷蔵庫に張ってあった広告の「そんなことはどうでもいい！」という文句を見て、解決できないこともあるのだというアドバイスに従うことに決めました。友人のデブ（注：デボラの愛称）は彼女の家を掃除する際に、実施している哲学を受け入れるように言いました。彼女はこういいました。「家の状態は、友だちが自分のところよりもましだと感じてもらえれば、それでいいと決めたの」。

ジャスティンは小さいとき、机の上や棚の上にある物を何でもかんでも捨ててしまっていました。家の中は触れる装飾品は何もなくなってしまったので、かつて近所の友人から、引っ越しのパッキングでもしているのかと聞かれたことがあります。私たちの家に何もないため、貧弱に見えるのがとても嫌でした。

ジャスティンがすべてを取り除いてしまいたいという行動は、自閉症の多くの他の行動と同じように、永遠には続かないということを知っていれば良かったのですが。徐々にジャスティンのこだわりは減っていき、近くにものがあっても我慢できるようになりました。私たちの家は引っ越して来たときのようになってきました。ジャスティンの部屋だけは、唯一写真や絵などを飾ることができないままでした。しかし、壁画を描く友人を見つけ、ジャスティンの部屋に描いてもらうようにしました。

自閉症は、私たちの生活に何層もの困難の種を招きます。私たちはいつでもどこでも、できるだけシンプルな生活をすることで、自分たちを守っていきましょう。

☆モリーンの場合

ジャスティンがこのようにきめ細かな監視が必要だったので、全体として何もできないと感じる日々を送ってきました。夫と私は、私が最優先すべきことは子どもの世話だと考え、そうすることに決めました。しかしながら、日々生活していくために、片付けるべきことは、まだたくさんありました。ジャスティンの世話をしながら、日々増えていく毎日の雑用をどう対処したらいいのか考えられませんでした。数多くの試行錯誤の結果、生活をシンプルにするという方法を学習しました。

毎晩私は「しなければならない」リストを作りました。その後、リストの中で特に重要ではないことを削除することにしたのです。人に頼るのはいやだったのですが、近所の人や友人はいつも喜んで手を差し伸べてくれました。彼らが買い物に行くとき、いろいろな用事を引き受けてくれました。また、自分たちの子どもの放課後や週末の多くの活動にマイケルとパトリックを誘ってくれました。リストから不必要な物事を取り除いた後、私は翌日のために三つの重要な優先順位を決めました。さしあたり、私のリストの優先順位を達成するつもりでも、できないこともありました。ジャスティンが朝起きる前や学校に行った後にすぐするようにしていましたが。

　そのうえ用事はできるだけ簡単にすませるようにしました。それは、ジャスティンは私と一緒であれば、待つことや人ごみの中が可能だったのですが、ジャスティンは車に乗っているのが好きだったので、多くの買い物を可能な限り「ドライブスルー」で行いました。銀行や薬局、クリーニング、ガソリンスタンド、そしてジャスティンがずっと好きだった洗車などにもドライブスルーに変更しました。他のことについても、できるだけ簡素化することにしました。ジャスティンは、昼も夜も服を頻繁に脱ぎ捨ててしまうことがあるのです。私はジャスティンが自分で脱ぐことができない服を買うことにしました。日中はオーバーオールを着せて、夜は背中にチャックがついている特別なパジャマを着せました。

　食事に関しては、家でファストフードレストランを開きました。実はキッチンで、念入りに月に一度の豪華な夕食を作ろうとがんばりましたが、うまくいきませんでした。それで料理を作る際は、朝食時に夕食の準備までしていました。電気鍋は私のグルメ料理のための必需品です。他の雑用をする際には、可能な限りジャスティンにもやってもらおうと考えました。何年もたって後、ジャスティンは洗濯機や乾燥機の衣類の出し入れ、皿洗い器の出し入れ、また簡単な料理の手伝いができるようになりました。もちろんジャスティンが好きなのは、サラダ用のレタスなどを剝くことでした。

　ジャスティンによって、我が家の伝統的な記念日は簡素化されていきました。十分な時間もなかったこともありますが。しかし、我が家は過度な記念日をやめたことで、多くの恩恵を受けることができました。伝統的な感謝祭の食事を、子どもたちの誰も食べなかったその年、簡素化に変わりました。私はクリスマスディナーのときも、いきりたって同じようなメニューは作らないと宣言しました。私は子どもたちに聞きました。「じゃあ、何が食べたいの？　あなたたちは。」子どもたちは声を揃えて大声で言うのです。「タコス！（注：チキンや豆を詰め込んで巻いたメキシコ料理）」。こうして我が家の最初のタコスクリスマスパーティーが始まったのです。友人たちがこのことを聞いたとき、仲間に加わりたいと言って来ました。彼らはそれぞれ特別なタコスの材料を持ってきてくれました。クリスマスの夕方、私たちは家中に就学前の「重度の普通の（注：とても正常）」子どもたちや自閉症児たち、メキシコ帽子をかぶった大人たち、そして南アメリカ旅行用のポスターで埋め尽くされました。私たちは何も家具のない部屋にテーブルをセットし、タコスとピニャータ（注：お菓子・果物などを中につめたカラフルな陶器の壷や張子）で大いに楽しみました。この日から、我が家のクリスマスディナーはタコスになってしまったのです。数年後、私たちはそれまで住んでいたグリーンズボロという街から二時間ほど離れたところへ引っ越しました。新しい家に移ったので、私たちを手伝おうと、友人たちみんなが本当の感謝祭の料理を持ってきてくれました。私たちは友人の三家族と感謝祭などの伝統的な祝日を一緒に過ごしました。数年が経過した後、数人の独身の友人たちが加わり、さらに自閉症児たちも増えました。それは大「家族」祝賀会になっていたのです。

　自閉症児を育てることは、親にとってつらい肉体労働が必要となります。精神的に他人に依存しなければならない苦しさがある場合、ときにサポートを受け入れることも必要です。

★アンの場合

　私は人からの援助を受け入れがたく思っています。私の失敗や弱みを他の人たちに見せることに居心地の悪さを感じるのです。援助を必要としている母親であるとさえ認めたくないのです。ですから、援助を提供されてもあまり受け入れたくなかったのです。何か困ったことがあったら、誰かに援助を頼むのは自然なことだと思いますが、私の性格がそうすることに抵抗があるのです。私は援助をしてもらうのが嫌だったのですが、エリックが自閉症と診断され、セイラが赤ちゃんだったとき、援助を受けざるを得ないということがわかり、その時は援助を受けました。幸運にも、私の家族も夫の家族も喜んで援助を提供してくれました。実は最初のうち、家族に頼めるとは思っていませんでした。何年かたった後、彼らの援助を受けることが、失敗ではなかったと実感しました。私は人間であり、できることに限りがあることがわかったのです。

　ときに、私たちは援助を提供してくれる人たちを必要とします。

☆モリーンの場合

　息子たちが中学生になったとき、私が作ったお弁当にひどく文句を言われたことがあります。かなり文句を言われたので、私はお弁当を作るのをやめると子どもたちに宣言しました。ジャスティンが起きるまで、私はそのお弁当を作っていた時間に眠ることにしました。マイケルとパトリックには、自分たちで起きて、自分たちでスクールバスに乗るように言いました。（とても驚きましたが）子どもたちはすぐに学習し、できるようになりました。子どもたちは自分たちでお弁当を作り、自分たちで学校に行くことができるようになったのです。私が作った「すること」リストから、これらの朝の雑用が省略できたことに感激しました。マイケルとパトリックが自分たちでできることを、私がしていたことに驚きました。このことから、私がする必要がなく、子どもたちに任せられる他のリストを検討することに決めました。

レッスン3：リスパイトサービスは息抜きを与えることができる

リスパイトは、毎日自閉症の面倒を見なければならない私たち親の責務に一時的な息抜きを提供してくれます。私たち親が自閉症の子どもの世話をする中で、ちょっとした休憩が必要なときでさえ、リスパイトサービスを使うことに気が進まないことがあります。私たちがリスパイトサービスを躊躇する理由は、私たち親が唯一嫌がらずに自閉症児の面倒を見、また自閉症児の世話ができるのだという信念を持っているからかもしれません。他の誰が私たちのような、子どものニーズに応じたサポートができるだろうかと疑ってもいる可能性もあります。さらに、自閉症児の独特の行動について、どのようにリスパイトサービス担当者に伝えたらいいのかが難しいということもあるでしょう。自閉症の子どもたちは、自分の生活に見知らぬ人が入ってくることに、適応できない場合があります。リスパイトサービスを使うことによって、子どもたちの不安が増し、混乱してしまうかもしれません。また、家の中に見知らぬ人を招き入れることによって、生じるプライバシーの侵害も、私たちのストレスを増加させることになります。それで、難しい子どもは祖父母などの身内に預けることになるのです。リスパイトサービスを調整することは、オリンピックを計画する際の複雑さに似たものになりえます。というのは、私たちが（リスパイトサービス担当者）を探し出し、トレーニングをし、計画を立て、そしてリスパイトサービスのために（ローンを受けて）お金を払うときには、私たちはとても疲れ果て、苦しみさえ感じるのです。こんなに面倒くさいことをしなければならないのなら、リスパイトサービスが、努力に値する価値がないかもしれないと私たちが思うのも当然です。

以上のような問題があるにもかかわらず、リスパイトサービスを利用する上でのメリットがあります。まず、私たちは身体的にも精神的にも、いつも息切れしている生活をしています。そんな中、リスパイトはゆっくりと呼吸をさせてくれる場所を与えてくれます。休息を取ることによって、私たちは再び新しい力を蓄えて自分の役割に戻ることができるのです。リスパイトは、私たちの生活を見直し、客観的な視点を提供してくれます。リスパイトは森の中で迷って先が見えなくなった私たちに、森の中から脱出できる機会を与えてくれるかもしれません。リスパイトはまた、他の重要な関係を育てる時間を提供してくれます。それは私たち自身を育てることも含んでいます。復活の時間が与えられ、私たちはよりバランスの取れた人として、パートナーとして、そして親としていられるのです。

自閉症の子どもたちにとっても、リスパイトサービスから恩恵を受けることがあります。子どもたちも私たちから離れて休息することが必要な場合があると思います。リスパイトは子どもたちに新しい関係をつくりあげる機会を与えてくれるのです。私たちは自閉症の我が子のことを知ってもらい世話をしてくれる人の輪を広げています。リスパイトを提供してくれる人たちは、自閉症児に新しいスキルを身につけてくれる可能性があります。ときにリスパイトを提供してくれる人たちは、私たち親が考えもつかなかった方法で子どもたちを自立に推し進めてくれるのです。リスパイトサービス提供者はまた、子どもたちの安全レベルを向上させてくれることもあります。家族に緊急の出来事が起こった際、私たちは子どもの面倒をちゃんと見てくれる誰かが必要になります。予測できない家族の危機が訪れたとき、私たちほど脆弱なものはないのですから。

☆モリーンの場合

ジャスティンがとても小さかったとき、幸運にもリスパイトとして私を援助してくれた家族や友人がいました。最初のリスパイトサービス提供者は、大家族での経験のある大学生でした。彼女は私のような自信のない母親よりもジャスティンの面倒を見るのがとても上手だったと思います。度重なる夜中のケアや週末のケアには、自宅から数時間のところに住んでいる彼女に来てもらいました。彼女は私たちの家のドア口に来たとき、食べ物の入ったバスケットを持っており、精神的に疲れ果てた私たちに、にこにことした好意的な笑顔で対応してくれました。

サービスを提供してくれる機関の支援が、いったん終了すると、リスパイトサービスを使うのがとてもストレスになりました。サービス提供者がとても熟練しているときでさえ、初めての人たちにジャスティンの世話をさせることは奇跡を信じるようなことでした。もし私が彼らの能力を信頼していなかったなら、ジャスティンと離れている間は常に心配し続けたことでしょう。また、ケア提供者がなにをしていいかわからないと、ジャスティンは彼らに攻撃的になることを心配しました。この思いの先には、さらに準備が必要なことを思い浮かべていたからです。それらは、緊急のときの電話連絡先、指示書、好きな食べ物の準備等々。出発前になり、業務実施の段階で私はしょっちゅう最悪の状況になりました。結局私が心配で涙を一杯溜めて、やっぱり外出できないと言うことに、私の家族は先手を打つことを学習しました。それで、たいがい出かけるまでには立ち直り、出かけることが楽しくなったのです。

それはほんのわずかな歩みからはじめ、この障害を克服したのです。最初、固執していた気のとがめの精神面から脱却しました。まず新しい人の能力を信頼するために短期間から始めました。時間がたつに連れ、その過程は徐々に楽になってきました。そして週末にジャスティンと離れることができるようになりました。究極の子離れは、サマーキャンプでした。ジャスティンが最初に参加した自閉症協会のサマーキャンプは一週間もありました。私は毎日泣いて、ジャスティンの名前を呼び続けていました。ジャスティンもキャンプのスタッフも、うまく対応できていないのではないかと思っていたのです。キャンプで一週間も過ごすと聞いて、ジャスティンの元気が私以上になくなってしまうのではないかと考えました。しかし、そのキャンプがとても快適なものだとわかり、リスパイトサービス提供者に、丸々一週間私たちの休暇のために彼を連れ出してもらえるようになりました。夫は次のように言いました。ようやくキャンプをとおして運転のコツをつかんだ気がする。車の荷物を降ろしてジャスティンをやさしく押してやろう。

いずれにしても、リスパイトが家族に有効かどうかは、リスパイトを提供する人の質に大きく依存します。

☆モリーンの場合

ジャスティンの世話をしてくれる人を探すのは、私のもっとも得意な技能になりました。私はいつも最高の教師や補助教員、特別支援教育の学生、学校ボランティアなどリスパイトをしたがっているかもしれない人たちを探しました。ジャスティンが大きくなった後は、成人グループのスタッフにお願いしました。なぜなら、彼らはいつもトレーニングされており、ジャスティンの行動を管理するのに不安が少なかったからです。よいサポートをしてくれる人たちはまた、優れた他の人たちのことを知っていることが多く、彼らは積極的に仲間を紹介してくれました。ジャスティンがリスパイトサービスの医療証明書（Medicaid waiver）を受け取ったときでさえ、私はまだ適任の人たちを雇用している機関にお願いして探していました。もう一つの素晴らしいサービス提供情報は、他の親たちでした。情報を共有できる友人たちがいることは、とても大きなものでした。友人のシェアは、私のリストからいくつかの名前を見て、その中にいい人がいるのを知っていると教えてくれました。

☆モリーンの場合

私が心配していたのは、新しいサービス提供者にトレーニングしなければならないということでした。それで、「ジャスティンについて」というジャスティンのすべてが書かれた簡単なマニュアルを作りました。その冊子には、ジャスティンの生育暦、現在のＩＥＰ、緊急連絡先、行動計画などを記入しました。幸いにも、サービス提供者が交代するときには、そのマニュアルは彼らにそれはとても役に立ちました。

何年もの長い間、ジャスティンの面倒を見てくれる人たちに恵まれたことを、とても幸運に思っています。私は、柔軟性と熱意をこめて、可能でそして求められる限り一生懸命取り組んできました。できるときは、彼らの生活をよりよくするために給料を追加することもありました。私は家に魅力的な人たちを招くという幸運に預かり、一方、ジャスティンは世話をする人を魅了する役割を担っていました。

ジャスティンは、どういうわけか、できないことがあっても大目に見てもらえ、通ってきてもらえる魅力があったのです。

いい人たちのおかげで、リスパイトケアにおける満足感は上昇しました。最初はジャスティンを家に残しておくことに罪の意識を感じていましたが、その後、どうせ罪の意識を感じるなら、ビーチにたたずんで罪の意識を感じるのも悪くないと考えるようになりました。何年か後、いかにジャスティンが決まったパターンが好きかわかるころには、罪の意識もなくなっていました。ジャスティンは楽しませようと考えてくれる人と、一緒に家にいることが嫌なはずがありませんでした。

リスパイトはまた、私が期待しなかったいくつかの素晴らしいことを教えてくれました。意外にもジャスティンは、母親と一緒にいるよりも他の人に対して自立して行儀も良く、模範的な子どもだったのです。例えば、ジャスティンは香水のビンをかぐのが好きだったので、リスパイト担当者のトニーは、彼をショッピングセンターの化粧品売り場に連れて行ったのです。私は売り場のガラス瓶を手で一斉に落として、フロアに粉々にしてしまう様子が頭にうかんできました。トニーによると、ジャスティンは、うまく行動できるだけじゃなく、売り場で働いている女性のお気に入りだと力説するのです。（トニーは、ジャスティンを嫌がらずに受容してくれてさらに優しくてかっこいい青年です）なにしろトニーのジャスティンに対するサポートは私より冒険的でした。しかし、そのお陰で、ジャスティンの視野は広がり、親戚と再び会った時や教会、あるいは地域でのコンサートやお祭りなどにも適切な行動を取れるようになってきました。

リスパイト提供者はジャスティンだけではなく、パトリックやマイケルなどの兄弟の面倒を見る人たちの輪を広げることになりました。数年後、息子たちに大好きなクリスマスのイベントは何だったかと聞いたとき、十分理解できました。パトリック（小さいときはとても実利的な子でした）が、「プレゼント」と言い出すと思っていました。そうではなくて、彼は一番好きだったのはクリスマスのときに一緒に過ごした、長く担当してくれたチャックだと言うのです。このように、リスパイトサービスの提供者は私たち家族全員を援助してくれました――そして私たち家族は彼らも含めて拡大しています。

★アンの場合

自閉症の発生率が増加するに連れ、自閉症児のきょうだいも増加しています。私の経験では、きょうだいの中には自閉症児の家族の支援に個人的に興味を持っている人たちがいます。私の娘のセイラは、いくつかの自閉症児の家族のベビーシッターを引き受けたり、自閉症児のサマーキャンプにも参加したりしました。モリーンの息子のマイケルは、十代の自閉症児たちのとても素晴らしい友だちになっています。自閉症の社会でボランティアや何らかの援助をしたがっているきょうだいは、結構多いと思います。彼らはまた、家族にとっても素晴らしいリスパイトサービスの提供者であることがあります。

レッスン4：ときどき休んだりすることはとても大切なことである

週末に休暇をとることはとても大変ですが、生き返るためにはあえて街を離れるという必要はありません。しかし、ストレスを発散させる独自の方法を発見する必要があります。何らかの活動を行なうことによって、日々のわずらわしさから開放でき、「リフレッシュ」することができます。動かない時間を作ることです。

私たちは常に休息が欲しいと思っています。しかし、忙しいスケジュールの中でどのように休息を入れたらいいのかわかりません。そこで、最初のステップとしては、次のことを肝に銘じておきましょう。それは、私たちが休息をとる理由は贅沢なことをするためではなく、その休息が必要だからです。次のステップでは、セルフケアの習慣を徐々にスケジュールに組み込んで、ゆっくりと私たちの生活に織り込んでいくことを確認していきましょう。

☆モリーンの場合

私を元気にさせてくれる大好きな活動には、共通の特徴がありました。何かの活動を行う際、一度に一つのことだけに集中するのです。私の生活で同時に処理しなければならないことを遮断することは本当にリラックスできます。一度に一つのことだけすることは、私にとってちょっとしたヴァケーションです。とりわけ庭で身体を動かすのが大好きです。生活がうまく回っているときには、庭いじりをし、自然の美しさを愛でるのです。人に対し不満が溜まり、調子が悪くなっているとき、ノースカロライナの固い赤土をつるはしで掘って怒りを発散させます。また、本を読んだりテープに録音されている本を聞くのも好きです。誰か他の人の物語に集中することでリフレッシュできるのです。ハッピーエンドの物語を通して私は主人公を演じることができます。もし悲しい物語だったら、悲しみを重ね合わせることができます。それは少なくとも私が直面していない生活の悲しみですが。テープ本の語り手はとても上手で、それを聞くことでずいぶんと落ち着くことができ、子どもの頃の楽しかった思い出を呼び起こすことができます。テープ本の最後を聞き終えると、ジャスティンと車に乗ることになっていました。

私たちの心を癒してくれるということは、不思議なことです。そういうことができないでいるときは、私たちには余裕がないのだということを確信します。しかしながら、自分の好きな活動をしているときは、あんなに調節をするのが難しいと思っていても、なぜか不思議に時間がわき出てくるのです。

★アンの場合

モリーンと私は最近自閉症の人との生活について、親の会で話をする機会が増えました。質疑の際に、自閉症児の親であることに加えて、自分たちのために何をすべきかという質問をある母親から受けました。私は自閉症の領域でやってきたこと、自閉症について本や雑誌に書いてきたこと、ノースカロライナ自閉症協会で自ら実施してきたことなどを参加者に話しました。すべてを話したとき、彼女が自閉症児に関係しないことについての答を待っていたことに気づきました。私の蓄積してきた専門的キャリアや私の自ら行ってきた活動は私自身のためのでしたが、それらはみな私の人生で自閉症のためにスタートしたものでした。自閉症に関する活動に多くの時間を割いたと思う人もいるかもしれませんが、自閉症だけが私を型づくっているとは感じてはいません。私は読書や旅行、刺繍、映画なども好きです。私は自閉症から離れて休息をとる必要があるのでしょう。自分のために休息を取ることにしましょう。

レッスン5：ユーモアのセンスが戻ってくれば安心

私たちのユーモアのセンスは、子どもが自閉症と診断されたときに一時的になくなってしまう可能性があります。エミリー・バランスは、プロの講演者であり、カウンセラーとしての専門の資格を持っていますが、2005年の自閉症協会年次総会でストレスとユーモアについて話をしてくれました。彼女は、自閉症に基づくストレス、心配、不安は体力を消耗させ病気の原因であると述べています。『ユーモア低下症、喜びのサイレントキラー』(Balance, 2005)。子どもが自閉症と診断されたとき、私たち親はユーモアの心どころか睡眠、喜び、落ち着いた気持ちなど、すべてが私たちの生活から永遠に持ち去られたと感じたかもしれません。最初のうちはユーモアのセンスを再発見することはできないかもしれませんが、いつかそれが戻ってくるでしょう。

☆モリーンの場合

私はユーモアのセンスを取り戻したのがいつだったか詳しく覚えていません。ジャスティンが小さかったとき、私には楽しめるものなど何もありませんでした。自閉症児を育てるということは、極めて大変なことだったので、唯一泣くことだけが、気持ちを発散させてくれたようなものでした。しかし、ある時点で泣くのに疲れてしまいました。おそらく私の生活は「悲劇も山となれば喜劇となる」ということわざを証明するものだったのでしょう。私の生活はばかばかしいほど混沌としており、笑わざるを得ないほどコントロールできない状況だったのです。

しかし、同じような状況にいる友人を持つことによって、私の生活のユーモア心を見つけることができました。わたしたちの会話はいつも「ねえねえ、信じられないでしょうけどね、今日はこんなことがあったのよ。」という文句から始まりました。そんな中、私たちは自閉症の話から離れて違う面白い話に移っていました。ブラックユーモアを共有できるということは、人生の窮地をジョークで脱することであり、私に自信を取り戻させてくれました。泣くことと同様に、ユーモアは多くの悲しみや不安を解き放してくれる方法となりました。しかも、笑うことは泣くことよりも楽しいものです！

ユーモアの再発見は、最終的に生活が通常に戻っていることを感じさせてくれます。

ユーモアは私たちが予期しないところで見つけられます。ときに、私たちの子どもが心が洗われるような正直さでユーモアに導いてくれます。親友が、彼女の子どもについての面白い話を聞かせてくれました。アレックスは一歳六カ月のとき、全く話しことばがありませんでした。「ママ」や「バイバイ」のような赤ちゃんことばでさえありませんでした。アレックスが受けてきた感染症のため、アレックスは耳が聞こえないものだと両親は思っていました。両親はアレックスが結果的に自閉症と診断されるまでそのことは知らなかったので、すぐにアレックスの耳には補聴器が取り付けられました。ある日、アレックスの母親はお昼ご飯を取らせるために高い椅子に座らせようと抱っこしました。彼女は熱心に「さあ、お昼の時間よ、アレックス」と言いました。そのときです。突然アレックスは非常にはっきりした声で言ったのです。「ぼくはもう、くそったれピーナッツバターとジャムのサンドイッチはいらない」と。母親はとてもびっくりしてしまいました。彼女は夫の職場に電話し、「アレックスがしゃべったの！　アレックスがあなたのようにしゃべったのよ！」と告げたのでした。

★アンの場合

エリックについての私が好きな話は、エリックが大学へ移る準備をしているときに起きました。私たちは、新入生として理解するのがとても難しい、時間の管理や何かについて話し合っていました。どんな学生にとっても、いつ授業が始まり、いつ自由時間があるかを知ることは簡単なことではありませんでした。このことを教え始めるときに私がとった方法は、大学の休憩時間に行う行動リストを、エリックに書かせることでした。エリックが楽しめるどんな活動があるのかを、彼に考えさせよう思っていました。エリックは大学生活がどのようなものであり、どんな活動を楽しむことができるかなどがわかりません。私とエリックは、紙とえんぴつを持って座り、自由時間にすべきことのリストを作りました。私たちは話し合いながら、エリックが好きだと思う活動のアドバイスをいくつか作りました。私は大学の図書館に行き、そこで動物の本やエリックが好きな本を読むことを勧めたのです。エリックはアドバイスされたことが好きだったので、そのことをリストに書きました。私はまた、外で時間を過ごすことができる、キャンパス内の公園を散歩することも勧めました。エリックはそのアドバイスも気に入り、リストに付け足しました。その後、エリックは笑顔を浮かべてリストを確認しました。私はエリックがそのリストに何か付け加えているのを見てとても驚きました。エリックは私を見て、笑顔で静かに言いました。「そしてもしぼくにガールフレンドができたら、休憩時間にぼくたちはセックスをすることができるね！」

レッスン6：友だちはライフセーバーであるかもしれない

友情は親の対処能力にとても大きな差を作ります。どんな親でも「あなたのやっていることはいいことよ」「何か話をしたいときはいつでも聞いてあげるわよ」「淋しさを感じるときは助けてって言うのよ」などを言ってくれる人がいるのは有難いものです。こうやって勇気づけてくれることだけではなく、ときに私たちが理性を失ったり、非現実的な状況にいるときに、友だちから何を必要としているかを正直に忠告してくれる人が必要です。友だちはまた、ストレスを紛らわせてくれますし、（親という立場から離れて）自分を取り戻す機会を提供してくれます。子どもが自閉症と診断されたことにも友人関係は影響を与えます。私たちの生活は、自閉症児だけではなく他の家族の世話をするのにとても忙しいので、ほかに何もする時間がありません。「もし私に時間があったらなあ……」状態のとき、友人関係は、自閉症の親に安らぎを与えてくれます。

★アンの場合

エリックが自閉症と診断された年かその翌年だったか、言語療法や作業療法の待合室に今までに会ったかもしれない親たちがいました。私たちは子どもたちとそこに座っていました。そのときは、大騒ぎの最中だったか、あるいはそうでなかったかもしれませんが、お互い次回の診療の予約をしてチェックアウトをしました。私たちはお互いの子どもの診断をしてもらった後、軽く目を合わせ微笑みを交わしたくらいでした。私たちはみな、そこにいることで悲しみを持っていることを知っていましたし、子どものことで気に病んでいました。ときに会話をすることもありました。十分間くらいの間に、多くの会話をしたものです。髪の毛を切るのにどこに連れて行けばいいとか、靴屋さんはどこがいいとか、私たち親が眠れるようになるにはどれくらいの時間がかかったかなどの話でした。病院の事務の人から私たちの子どもの名前を呼ばれた段階で、次の予約が重なったときまでその関係は途絶えてしまいました。これらの友人関係はあっけない時間でしたが、それでも意味のあるものでした。そのときに待合室で会ったお母さん方の名前は覚えていませんが、私たちが抱える問題は共有していたことだけは記憶に残っています。

子どもが自閉症と診断された後と前とでは、友人関係は変化することが多いと思います。ときに自閉症児の親とそうでない親との関係を継続していくことは困難な場合があります。共通の話題を持つことが困難になる場合があるかもしれません。日に日に生活が違ってきて、自閉症児を持たない親は居心地が悪いと感じるかもしれませんし、彼女たちはどんな援助をしたらいいのか、何と声をかけていいのかわからないかもしれません。自閉症児を持つ親の中には、健常な子を持つ親と親しくするのが難しい人もいるのです。それは自分の人生が、どう違っているか、そして欠けているものが何かを思い出させるからです。

★アンの場合

私の友人関係はエリックの診断とともに少し変わりました。それは誰にも罪はないことだと思います。起きてしまったことなのです。いくつかの友人関係は徐々に尻すぼみになってしまいました。なぜなら、もはや重なり合う生活がなかったからです。私の生活は、治療や障害児学校、サポートグループなどすでに忙しい日々が重なってきたため、劇的に変化をしました。そして、そのことで古い友だちとコンタクトを取ることが難しくなったのです。また私は、エリックが診断されて、こういった友人と一緒にいることがとても苦痛になったのでした。望ましいことではありませんが、友だちの子どもたちとどうしてもエリックを比較してしまうのです。一緒にいると、エリックはとても目立っていました。エリックの奇妙な行動や他の子と同じことができないことを友人たちに気づかせないようにするのは無理がありました。私に援助の手を差しのべようとしてくれた友人が何人か出てきたとき、私のことをかわいそうだと思っているに違いないと感じました。彼女たちの「どう、元気？」という挨拶はいつも同情じみたところが見えました。自閉症に関する新しい治療法の記事を送ってくれて援助しようとする友人もいましたし、「エリックは自閉症じゃないと思うわよ、だっていろんなことがちゃんとできるもの」といったコメントをしてくれる友人もいました。私は自閉症じゃないというコメントを聞くのは嫌でしたし、「治る」ということばを聞くのも嫌でした。そういったことは救いになりませんでした。私と関わってくれたいい友人たちは、物事を決め付けようとしない人たちでしたし、私に哀れみを持っていると感じさせない人たちでした。彼女たちはただ次のようなことを言うだけでした。「大変なことだと思う。もし何か私にできることがあったらここにいるから」と、ただそれだけでした。

☆モリーンの場合

私の人生でジャスティンの出現が、子どもの頃からの友人関係を変えることはありませんでした。私の旧姓であるモリーン・フィッツジェラルドが結婚後モリーン・モーレルになるずっと前から相談にのってくれる友人たちがいたので、良いときも悪いときも私たちの歴史は一緒でした。彼女たちは私が抱える問題に対して現実的に対応してくれました。地理的に離れてしまったにもかかわらず、彼女たちは私の悲しみの隙間に染み込む特別な力を与えてくれました。ジャスティンが生まれた後の友だち関係では、おおむね自分の気持ちの持ち様が、友情を続かせる試金石になりました。もし友人関係を維持するために多大な時間と配慮が必要なら、その関係は、私ができる以上のものを要求していることになります。友情が長続きしたのは、わがままでなく融通性のある友人のおかげです。こうした友情は、無我夢中で、電話に出られず、約束を守れない、感情の起伏のある時期によりそってくれました。幸運にも、私には気さくな友人がいましたし、彼女たちはことばで言い表せないほど私の生活を豊かにしてくれました。

ジャスティンの問題で精神的に落ち込んでいるとき、私はいつも他の「自閉症の母親」を頼りました。彼女たちの経験は、私自身を鏡に映しているようでした。しかも、ジャスティンの母親としての私の経験をじかに知らなくても共感してサポートしてくれる友人さえいました。常に、彼女たちは私の生活に予期せぬ出来事をすでに体験していました。喪失感から立ち直る努力で培った親交は、仲間がいると気づかせてくれた、彼らのおかげと刻み込んでいます。

私にはまた、一緒に楽しめる友人たちがいました。私の生活の中で彼女たちは、完全に自閉症とは関係のないものでした。このことは「重度の普通の（注：極めて正常）」子どもたちの世界を発展させることができました。その世界とは学校、スポーツ、教会、近所づきあいなどの共有できる世界でした。彼女たちの子どもたちが我が家にやって来てジャスティンを知ったとき、この子たちの親はジャスティンの生活についてほとんど知りませんでした。ジャスティンのニーズや自閉症に関わらない生活を一時持つことはとても救われるものでした。

自閉症の子をもつ親は、しばしば同じような環境にいる他の親からの援助や友情をもらいます。多くの地域に、自閉症のサポートグループや教育プログラムがあります。そこでは、私たちに友人関係の機会を与えてくれます。子どもが自閉症と診断されたばかりの親は、このような集まりの中で他の親から役に立つ情報を得るのです。彼女らからはその地域の資源についてアドバイスを受けたり、情報を共有することができます。ある自閉症の子を持つ親の仲間たちは、同じような経験や感情を共有している場合があります。一方他の親たちは、情報をもっているかもしれません。彼女たちのような友人を訪れることは安心できるし、子どもが変なことをしても落ち込む必要はありません。またもし子どもがかんしゃくを起こしたら、どう思われるかなどと気を使う必要もありません。自閉症スペクトラムの子どもを持つ親の間に育つ友人関係は、とても大切なサポートとなりえるでしょう。

★アンの場合

自閉症の子をもつ母親である友人であれば、何も説明する必要はありません。彼女たちは私の本当の姿を知ってくれています。彼女たちは、エリックが何かうまくやったときも、エリックが混乱しているときも友だちと呼べる人たちです。私たちはみんな、障害の子どもがいるため「スーパーママ」ではないということをお互いに理解しています。私たちは自信喪失になったことや自分たちが犯してきたミスについて正直に話し合うことができます。彼女たちは私に対して、また私が行った選択を批判したりしません。もし私が家族を連れて彼女たちの家に行っても、ストレスを感じることはありません。エリックがクラッカーやチェリオス（注：米国製のシリアル）だけを食べ、他の何も食べようとしなかったとしても、いちいち説明する必要はないのです。彼女たちは私の生活を理解し、私も彼女たちの生活を理解することができる、そういった友人たちなのです。

そこには、自閉症が私たちに与えてくれた最初の絆ができたのだと思います。しかし、今では私たちの友人関係は自閉症だけの関係だったときよりも、もっと多くのことに広がってきています。自閉症でつながった関係は私たちが会ったり、互いにサポートし合ったり、さらに私たちが共有する自閉症の問題だけではなく、個人的な付き合いを深めることにもなりました。今では、一緒にいても自閉症について話し合うことはほとんどなくなってきました。しかし、もし何か問題が生じたり、子どもに個人的な危機が訪れたりした場合は、お互い助け合うべきだということがわかっています。彼女たちは、私にとっての特別な友人なのです。

☆モリーンの場合

自閉症の子を持つ他の親たちが、私たちの生活にいろいろと手助けしてくれたことに、アンが感謝の意を述べていますが、私もそう感じています。私がどんな気持ちでいるか知っている友人の前で「ちょっとばかり泣かせてもらう」機会をもらったのは、人生の中でかけがえのない救いになりました（Hax, 2005）。ネットワークなしの子育ては、ありえないことを私たちの友情が証明しています。

★アンの場合

最近のことでしたが、家族で海に行ったとき、私はビーチチェアに座って本を読んでいました。そのとき、ある女性が私のところに近づいてきました。彼女はとても礼儀正しく私に話しかけてきました。「個人的なことで大変申し訳ないのですが、あそこにいらっしゃるのはあなたの息子さんですか？」とエリックのことを尋ねるのです。エリックは浜辺で水べりを行ったり来たりしながら遊んでいました。そして足に水がかかる感じをとても喜んでそこに立っていました。私は答えました。「はい、私の息子ですが、何か？」すると彼女は、「お子さんは自閉症ではありませんか？」と言うのです。私はハイと答えるとすぐに彼女は「私の息子も自閉症なんです」と浜辺の近くいる青年を指差して言いました。私たちは会話を交わし、すぐにわかりあうことができました。しかし、子どもの機能レベルや子どもの年、どんな治療を受けてきたかはなんの関係もありませんでした。浜辺のその日、私たちは知らないものどうしでしたが、同じサークルのメンバーだと知ってビックリしたのです。サークルは人気がないクラブだったのに同じだったのです。子どもたちはとても違っていたのに料金が同じだったこともわかりました（Palmer, 2006）。

友人の中には、私たちの子どもが自閉症と診断された後、私たちに何をしたらいいのか、何を言ったらいいのかわからない人もいます。彼女たちにとってどう援助すべきか、どれくらいの援助をすべきかを知るのは難しいことです。なぜなら、人それぞれ違う反応をするでしょうし、彼女たちなりに悲しんでくれているからです。友人にできるもっともいいことは、ただ必要なときにそばにいてくれることであって、常に一緒にいたり、直接何かをしてくれることではないものと思います。何か自閉症の親への援助をしたい場合はあなたができることは何かを尋ねてみることです。

☆モリーンの場合

とても役に立つ友人とは、何をしないかということがわかっているものです。私のもっとも親しい友人たちは、私に「心配ないから」などのアドバイスをして私を慰めようとはしませんでした。彼女たちは、「あなただけではなく、他の人たちだってはるかに大変なことがあるのよ」などといったような話をして、私の苦労を諭そうとしたりもしませんでした。彼女たちは「神様があなたを選ばれた」と慰めようとする人たちのように、神のせいにすることもありませんでした。また、ジャスティンが奇妙な行動をしていることを、説明する必要もありませんでした。実際、私の友人たちは自閉症について何も言うこともなく、多くの援助をしてくれました。私が子どものことで何かをしなければならないとき、彼女たちは、さりげなく誠実に私をサポートしてくれました。ある自閉症児の親が、かつて怒って言ったことを直感的に感じていたのかもしれません。それは、「私をそっとしておいて欲しいの、まな板の上に私を乗せて晒しものにしないで欲しいの」と言ったことばでした。

私の友人たちの素晴らしい実践的援助は、彼女たちが力強いサポートを持っていることの象徴でした。夫が呼び出されて、週末に淋しいとき、ジャスティンがプレイルームで分解あそびをしている間、ジムとメリーと一緒にお茶を飲むことができました。眠くて大変な早朝にジャスティンを散歩に連れて行かなければならなかったとき、喜んでキャシーが私たちに参加してくれました。家の掃除をしなければならないとき、パットはマイケルとパトリックを彼女の家に預かってくれました。サンディは、生まれたばかりの双子と他の五人の子どもたちがいるにも関わらず、マイケルとパトリックを彼女の子どもたちの中に入れてくれました。その間に私はジャスティンを診療のために連れ出すことができたのです。キャシーは私の声が疲れていると感じると、食事を私の家のドアに掛けておいてくれたことがありました。（彼女は気づいていなかったかもしれませんが、彼女が家族のために作ったとても美味しいグルメ料理を食べたいがために、私はわざと疲れたような声を出したこともあるのですが）。

何年も信頼してきた友人たちから、私は、次のようなレッスンを受けました。

人生で予期せぬ経験をする中で、いざというときに現れる人がいることは大切なことです。シンプルで平凡な、英雄らしくない行動を行い、見守り、いずれにしろ「ここにいます」と言ってくれることです。(Goodman and O'Briwn, 2000)。

これは、私たちが発見した最もよい友人関係の定義です。

第7章　私たち自身の道を求めて

私たち自閉症児の親は、子どもたちが自閉症と診断されたとき、子どもたちのために何をしたらいいかわからず、また何を知る必要があるのかもわからないため大変苦しみます。インターネットで調べたり、図書館に行ったりして、今の子どもの状況に合うような情報を探し求めることになると思います。メディアが発達するにつれ、自閉症に対する関心が高まったものの、インターネットの情報は膨大で、情報の渦に巻き込まれてしまいます。情報の中には的を得ているものもありますが、そうでないものもあります。私たち親はいろんな療法や研究報告、治癒が可能などと謳ったものを、きちんと評価できるようにならなければなりません。どの療法が最も効果的かということに関しては、専門家によって意見が異なります。自分たちで探した情報を分析し、子どもと私たちの置かれた状況に合うものは何かを、時間をかけて探す必要があります。子どもが自閉症と診断されたとき、私たちは非常に厳しい学習曲線上（学習しなければならない過程の途中）にいることは明らかです。

サマーキャンプで楽器を演奏する人々

★アンの場合

私がとくに不満を感じたのは、子どものためにサービスを提供してくれる専門機関や、そこが実施しているプログラムに、横のつながりがないことでした。それぞれのプログラムは、他のプログラムがどんなことを実施しているか考える時間を与えることなく、私たちに様々なアドバイスや指導法を提供するのです。私たち親が得られる情報は限られており、また当時は自閉症に関する知識も少なく、子どもにどんな方法を実施したらいいのか自信がありませんでした。そのためただ不足しているという気持ちがつのっていたのです。

ある日、私は子どもの言語治療を受けながら、そこの所長と一緒にガラスミラー越しにエリックを見ていました。所長は、エリックのことばを改善させる鍵はエリックのパターン化された行動を変えることだと言いました。パターン化した行動を変えることによって、なぜ変化したかをエリックが不思議に感じ、質問のことばとしてことばが出てくると言うのです。所長は、エリックが構造化およびパターン化された行動を使うことによって、プログラムがうまく進んでいることがわかっていませんでした。エリックは構造化やパターン化によって、何を期待されているのか、どのように見通しを持ったらいいかが、理解できるようになってきているにもかかわらずにです。家庭で使っている構造化は、エリックの行動や頻繁に生じるかんしゃくにとても有効なものでした。

私はプログラムを尊重していましたし、子どもを何とかしようとしてくれる専門家の人たちの努力にも感謝していました。しかし、ある日私は自分の直感に従うことにしました。それは、もしエリックのパターン化した行動をすべて変えたら、エリックは落ち着きをなくしてしまうだろうと思ったからです。エリックが行っていたパターン化された行動は、エリックにとっては、とても楽であり、それを突然すべて変えてしまうことは問題行動をさらに増やすだけに過ぎないということがわかっていました。私は自分の直感と、エリックに対する今までの知識に頼ることにし、エリックや私たち家族にとってうまく対応できる（環境を急に変えたりしない構造化などの）戦力にしたのです。

☆モリーンの場合

ジャスティンが自閉症と診断されたとき、実際私を励まそうとしたアドバイスは逆効果になりました。専門家や先輩の母親は、私自身が子どもの専門家だと言ってくれました。治療チームの貴重なメンバーの一人に私が当然含まれなければならないと悟りました。しかし、私がジャスティンのことを最も知っている人間であるということは、大きなプレッシャーを感じることにもなりました。もし私が専門家だとするなら、母親として以上に大きな責任を抱えることになるからです。

また、私は自分の本能に頼るように助言を受けました。しかし、それはわかっていましたが、信頼すべき私の本能がもう働きませんでした。私の生存本能はすでに限界にきていました。私の中にある「母熊状態」は頻繁に二つの選択肢を迫られていました。それは、「ドッジ（注：西部劇で有名な街）から出て行くか、さもなくば頭の皮をはぐか」といった比喩で示されるような究極の選択でした。ジャスティンに即有効だと思われる選択肢はありませんでした。そのときは「あなたの直感力を信じなさい」というアドバイスだけが頼りでした。身体はときに知性より勝っていることがあります。しかし、パニック状態でなければ、日々閉じているか、空っぽの精神状態ですごしていました。最終的に、「あなたの内なる心の声を聞きなさい」という助言しかありませんでした。そうわかっていても、自閉症の子どもとの生活で声を聞くのはたいへんすぎました。私がもっぱら聞いたのは、混乱と葛藤をもたらす外部の声でした。もし、私に時間が十分にあり、静かに座って内なる心の声を聞くことができたなら、ジャスティンの治療が遅れていて、早急に治療や指導の決定を下せと言う警告を聞いていたことでしょう。

しばらくしてやっと、私はこれらのアドバイスによって、生きる知恵と、確信をもちました。自分の本能を信頼し、直感をチェックし、心の声を聞くことは、自分の生き方を見つけるうえで、とても重要な指針となりました。私がアドバイスを受けていて、見過ごしていたのは、冷静になる時間でした。時間をかけ、深呼吸を繰り返して、外部からの情報を冷静な気持ちで整理しながら、判断する自信が芽ばえたのです。それまでの経験から、私はジャスティンに合う治療法を選択し、それ以上手当たりしだいに広げていかないようにしました。私はジャスティンの自閉症状の特性を理解できるようになったとき、ようやくジャスティンのための専門家になりました。ジャスティンと二十四時間三六五日一緒ににいることで、私は「ジャスティン・モーレル」に関する博士号を取得するためのテーマを持つにいたったのです。

私たちは自分の心・頭・直感で生きる知恵を結集し、外部の情報をうまく適応させ私たち自身の道を見つけました。これが私たちの進化した（する）プロセスです、徐々に、私たちはどの治療やどの教育方法が私たちの子どもにもっとも合っているかを決めるうえで、スピードも早くなり、能力も自信もついてくるようになりました。

当初、治療や教育を選ぶときには、単純に一つの方法しか選んではいけないものと考えていました。行動の問題を第一に考えるか、あるいはまた発達的視点を重視するかといった具合にです。「子どもが五歳までに学習しなければならないことを全部学習するか、さもなければ五歳を過ぎたら行き場がなくなってしまうだろう。思春期は、すべて良かったかまたはすべて悪かった。学力に重点をおくのか、または機能的（社会で必要な実用的）なスキルを重視するのか」などのリストは続きました。私たちの自閉症に対する学習曲線は0から始まりましたが、直感に任せることにより、自閉症には、選択肢の幅が限られていると単純に信じきっていた自分に気がつきました。

この章では、通説が必要以上に単純に「一つだけの道」になっていないかといった点をお話しします。広く行き渡っている研究や方法が、完全に間違っているものとしてみるわけではありません。しかし、しばしばすべてを伝えていないのです。すべての事象の重要な部分が見落とされていると、多くの若い親たちは必要以上にパニックに陥ったり、罪の意識を感じることがあります。これらは、私たちが若い母親であったときに知った教訓であり、また私たちをもっとも驚かせた教訓でもあります。私たちが学んできたことをお話ししましょう。私たちは誰か他の人が（治療や指導に関して）強く持っている信念があると、疑いを持たずに挑戦するものです。それから、私たちの経験から得た専門知識が、自閉症の唯一の専門知識のように繰り返し言うものです。

レッスン1：早期介入が必ずしも未来につながる唯一の鍵ではない

自閉症の問題を減らす有力な希望として、「早期で適切な治療が治療成績に、肯定的な結果をもたらしている」との報告があります（アメリカ小児科協会、発達障害児委員会、2001）。専門家および親の経験（そして基本的な常識）では、そのことは一致した意見となっています。早期介入は問題行動を減少させ、適切なスキルを教えることができます。親を治療チームのメンバーとすることによって、早期介入は私たち親の能力を向上させ、自信もつけさせます。子どもを成長させる有効な手段となりえるでしょう。早期介入はまた、家族をサポートするいろんな機関と接触することができるようになるため、自閉症児だけではなく、家族全体にメリットがあります。早期の介入が、親が子どもをサポートする最初の段階であるということは、疑いの余地はありません。多くのメディアが自閉症治療の鍵として、早期介入に注目していることも驚くべきことではないでしょう。しかし、早期介入をしなかったからといって、五歳前に数年の介入によって、その後の全人生に違いが出るわけではないと認識する必要があります。なぜなら、学習能力は五歳でストップすることはないからです。事実、自閉症児たちは二歳であろうが二十二歳であろうが常に学習し、成長を続けています。将来の自立のために、子どもたちのスキルを伸ばすうえでタイムリミットはないのです。

★アンの場合

エリックが自閉症と診断されたのは三歳になるちょっと前でしたが、そのときに早期介入プログラムが必要と言われましたが、学校ではそんなプログラムはありませんでした。エリックに必要なことはどんなものでも、私たちは探さなければならず、そのような専門機関で必要な費用も自分たちで払わなければなりませんでした。早期治療をしたくても、利用できる選択肢について、話し合える早期介入専門のケースワーカーもいませんでした。私たち親が、エリックのニーズに最も合うものを探し、また家族の生活にも無理のないような治療法やプログラムを選ぶしかありませんでした。

エリックは、プライベートで作業療法と言語療法を毎週受けました。また、エリックは幼稚園も2カ所行きました。一つは「健常児」のための幼稚園で、もう一つは言語障害児のためのものでした。毎週地域のＴＥＡＣＣＨセンターにも行きました。ＴＥＡＣＣＨセンターでは、コミュニケーション、ソーシャル・スキル、行動問題などの指導を受けました。私はまた、時間が取れるときは、家庭でも忙しいスケジュールの合間を縫って一対一でエリックを指導しました。多くの親と同じように、エリックのために適切なものであれば、可能な限りあらゆる治療法を追い求める必要性を感じていました。

私たちが受けたあらゆる早期介入は、次のような基準で決めました。費用、家からの距離、家族のスケジュールに支障がないかどうか、エリックが耐えられるかどうかといった基準でした。また、特別支援教育を受けている子どもの保護者や、どの療法がよいかアドバイスしてくれる専門家に聞いたりしました。新しい治療法をためす際、その治療法が妥当であるかどうか、またエリックに適しているかどうかを決めるのに、私たちは直感を頼るしかありませんでした。

エリックにとって早期の介入がいいことは疑いもないことでした。しかし、早期だけではなく、その後の小学校や中学校において、継続してきた指導法もエリックにとって有効でした。エリックが六歳、七歳のときに自閉症に特化したクラスで学んだスキルは、その後の健常児クラスに入っていくときにとても有効でした。中学のときに、系統立てて行う素晴らしいスキルを学んだことが、大学進学の可能性へ導きました。現在、エリックは若い男性として、想像していたよりもとても柔軟になり、また社会性も身についてきました。早期からの介入は重要なことですが、二十二歳になってもエリックは、私たちが考えたこともない新しいスキルを学習し、私たちを驚かせ続けています。

☆モリーンの場合

ジャスティンが自閉症と診断されたとき、私は早期治療の可能性について、とても偏った信念をもっていました。私は総合病院でハイリスクの赤ちゃんや未熟児のための学問的プロジェクトの看護師長でした。私の地位、およびその時点での私の教育的、専門的立場で、早期治療こそが子どもたちのリスクを予防できる鍵だという信念を抱いていました。そういう思いがあったため、ジャスティンが自閉症と診断されたとき、私はあらゆる治療や教育サービスにアプローチしました。すべて五歳までに学習しなければならないと強く信じていたのでした。

ジャスティンが五歳になったときには、私は絶望で一杯になりました。彼の成長は非常に遅く、生活をうまくやっていくためのスキルに大きなハンディがあったからです。ジャスティンはしゃべらなかったので、自分が望むことをことばで伝えることができませんでした。ジャスティンの行動は耐えられないほど過激なものであり、また予測不可能で、頻繁に自傷や攻撃的行動をしていました。ジャスティンはトイレに興味がなく、また自分でトイレを使うことができませんでした。彼は私や夫以外に、限られた大人にしか好意を示しませんでした。それ以外の人たちや同年代の子どもに、ほとんど興味を示しませんでした。私は最も有効な治療や教育サービスのすべてを追い求め続けましたが、私の頭の中では、ジャスティンが新しい何かを学習しようとしているようには思えませんでした。

しかしながら、実際はジャスティンの重要なスキルのすべては五歳を過ぎてから学習されはじめたのです。ジャスティンの最も素晴らしいコミュニケーションスキルを発見したのは、八歳のときでした。そのときジャスティンはついに、コミュニケーションのためにかんしゃくを起こすことをやめ、自分が欲しいもののところへ私たちを引っ張って行ったのです。

二年後の十歳の時に、ジャスティンを、アイススケートに連れて行ってくれたサポーターがいました。ジャスティンは氷に乗り、氷の上を滑るオリンピックのパフォーマンスをやったのです。ティーンエイジャーになるときまでに、ジャスティンは他の人と関わりたいため魅力的なアイコンタクトで、コミュニケーションを図ろうとしていたのでした。現在、ジャスティンは、居住しているファームで訪問者に対して、ことばはありませんが、ウォルマートの店員さんのような挨拶をしています。(注) 今も問題行動はありますが、ジャスティンの行動は徐々に良くなり、もはやグループ内で最も高いサポートが必要な人ではなくなっています。

以前担任をしていた先生やコンサルタントが、今日のジャスティンを見ると、その第一声はたいてい「ジャスティンがこんな風になるなんて誰が想像できたでしょう?」という驚きの声なのです。結果的に世界を理解しはじめ、集中できるように成長したように思えます。ジャスティンの幼児期は、学習や治療の方法は全くありませんでした。ジャスティンは、他の多くの自閉症の青年と同じように一生涯学び続けるように思われます。

(注) ウォルマート（アメリカにある世界最大のスーパーマーケット）の店舗入り口に、グリーターと呼ばれる店員がおり、買い物客にカートを渡しながら挨拶をする。

自閉症の人たちは、一生涯にわたって学び続けることを理解してもらえたと思いますが、早期介入だけに意識が集中すると、一生涯学習するといった自閉症の人たちの能力が見えなくなってしまいます。このことは青年期・成人期の自閉症を抱える親や彼らのサポートを行う専門家にとってとても意味のあることなのです。親も専門家も、自閉症者との関わりの中で大きな成長が見えると、とても驚きを覚えますが、と同時に喜ばしいことでもあります。

正式な質問ではありませんが、私たちは青年期・成人期の自閉症児を持つ保護者にどの時期に一番成長したかと尋ねたことがあります。彼女たちはいつも次のように答えました。「指導や治療に関わらず、青年期・成人期は最も学習効果が上がる時期でした。」これは、私たちの経験でも同様でした。私たちは自閉症児が小さいときよりも、大きくなってから学習すると言っているのではありません。小さいときになされていた基礎があるから、青年期・成人期になって成長したことは疑いの余地はありません。しかし、私たちが知っている自閉症児の多くがなぜ「遅咲き」だったのかは不思議です。自閉症児の学習過程に影響している学習側面や発達準備性、成熟性などが、どのように増加しているのか、またどのように蓄積していったのかについては、私たちも疑問に思っています。おそらく、自閉症として年を重ね、経験を得るに連れ、恐怖感が薄れ、苦しいこともなくなり、自信がついてきて、柔軟になってくるのかもしれません。もしかすると、小さいときには恐怖感で近づくことができなかったことも、新しいスキルを学習するために精神を集中させることができるようになったのかもしれません。脳の適応性に関する研究が進むことによって、自閉症者が何歳であったとしても、彼らの希望が見えてくるものと思います。幸いなことに自閉症の人たちが一生涯学習し続けることによって、私たち親は自分たちの生活を改善していけるだろうという希望をもつことができます。

★アンの場合

私は今、自閉症の子どもをもつ母親に対する「親援助プログラム」のコーディネーターとして、若いお母さん方やお子さんが自閉症と診断されたばかりの親御さんと一緒に活動をしています。彼女たちはいろんな治療や食事療法を行わなければならないのではないかというプレッシャーを感じています。彼女たちは自分の子どもたちを（健常児に）「追いつかせ」ようとしており、そのためには目標を達成しなければならないという意識を常に感じています。その結果、子どもを楽しませようというような時間は取ったりしていません。（私自身そのことに罪の意識を感じていましたから。）

子どもたちが自閉症と診断されたときに、早期介入にまつわる親が感じる罪の意識を想像してみてください。その後に早期介入に戻ることはできないからです。彼女たちは、そのことで常に自分たちを責めているのです。子どもを助けようと、まちがった早期介入をしたり、貴重な時間を失ったと。しかし、彼女たちは、子どもたちが自閉症と診断される前に、何もしていなかったわけではありません。とにかく彼女たちは、早期介入や特別な治療法をやってこなかったかもしれないけれど、子どもたちを刺激し、子どもたちを育て、子どもたちを援助していたことは間違いのないことです。

レッスン２：すべての自閉症児に適した治療法はない

私たちは子どものために、いろんな治療を試してみようという親の欲求を理解し、尊重しています。つまり自閉症児は、それぞれ独特の個性をもっており、親が考える治療プログラムは、その子どもに応じてもっとも効果的になるように、個別でなければならないからです。「一人の自閉症児に会うことは、二つと同じでない自閉症児に会うことです」とよくいわれる意味を多くの親は知っています。というのは、自閉症児たちはそれぞれいろんな特性をもっていて、一概にこれが自閉症だと言い尽くせないからです。そのため、一つの教育方法や指導法がすべての子どもにうまくいくとは限りません。マリー・ブリストル-パワー博士は次のように書いています。

遺伝、感染、神経心理、免疫学、そして環境汚染などが自閉症に関連していると考えられるので、一つの要因だけがすべての自閉症の原因と考えられるほど単純なものだとは誰も思っていません。また、一つの治療方法や「治すこと」だけですべてを論じられるとも考えられません。自閉症スペクトラムの特別な問題や厳しさは非常に多岐にわたっています。自閉症の謎を解くことは、玉ねぎを剥いていくようなもので、一枚一枚剥がしていくのです(Bristol-Power 2000, p.16)。

いろいろな教育方法や治療的アプローチで、自閉症の問題行動を減少させようとしたり、特別なスキルを発達させ行動改善のアプローチを行っています。私たちの友人の中には、行動修正的アプローチや発達的アプローチを信頼している人たちがいます。

しかしながら、私たちの子どもたちを見ていてわかったことは、治療的アプローチを一つに限定せず、うまく結びつけることでした。自閉症の人たちをサポートするために、複数の方法をうまく使い分けたり、お互いの長所を補ったりして行われる指導技法があります。それぞれの指導技法がお互い他の技法を排他的に扱う必要はないと思います。どのような治療技法を選ぶか、というよりはむしろいろいろんな技法をうまく使いこなすことが大切だと思います。

☆モリーンの場合

多くの母親と同様、私もジャスティンが自閉症と診断されたあとは、ほとんど自分のための十分な時間を持つことができなくなりました。夫が医学部に進学して大変だったので、私が一家の大黒柱として、何から何まで取り仕切らなければならず、その上ジャスティンの世話もして、家族という列車を牽引するエンジンの役目を担わなければなりませんでした。数多くのジャスティンの治療を中心に生活を廻していかねばならず、家のことをやるのは夕方になってからでした。夜になると私のエンジンは急速に消耗されてしまいました。混乱し、フラストレーションが溜まり、感覚が疲弊しきっていたのです。私の生活は、すべての責任を担うひどい責務だと感じていました。どのようにしたらこんな生活をやっていけるのかわかりませんでした。

そんな中、障害児教育の教師を担当したこともある一人の友人が、素晴らしい助言をしてくれました。「あなたは、ジャスティンの治療のために莫大な時間やエネルギー、お金を使っているわ。だけど、たぶんあなたは、ジャスティンの母親として、ジャスティンに苦しい思いをさせているんだと思うの。

できれば苦しい思いをさせるのを減らして、ジャスティンをもっと楽しませてあげたらどうかしら。」この指摘まで、私は母親としてよりも、看護師としてジャスティンに関わっていたことに気づきました。子どもに対する対応ではなく、治療の必要がある患者さんに対するような対応をしていたのでした。ジャスティンは重篤な障害があるだけではなく、まだほんの小さい子どもだったのにもかかわらずそうしていたのです。友人の助言によって、私は違ったメガネで私たちの生活を見直すことにしました。

私が最初に行ったことは、ジャスティンに課していた家庭での訓練をすべてやめることでした。その訓練はジャスティンが、のっけからありったけの大声で叫んで、テーブルを蹴って出て行くこととの戦いだったのです。私は、その後数週間ジャスティンを観察し、ジャスティンの視点に立って生活を見てみようとすることに決めたのです。私はジャスティンと常に一緒にいたにもかかわらず、見過ごしていることが多いことに気づきました。例えば、床やベッドで強制されず、何かの作業をしているときの方が、机の上で構造化された作業をしているときよりもうまくできていました。ジャスティンはまた、お願いや命令にこたえるため、手を貸してもらうよりは時間が欲しいほうなのです。彼はユーモアのある声で指示されると簡単に従うことができました。私が（感情のこもっていない）冷たい単調な声、あるいは権威的な言い方で指示すると、ジャスティンは自傷や攻撃的行動に走ってしまいます。ジャスティンは視覚的な刺激がわかりやすいだけではなく、運動感覚で学ぶタイプでした。視覚的手がかり、および何か活動をさせることによってジャスティンを静かにさせることができました。

私は、家庭でできる活動に専門家の意見を取り入れました。その結果、ジャスティンと私は相互やり取りをするような課題を実践し、よりそってあげて、好きなことをやりながら待つことを学習し始めました。私たちはまた新しいスキルを教える手段として、単純なゲームや身体的遊び、料理や洗濯のように日常生活の活動を使って練習しました。

こういった変更によって、ジャスティンはすぐに多くを学習し、破壊行動も減ってきたように思えました。ジャスティンに何らかのスキルを教えるなかで、彼の怒りや儀式的行為が減少し、予想していた以上に楽しそうに課題を行うことができるようになりました。ジャスティンに必要な長期的なサポートを提供することと同時に、私自信も自分のケアが必要だと気づきました。ゆっくりとですが、私は自分のための時間を増やしていくことができるようになりました。

何年もの間、私は発達的なアプローチや行動的アプローチ、生物学的アプローチの異なった組合せを使ってきました。それらはすべて、それなりの効果がありました。しかし、それらにも限界はありました。ＴＥＡＣＣＨの方法論は、実践的なスキルを学習するために、構造化や視覚的手がかりを述べていて優れています。ジャスティンの破壊的行動は、特別な行動管理のテクニックを融合させることが要求されていました。「フロアタイム（対人関係改善の療育方法）」については、全く知らなかったので、ＴＥＡＣＣＨの原理を数多く使って、ジャスティンの要求コミュニケーションを発達させ、社会的関係を教えました。

数年を経て、「援助はしても、傷つけることはない」と治療法の中で私の基準に合うものがあれば、別の治療法にチャレンジしてみることにしました。ビタミン療法や無グルテン療法、無カゼイン食事療法などの中には、それほど効果があるものはありませんでした。しかしながら、発作や行動管理の薬、再発する胃腸病などの薬は、どの治療すべてにおいても補助的に役に立ちました。

私が何かの治療法を選ぶ際は、他の誰かをモデルとしているわけではありません。過去の治療法と今日利用できる治療アプローチを比較することは、りんごとみかんを比較するようなものです。さらに、どのようにプログラムを実行するかによって、関連する行動論的アプローチや発達論的治療の中で少なからず差があるように思えます。どの治療がいいかについては、子どもや家族に有効で、費用がいくらかかるかなどのひじょうに個人的状況を考慮して決定しています。

治療アプローチを行う意識が下がってきたため、ジャスティンが特殊なスキルを学ぶ機会が減ったかもしれません。しかし、そのことによって自閉症の治療のために、毎日たくさんの時間を消費しなくなり、時間を取れるというメリットがありました。時の経過に伴い、自閉症の治療を猛烈に行うことをやめることにしました。というのは、ジャスティンのまわりには、とても献身的で健康な両親、思いやりのある優しい兄弟がいたのですから。このように、自閉症の治療法でこの方法こそが最もよい方法であるといった考えは、どうでもいいことになりました。ジャスティンと家族がともに助け合えることができる方法であれば、それが最も良い方法だったのです。

たしかに、自閉症の子どもたちが早期に正しい治療を受けていなければ、大きな影響があるのではないかと思うこともあるかもしれません。しかし、何が「正しい」サービスなのでしょうか？　特別な子どもである自閉症児のための治療や教育が、どのようなものだったらうまくいくのかなどは、おそらくわからないと思います。すべての治療をやってみなければならないと言っているのではありません。

受けさせるべき治療や教育アプローチを決断する際の考慮点を、以下に述べたいと思います。

（a）まず、子どもを決して傷つけないということ

自閉症の治療についての大まかな歴史的経過を見ると、そのルールに必要な理論的根拠が提供されています。「まずは、子どもを傷つけないこと」「もし、その治療や指導があまりによすぎて、本当らしく聞こえないなら、十中八九常識を働かせましょう。奇跡の治療に必死になっているときはなおさら。どんなに推薦される治療、あるいは教育アプローチでさえ、その背後にはきちんとした証拠を示すデータがなければならず、親はそれに対し質問する権利と義務をもっているのです。

（b）危険信号に注意すること

自閉症の熱烈な治療者には注意を要します。治療プログラムを承諾することが、排他的な宗教に参加するような気持ちにさせるのは好ましくありません。どのような治療や教育アプローチを選ぶかは、治療者からの非難やプレッシャーを感じるなら、やめた方が懸命です。もし治療結果がうまくいかなかった場合、その責任はあなたに返ってくるからです。

（c）オープンマインドで情報を収集すること。しかし常に疑問をもつことは必要

今日、利用できる自閉症の情報は信じがたいほど数多く存在します。私たちが最近インターネット上のグーグルで「自閉症」ということばで検索した結果、自閉症に関する記事は6,310,000もありました。これらの情報はとても貴重な情報源ではありますが、それはまたとても混乱させるものでもあります。グーグルで調べたすべてを信じるべきでないことは常識です。ネット上で、信頼できない情報に深く心を動かされたり、思わず釣りこまれるものもあり、個人的に会ったこともない人たちから情報が寄せられています。個人的な根拠に基づく情報は、自閉症の子どもたちには般化（応用）されないかもしれません。裏づけに乏しい情報は、すべての卵を入れるには十分に大きなかごになりえないのです。子どものための治療、教育アプローチを選ぶ際に、唯一の基本法則があるわけではないのです。

（d）人との連携

個人的に他の親や専門家によって得られる情報ほど代えがたいものはありません。いろんな専門家や保護者の意見を聞くのです。そして、彼らの情報やアドバイスを思案するため

に当分留保しておきましょう。もし今までの経験から生じる直感や子どもに対する認識によって、琴線に触れるものがあったらそれを選んでみることです。専門家や親の意見の輪を広げることによって、子どもの生活の相談役として頼ることができるのです。

（e）必要なときには、中間点に戻ること

いったん特別な療法や教育方法を選んだなら、両極端の考えのバランスを調整してみましょう。第一に、常にこの方法が子どものための（他のあらゆる自閉症児のための）唯一の方法であるといった熱烈な信奉者になると、選択の幅が制限されます。もう一つは、自分がまだ進めていない療法に悩むことによって、自分たち自身を追い詰めてしまうからです。療法を変えたり、また複数の療法を交えたりすることは、もどかしい反面励まされることもあります。基本は、新しいすべての療法が「子どもを傷つけずに、援助をするものである」といった安全ルールに従っているかを確認すべきです。

（f）自分自身の本能（直感）に頼ること

自閉症の療法や指導方法にはくらべものにならないほどバリエーションがあることを覚えておきましょう。他の自閉症の親が選んだ療法をつまらないものとか説き伏せようと思わないことです。ハリウッドの映画監督のビリー・ワイルダーは、かつて次のようにアドバイスをしています。「自分の本能を信じなさい。あなたがミスをしたとき、それが他の人のせいであっても、あなた自身のミスになるのです。」

（g）異なる視点を共有すること

自閉症児者のために、研究予算を増やし、サポートをしてくれた親や専門家は、敬服すべきであり、かつ感謝すべき人たちです。点となって存在している自閉症に関する研究情報を線につなげ、形として自閉症のより明白なイメージが、芽生え始めつつあります。自閉症の療法や指導方法に相違があるのは、自閉症およびその家族を援助するのに効果的な方法を見つけようとしていて、むしろ前進しているからです。しかしながら、一般に特別な治療法を信じる親や専門家は、異なるアプローチをしようとしている人たちに対して、敵意をもっていることが多く、受け付けようとしません。マリー・ブリストル-パワー博士は次のように述べています。

もしすべての人の意見が一致するのであれば、自閉症の研究は衰退してしまうでしょう。（そのような）意見の違いがあるから、私たちは喜んで意見の異なる研究を刺激し合い、きちんとした証拠に基づいて説明できるような責任をもった専門家としての意識を維持しつづけなければならないのです。自閉症の謎は複雑なので、学問分野および研究グループを超えて協力し合う必要があります。新しいチャレンジに喜んで挑戦しようとしたり、きちんとしたデータをベースとした理論を構築しようとしたりしている専門家や機関によって実施される研究が、最も素晴らしい研究となっていくでしょう。彼らはまた十分に謙虚な姿勢で、私たちの知識や方法論の限界を追求していくべきなのです。（Bristol-Power 2000, p.17)

（h）専門家と専門家が行う指導の両方を検討すること

私たちが選んだ療育法や教育技法がどんなものであっても、子どもに有効かどうかは担当する専門家の技能によります。最初に子どもを知ろう、理解しようとするために時間をかける専門家は信頼できる専門家だと思います。アセスメントに基づいて子どもを知ることによって、専門家は子どもに使われる数多くの教育アプローチからもっともよい要素を選び取って混ぜ合わせてくれるからです。このことは、自閉症の治療教育において「一つの方法しかない」といった価値観を信じる人には反論があるかもしれません。しかし、私たちの経験では、子どもとかかわる専門家のスキルレベルの方が、治療や教育の方法論そのものよりも子どもにとっては重要でした。

★アンの場合

自閉症児の親として仕事の中で、いろんな療法でうまくいったという親の事例報告を受けることがあります。数年前は多くの親が一つの特別な療法アプローチを選び、そのアプローチを百パーセント信頼しているように思えたことがありました。今では多くの親はいろいろな療法を組合せたり、いろんな方法をつなぎ合わせたりすることが有効であるとわかっています。かなり多くの親が、ＴＥＡＣＣＨの方法論を主に教室で使っていますが、一方、家庭では子どもにＡＢＡ（応用行動分析）を取り入れている家族もいます。他の療法と同じように、感覚統合訓練や、無グルテン療法、無カゼイン食事療法など、他の治療法と組合せてうまく使われています。それぞれの子どもにはそれぞれのニーズがあるため、親は柔軟性をもつことが要求されます。それが子どもの個別のニーズに最も合うプログラムを発展させることにつながるからです。家族のスケジュールや生活スタイルに最もフィットするような、いろんなアプローチをつなぎ合わせることの効果を、多くの親は発見しています。

レッスン3：思春期が一番悪い時期ではない

ティーンエイジャーの子どもをもつ親によってまとめられた以下のようなリストがあります。

・胃に穴が開いているのではないかと思われるくらいよく食べる。毎回のように冷蔵庫をあさって、多くのジャンクフード（注：栄養価の低いスナック菓子など）を食べる。
・入浴、洗髪、洗濯、整髪など不潔に見えることの管理が必要である。
・部屋をきれいにすることが要求される。
・お金の管理ができない。
・何を考え、何に困っているかが親にわからない。
・テレビの前で一日中過ごしている。外での活動や他の活動をしてもらうために、何度も促したり、小言を言ったりしなければならない。
・自分に自信がない。
・不器用さが見られる。家具にぶつかることがある。奇妙な歩き方をする。（Page 1980, p.2）

このリストは自閉症とそうではない健常の子どもたちのどちらに該当するでしょうか？ 答は十代の自閉症児にも健常児にも該当します。十代の自閉症児の親が直面する問題は、健常児が毎日経験することに似ています。十代の自閉症の親は典型的な思春期の領域に直面しています。

自閉症児の親は思春期に何か問題が起きる前に、思春期自体が始まることに頭を痛めている場合があります。思春期はすべての子どもたちとその家族にとっても大変難しい時期でもあります。そして自閉症の子にとっては、その問題はさらに難しくなるかもしれません。思春期に発作が始まる場合があります。また、往々にして思春期に攻撃的行動が始まる場合もあります。子どもが思春期になるまでに、私たちはそのための準備としてスキルを広げておく必要があります。

☆モリーンの場合

まず最初に、多少なりと自閉症の子どもにとって思春期は大変だということを、述べさせていただきます。ジャスティンもそうでした。ジャスティンは、若干早めの十一歳の頃に思春期がスタートしました。すぐその後、ジャスティンは発作が始まりました。ジャスティンの問題行動は一時は減少していたのですが、思春期には激しさを増し、大変しつこいものとなって再発しました。私たち家族みんなにとって、非常に厳しい時期でした。

しかし、不思議なことに、私が想像していたほど悪くはありませんでした。それは、私が若い母親のときに抱いていた自閉症の世界観で（もっと悪いものだと）思っていたからでした。リスパイトサポートをお願いしている間、私たちが一時的に家を空けたときでさえ、結果的に大した問題は起きなかったと感じました。このことは、ジャスティンが思春期になるまでに、母親として変化していった証でしょう。この頃までに、私は自分の子どものエキスパートになっていたと思います。私にアドバイスをしてくれる専門家や他の親たちとの広いネットワークもあり、自信をつけていました。しかし、私は一喜一憂する状態に戻っていましたし、気が滅入りそうに忙しくもありました。でも私は、もう経験をしているし、その状態が永遠に続かないことも知っていました。そういった経験が、ジャスティンの思春期の起伏を乗り切る上でたいへん役に立ちました。

ジャスティンの思春期で一つ申しあげておかなければなりません。それは、ジャスティンと私が過去に楽しんでいた多くの活動を放棄し始めたことです。車の乗り降りや、外での活動を拒否したのにはうろたえました。ある日、私はジャスティンと取っ組み合いをした後、ジャスティンは、とても大きなかんしゃくを起こしました。取っ組み合いのあと、ジャスティンを部屋に戻し、私は外を見に行きました。それは、ジャスティンをこんなにまで混乱させてしまうものは何かを理解したいと思ったからです。ジャスティンが小さかったときにしたように、ジャスティンの考えを知ろうと、ジャスティンと同じような視点で世界を見てみようとしました。数分の後、ジャスティンを混乱させた出来事は、おそらく彼が耳にしたことに関係するのではないかと私は考えました。感性のフィルターを研ぎ澄ませ、耳を澄ませてみると、鳥の鳴き声、風の音、芝刈り機の音、道路では車のクラクション、そしてマフラーを外したオートバイのエンジン音など、ジャスティンが嫌がる音が聞こえてきました。ジャスティンには、これらの音に恐怖心があったのだということがわかりました。ジャスティンの感覚は敏感だったので、思春期のホルモンが増加したことと重なり合い、不安の閾値を超えてしまったのでした。思春期の不安定な時期にどのように苦しみを感じているかは、誰にもわからないのです。

思春期以降、ジャスティンの行動を大いに回復させる抗不安薬があったのは幸運でした。その結果、ジャスティンが好きだった多くの活動が再び始まりました。この時期、ジャスティンが新しいスキルを学び始めたことに私たちは大変驚きました。またこの時期に、ジャスティンが戸外で、かつ身体的活動を続けるために、私たちが行うべき方法がわかるようになりました。すべての思春期の子（障害があろうがなかろうが）を持つ親が共有できる（思春期は永遠に続かないので）励みとなる知識を得たのです。

さらに、自閉症の子どもたちは、変化がとても苦手なのです。思春期に生じる身体の変化について、私たち親はどのように準備をしたらいいのでしょうか？

★アンの場合

私はエリックに思春期の身体的変化について、教えようといくつか試みました。背が高くなること、父親のように声が低くなることなどをエリックに伝えました。私は父親に協力してもらって、視覚的に身体の変化の例を説明しました。しかし、その成長過程はまともなことであり、さして大きな問題ではないということも強調しました。エリックが徐々に変化して、父親のようになるということをエリックに伝えたとき、エリックは文字通り「お父さんになってしまう」と考えていたことを、私はかなり後になって知りました。エリックはある日突然、身体が父親に変化してしまい、もはやエリックではなくなるのだと考えていたのでした。言われれば当然なことですが、エリックはおびえながら、変化が来る恐怖の日を待っていたのでした。エリックが考えていることがわかったとき、エリックにとても悪いことをしたと気づき、すぐにエリックはエリックのままであって、何も変わらないことを説明しました。しかし、彼の外見は非常にゆっくりですが、変化をし始めていました。背が高くなり、髭も濃くなってきていました。エリックはそれらのことを理解し、この現状を受け入れることができるようになりました。そのため、もはや思春期の身体的変化に悩むことはありませんでした。

親は、子どもが思春期で経験する成長過程を肯定的な面で聞く機会はほとんどありません。しかし、私たちの自閉症の子どもたちは、この時期に成長します。成長していくにつれて、子どもたちには柔軟性が出てき、また自己コントロールができるようになってきます。十代でさらに社会的興味が見られ、ソーシャル・スキルを発展させることにつながります。思春期になって始めて、子どもたちはさらに自立性を見せ、親からの助けに頼らないようになるかもしれません。ときに、自分の部屋にドシドシと入り、ドアをバタンと閉めたりすることは、今まで自立できていなかった子どもの親にとっては、有難いサインになるでしょう。

この時期、十代の自閉症児たちはまた、健常の子どもたちからの危険性およびストレスにさらされることがあるため、ちゃんとした保護をする必要があります。閉鎖的な仲間集団にいない十代の引きこもりは、友達の精神的重圧の影響を受けないかもしれません。また、かりに十代が、かなりルールに縛られている状況であるなら、夜に家をこっそり出たり未成年の飲酒に加わることはできないかもしれません。思春期に達した多くの自閉症児たちは、匂いや味に敏感なので、おそらくタバコをすったり、ドラッグを吸ったりすることはないと思われます。もちろん、このことは思春期の自閉症児が他に問題が起こらないと言っているのではありません。なぜなら、彼らは頻繁に問題が生じるからです。しかし、この不確かで変化の時期をとおして、親は子どもにとっての思春期の正しい意味がわかるのです。

レッスン4：機能レベル（実用的レベル）は成功度を唯一予測するものではない

もっともなことですが、私たちは自閉症の子どもが社会で生きていくうえで、必要な機能的能力（実用的な能力）について心配しています。将来、子どもたちがどれくらいの機能レベルに到達するのか心配です。子どもたちがとても小さいときでさえ、私たちは子どもが機能（実用）的にコミュニケーションを図ることができるようになるのかどうか、自立し就労し、そして対人関係を発達させることができるのかどうかなどを予測しようとします。こういう心配があるため、私たちは子どものためにできうる限り、あらゆるサポートや治療を受けさせようと考えるのです。子どもたちの認知能力（理解力）を高めれば高めるほど、子どもたちの生活が楽になり、また将来自立できるようになると考える親は多いものです。

私たちや多くの友人たちの経験では、例えその自閉症児がどのレベルにいたとしても（機能的に高いレベルであったとしても）、自閉症の子どもやその家族には問題が生じています。アスペルガー症候群や高機能自閉症の子どもを持つことは、（知的に重い子に比べて）彼らの生活がより楽になり、将来よりうまくいくということは必ずしも言えません。知的には高い自閉症の成人たちを知っていますが、彼らは仕事を見つけたり、仕事を継続していくのに苦労しています。また、自立して生活すること、社会で他人とかかわることなども大変です。逆に知的障害を伴っている自閉症者や、ことばの全くない自閉症者も数多く知っていますが、その中には働くことができ、サポートつきではありますが、グループホームで生活し、成功者と分類されてもいいような十分に活動的な生活をしている人もいます。

成功の定義は様々なため、一人の子どもの成功が別の子どもの成功とは必ずしも同じではないでしょう。私たちは時間をかけて、もっと子どもの発達に焦点を当てる必要がありますす。子どもたちの結果だけに焦点を当てるのではなく、子どもたちそれぞれの成功の定義は変化してきており、どこまで彼らが到達してきたか、またどれくらい彼らがこれから行かなければならないかにもよります。

★アンの場合

エリックが大人になってからわかったのですが、子どもが過去に高機能、あるいは低機能と診断されたかどうかは、成人した子どもの権利擁護をする上ではあまり関係ありません。公立の学校では、自閉症の子どもの障害レベルに応じてクラス分けがされています。そこには、できるだけ健常児と一緒のクラスで、子どもたちのためにより多くのサービスをしてほしいと訴える親のグループがいました。また逆に、自閉症に特化したクラスで、子どもたちをサポートしてほしいと主張する親のグループもいました。

多くの親が目標に向かって全力投球しなければならないと感じていると思います。もし全力投球がかなえられれば、自分の子どもの状況に端的に影響があるでしょう。一方必要なサービスの権利擁護のために、時間もエネルギーもほとんどない親もいるでしょう。いずれにしろ、一致協力して要求することがよい結果になるのですから、権利擁護のために、子どもたちを分断した状況に置くことは残念なことです。

自閉症の子どもが成人すると、すべてが変化します。ほぼほとんどの自閉症の子どもたちは、おとなの世界における機能的（実用的）な問題や社会性の問題、自己擁護、そして自立の問題など大人として必要な、いろんなレベルのサポートが必要になってきます。彼らの機能レベルに関係なく、発達障害のある大人に利用できるサービス資源や機関は少ないのが現状です。サービスの選択肢が限られているため、どんなに高機能の自閉症であっても、必要な援助を求めるために、奮闘していかなければならないのです。成人自閉症の親としてこれまでの経験から、大人になった子どもが、どこにスペクトラムがあろうと関係なく、一緒に協力し、権利を守っていく必要性があることがわかります。成人になると、機能レベル（知的に高くても低くても）は学校時代にクラス分けされたようにたやすく分類することはできないものと思います。

レッスン5：学校でうまくいったからといってすべてがうまくいくわけではない

多くの自閉症の子どもたちは、視覚的に学習することが得意で、その結果学校の勉強がうまくいくことがあるかもしれません。それは素晴らしい長所でもあり、その結果インクルージョン教育の扉を開くことができる場合も出てくるでしょう。しかしながら、学校の勉強がうまくいったからといって「ライフスキル」がうまく学習できるとは限りません。学校の勉強ができることによって大学に進学し、学位を得る場合もあるかもしれませんが、そのことが、ちゃんと働くことや自立して生活できることを保障することではないのです。学校での授業を学ぶ時間と、機能（実用）的なライフスキルを学習する時間のバランスをうまくとることが必要です。

★アンの場合

エリックの学校での勉強に関しては、私はいつもわくわくしていました。エリックが小さいとき、たしか三歳頃に本を読んでいたとき、他の子どもたちよりも読むのが上手だったのでとてもうれしく思っていました。エリックが遅れている分野すべてをうまく補える能力を高めようと考えました。しかしながら、エリックが中学生のとき、代数は得意なのに、マクドナルドに行って買い物ができないということがわかりました。おつりの計算はわかっていたのですが。学校に在籍しているときは、たしかに学業成績は大切ですが、エリックは自立するための「ライフスキル」をあまり身につけていなかったのです。

エリックが大学へ進むための準備をしたときが、いちばんこの問題が重要であると思いました。エリックが自立し、今まで経験したことがない毎日の生活で必要なことを真剣に考え、どんな学習をさせるべきかを考え始めました。もし、もう一度最初からやり直しが出来るのなら、私はエリックに機能的（実用的）ライフスキルを集中的に学ばせたと思います。ライフスキルについて、自立スキル・お金の管理・家庭内の管理などについて、早期からエリックに教え始めたことでしょう。学校での統合教育では、このようなライフスキルを教えることはありません。そのため、家庭や地域でのこれらの問題を教えるのは親の責任になってしまいます。自閉症の親として、子どもの学校での勉強を重要視すると、これらの大切なライフスキルを怠る可能性があります。

レッスン６：みんながみんな自閉症を治療してもらうことを望んでいるのではない

自閉症者の数は増加しており、彼らが彼らのままでいいという意味での権利を守ろうとするようになってきました。彼らはそのユニークさのために定型発達の人たち（注：いわゆる健常の人）の世界（neurotypical world）で歓迎されるべきであるし、彼らが貢献できる創造的な分野でも喜んで受け入れられるべきなのです。彼らは、アスペルガー症候群や自閉症を病気と考えていないので、治療の必要がないと主張しています。彼らは、自閉症がかなり細かいことに強迫的に集中し、非常にユニークな物の見方をするという点で、価値ある視点や革新的な技術を生み出すことができるものと信じています（Harmon 2004, p.A1）。自閉症の特徴を抑えるよりはむしろ、神経学的にノーマルな人が、ただ単に自閉症に寛容であるべきだと考えています。

自閉症の子どもをもつ親は、自己権利擁護活動を受け入れ難いと感じているかもしれません。とりわけ、子どもだけではなく、家庭に影響を与える深刻な問題を抱え、日々奮闘している場合は特に。親の本質は、子どもの生きにくくさせている状態全部を、取り除くようになっているものです。この問題について、話したりコミュニケーションが取れない自閉症本人がどう感じているかわかりません。また、自分の生活に影響する自閉症の行動を減少させる私たちの努力をどう支持するかわかりません。私たちは、「自閉症は自閉症のままでいい」という自閉症の権利を尊重し、彼らを援助するため、もっぱら彼らの視点を考慮しようとしているに過ぎません。幸運にも、自閉症の視点を理解してもらえるような、テンプル・グランディン、ジェリー・ニューポート、スティーブン・ショア、ライアン・ホリデイ・ウィリーなどによって書かれた本があります。

私たちの友人であるデイブ・スパイサーは、親と自己権利擁護者間の討論で双方の言い分を理解しています。デイブは、四十六歳のときに高機能自閉症・アスペルガー症候群と診断を受けました。続いて彼の息子もまた八歳のときに同じような診断を受けました。「多くの親と何人かの自閉症の人たちの間で、葛藤が生まれているようです。……『治す（cure）』という言葉をあげたり、現象を捉えたりして。それはとても対立しているように見えます。」デイブはこのような論争に費している精力を心配し、これらの問題に異なった視点を提供してくれました。自閉症には「いろんな仮説をもった神経配列がある」と考えてみてはどうでしょう。もちろん自閉症は難しい問題行動を頻繁に伴っています、デイブはそれを「副作用」があると考えてもよいと提案しています。彼はそのような行動が巻き起こす問題をみくびっているわけではありません。彼はこういう議論を違った見方でとらえなおして、ややこしい状態を均衡の取れた状態にできるかもしれないし、もっと市民が話し合いをもち、そして分断を減らしていくことを望んでいるのです（Spicer 2005, pp.11-12)。

第8章 世間一般の人たちとの対応

私たちの社会では、世間一般の人たちが、私たちのことをどのように捉えているのか、また一般の人たちの考える基準を受け入れる際に、どう考えたらいいかとても大切なことです。私たちを好きになってくれて、受け入れてくれる人たちを望んでいます。親として、子どもたちを受け入れて欲しいのです。そのことが子どもに障害があるときには、より重要になってきます。一般の人たちが私たちの子どもに対してどのように対応してくれるかは、子どもたちの自尊心や親としての心構えに直接影響を与えます。

「一般の人たち」とは、出会うすべての人たちを含みますが、その中には、私たちの家族や子どもと関わってくれる教師やセラピストなどの専門家は含まれていません。この中には、私たちの子どものクラスメート、警察官、近所の人たち、スーパーやショッピングセンターなどで出会う人たちが含まれます。私たちのこと、子どものこと、おそらく自閉症のこともほとんど知らない人や知人も含まれます。

なぜ、私たちは自閉症児やその親を知らない人たちの対応を気にするのでしょうか。他の人たちのコメントや判断にどのように敏感になっているかは、私たちの性格などによるものと思います。第3章で、自閉症のきょうだいがいる健常の子どもたちが、他人の意見にどのように反応するかについてのタイプ〔テフロン〔寄せ付けない〕型、マジックテープ〔くっついたり離れたりする〕型、接着剤〔粘着〕型〕について書きました。親も同様にこれら三つのタイプのどれかに該当するでしょう。そのタイプによって、自閉症の子どもたちが一般の人たちの意見にさらされるとき、親たちが感じる苦痛や困惑のレベルはかなり変わってきます。テフロン型のパーソナリティの持ち主は、他人が何と言おうがへっちゃら

シャーロット（ノースカロライナ州）

で、何を言われても馬耳東風なのです。マジックテープ型のパーソナリティの人たちは、子どもに対する一般の人たちの意識がちょっとの間だけ、気になっても結局は回復できるのです。しかし、接着剤型のパーソナリティを持っている親たちは、子どもたちに対し、実際感じる世間の不親切さを、永遠に接着剤のように覚えているかもしれません。

☆モリーンの場合

マイケルとパトリックは、自閉症の兄ジャスティンの行動に対する他人の反応にまったくテフロン型でした。マイケルたちは、完全に接着しないテフロン型の父親ロブの性格を引き継いでいました。私はというと、若い母親だったときは、典型的な接着剤型でした。ジャスティンの行動に世間が反応すると、こんな生活がいつまでも続くと心を痛めていました。

私自身の今までの経験と遺伝が混合されて、他人の意見を誇張する傾向が残っています。私は家族や他の人たちのことを見ながら成長してきました。人から好かれているかどうか悩み、良い印象を与えるように努力してきました。公共の場でジャスティンといるとき、落ち着いている印象を与えたいと思っていました。一つもいいことがないのに。

私はジャスティンの破壊的な行動に責任を感じていました。まるで、自分は何も悪いことをしていないのに、クラスの子が悪いことをしたとき罪の意識を感じる小学生のようでした。私のジャスティンに対する母親としての熱烈な愛情が、「あなたと私は世間から嫌われているのよ」といった態度をつくっていました。そうすることは、ジャスティンを強く守らなければならないという気にさせるのでした。しかし、一方では、私の生活のほとんどがジャスティンと一緒になっていました。ジャスティンの成功も失敗も私自身の成功と失敗になってしまうのです。

多くの親は、公共の場で子どもたちと一体になって共感する可能性を分かち合っています。授業参観や運動会などに参加すると、お子さんたちがそれなりの成果をあげるのを、楽しんでいる親を目の当たりにします。何年もの間私は、こういったよき親として、マイケルとパトリックの成果を楽しんできました。しかし、ジャスティンに関しては、このプロセスは全く逆でした。親は子どもの失敗があったとしても、それを楽しんでしまうことができます。ジャスティンの行動の場合、私は困惑と恥ずかしさを感じていました。

ジャスティンが小さい間は、彼の行動で私は多くの苦しみの時間と弁明の時間を費やしていたのです。ある親切な教師からの短いコメントによって、私はそれに終止符を打つことになります。ある日ジャスティンを幼稚園に連れて行ったとき、その日の早朝にジャスティンが噛み付いたのだそうです。私はいつものように猛烈に、彼女がやめるように言うまで謝り続けました。彼女は私の目を見て静かに言ったのです。「大丈夫ですよ、モリーンさん。私を噛んだのはあなたじゃないんですもの。ジャスティンのやったことに、そんなに謝り続ける必要なんてありませんよ。」それは、適切な人が適切なときに、状況を見抜いて適切に言ってくれたつかのまの出来事でした。

私たちの文化では、子どもの行動によって、親を判断する傾向があります。どんな子どもの親でも、障害があろうがなかろうが、世間では親の教育の結果として子どもの行動を見てしまうかもしれません。コンサート中は静かに座っている、あるいはお客が家に来たときには、お利口でいられるような子どもに、誇りをもたない親はいないでしょう。他人が私たちの子どもの行動を褒めるということは、私たちの教育が良いということを褒めているのと同じなのです。しかし自閉症の親の場合は、（自閉症の行動によって）公の場で子どもの行動に当惑させられるだけではなく、その状況をコントロールできない、あるいは生じたハプニングを、うまく対処できない失敗感も味わうのではないでしょうか。自閉症の子を持つ親は、頻繁に重大な決定をしたり、複雑な行動や骨の折れる治療法に対処したり、またそれと同時に、家族の中での他のきょうだいみんなのニーズのバランスを取らなければなりません。私たちが際限なく出くわす危機の嵐と渡り合うことに、力不足と感じるのも無理からぬことです。一般の人々が、私たちの子どもに対して否定的な対応をすると、もとからある親としての能力がないという気持ちが増すのです。

私たち個人の性格にもよりますが、自閉症児に対し世間がどう思うかという私たちの感じ方は、私たちの個人的な経験に影響されるでしょう。この感じ方は学校での経験や、知らない人と始めて会ったときの感じ方に似ているかもしれません。そして、子どもに関する不安から――子どもたちが拒絶されるという不安、さらに悪い場合には子どもたちが利用されるという不安――もっと悪くいえばカモにされる不安があるから、知らない人たちの反応にはより敏感になるでしょう。

自閉症児の親は、子どもが公の場所で問題行動を起こしたとき、スーパーの中で誰かが自分の子どもについて何かしゃべっているのを聞いたとき、また知らない人から批判的な目で見られたときなどには、言い尽くせないほどの苦痛を感じます。私たちはすでに、障害のある子どもの親として、数多くストレスのある生活をしているのです。そんな中で、世間の目に気を配るのは非常に難しいものです。予期できない行動をする自閉症児の親は、（そのような行動を）理解してくれない人たちからは、否定的な目を向けられます。そんな経験をしたくないため、益々孤立感を深めていく可能性があります。

自閉症の子どもが環境に適応できないという事実は、さらに複雑さを増してきます。多くの自閉症の子どもたちは、身体的には明らかな障害がないので、世間の人たちは障害など何もないのではないかと思いがちです。それゆえ、子どもが奇妙な行動を示し、特別なサポートが必要である場合、一般の人たちは子どもが意図的にそのような行動を取っていると思うかもしれません。あるいは親が過剰反応していると思うかもしれません。

統合教育に含まれる自閉症の子どもや、健常児のプログラムに入る多くの自閉症の子どもたちは、子どもが目立ちすぎたり、常に他のものに注意をそらしてしまったりするために、特別なサポートが必要となることがあります。その時点になると、障害をオープンにすべきかどうかの問題が生じてきます。学校の教師や教育委員会などの専門家に（子どもが自閉症ということを）伝えますか？　他のクラスメートたちに、子どもの障害について知ってもらいたいですか？　健常の子どもたちの親はどう思うでしょうか。自閉症の子ども自身が、他人に自分の診断結果を知らせたくないかもしれないということを、心に留めておかなければなりません。もしオープンにせず、その結果子どもが苦しい思いをする場合、障害のことを理解し、援助を差し伸べてくれる人が誰かいるでしょうか。

★アンの場合

エリックの成長の間ずっと、私はこの問題に悩みました。エリックは学校、あるいは学校外でのプログラムの中で、「健常」な子どもたちと一緒に学ぶことができる能力はもっていました。しかしながら、エリックは常に何かしらの援助を必要としていましたし、彼の行動は友だちから見ると奇妙に見えるものが多かったのです。学校では、エリックの必要な状態をオープンにした方が楽になると感じましたが、キャンプや学校外の短期間合宿のプログラムでは、そう簡単にはいきませんでした。もし私が、そこで関わる人たちに、降りかかる問題やエリックが必要とする援助をお願いしたら、彼らはエリックをプログラムに受け入れることはできなかったかもしれません。自閉症のことを彼らに何も言わないことで、エリックを種々の問題から避けることができると考える手だったのです。私はエリックに可能な限りその場に適応して欲しかったし、うまくいくかもしれないのに、それを差し控えたくはありませんでした。

学校の中やキャンプで、エリックが自閉症であることを知らない子どもたちの親と一緒のときは、とても居心地の悪い思いを何度もしました。もし私がエリックのことを正直に伝えていたら、彼女たちはつまらない質問をしてくるでしょう。（エリックはどの学年に入っているの？　エリックはスポーツをするの？　エリックは校外見学などで、他の二年生の子と一緒に行くの？）。また、エリックの奇妙な行動を、他の母親は「彼は何をしているの？」と尋ねることもあるでしょう。私は必要があればエリックの自閉症状的特性を説明することに戸惑いはありませんでしたが、必要でないときにはできるだけ会話を避けるようにしていました。自閉症のことを誰に知ってもらうべきか、また誰に教える必要がないかなどを決めるのにはいつもジレンマがありました。

私たちは二十年以上にもわたって初めてあった人たちからの質問に答え続けてきました。そして、誰に（エリックの障害を）オープンにし、何を言うべきかを決めてきました。現在、私たちの子どもたちは成人し、どの程度話すべきかを決めるのは依然として難しいことですし、私たちの子どもたちが不当な対応を受けると、未だに嫌な気持ちになります。こういうことに長い間かかわってきたことで、実は、大して重要ではない反応に対しては問題にしていません。他人の無礼なコメントに関しては面の皮が厚くなってきたので、自閉症について彼らを教育する機会を得たと経験をもって学んでいます。しかし、いつもこのような方法を取っていたわけではありません。診断後の子どもが小さかったときは、世間の目に対応するのはとても大変でした。以下に、役に立った方法について述べさせていただきます。

レッスン１：家族全員のためになる外出を考える

家族のみんなが楽しいときを過ごし、何も問題がおきない家族旅行ができることをいつも願っています。それを成し遂げるためには、自閉症の子どもに合うもので、トラブルで混乱がないような活動を選ぶことが大切です。なぜなら、多くの自閉症の子どもたちは集中力に限界があるので、外出を計画する際に、まずそれを考えなくてはなりません。待ち時間が短いか、また全く待ち時間の必要がないような場所を選びましょう。自閉症の子どもの興味やスキルに関連するような場所を探し、子どもたちの注意を集中させるのです。もし、かなり見通しが持てるもので、常にパターン化されている活動を選ぶことができるなら、自閉症の子どもでも容易に参加することができるでしょう。

★アンの場合

映画を見に行くことは、エリックと一緒に行動できる私の大好きなことの一つでした。映画館では子どもたちみんなが楽しむことができました。エリックが小さいとき、映画が始まる前の予告編でちょくちょくトラブルが起きました。予告編の音声が耳を押さえるほどとても大きく、エリックは予告編を見せられるのが、嫌だったのです。また、恐怖シーンが出てこないかと不安がっていました。ときに、私たちは予告編が終わるまで映画館のロビーに立っていなければならず、予告編が終わった後に席に着くような状況でした。それらをはずせば、エリックは座っていられましたが、実は、予告編の中でも好きなシーンがある場合は喜んで見ていました！

エリックはディズニーの映画が大好きで、最初から最後のエンディングシーンまで、完全に見ないと気がすみません。私の友人の中には、お子さんが映画を最後まで集中してみることができない人もいました。エリックは映画が上映されているときは、決して座席を立とうとはしませんでした。ある日私たちが映画を見ていたとき、想像以上に恐ろしい内容のものがありました。その映画は娘のセイラにとっては本当に恐ろしいものだったので、セイラは映画館を出たがっていました。私はエリックの耳元にささやきました「この映画はセイラがとても怖がっているみたいなの。出てもかまわない?」と言うと、(本当は映画館を出たかったためか) エリックはホッとした表情を表しながらも、驚いた表情で言いました。「お母さんは、ぼくたちみんなが出るということを言ってるの?」エリックは不安そうな表情でそこに座ったままでした。なぜなら、映画館を出られるとは、全く考えていなかったからでした。

様々な活動が、自閉症の子どもに合っていないことを理解するのも、同様に大切なことです。自閉症の子どもたちは感覚に敏感であることを思い出してください。感覚に敏感な問題を最小限にするような場所を選びましょう。自閉症の子どもの中には、多くの人たちが騒いでいるようなところは、ふさわしくない場合があるでしょう。視覚的な刺激が多すぎる場所も、自閉症の子どもによっては、マッチしていないこともあるでしょう。同様に安全性の問題も考えなければなりません。子どもが「走り回る」といった多動な子の場合、こういった場所は安全でしょうか。

★アンの場合

校外学習で農産物品評会(秋祭り)に出かけたときに、自閉症生徒のクラスや、グループホームにいる自閉症者を見たとき、私はとても驚きました。そこは、自閉症の人たちにとって刺激が多すぎる場所だったからです。大声を上げて野菜を売っているお店の人の声や流れてくる音楽、ごった返しの人混み、ソーセージや露店菓子、ジャンクフードなどの匂い、まぶしい光やカラフルな色などは、自閉症ではない私でさえ圧倒されてしまいます。自閉症の子たちはどのように対処するのでしょうか。このような活動が私たちの愛する自閉症の子どもたちにとって、正しい選択であったかどうかとても疑問に残ります。

ときに、自閉症の子にとって適切とはいえない活動がありますが、そういう活動が家族の休息としては望まれることもあるのです。そんなときは、ほかの子どもたちのニーズに合うような選択肢を考えなければなりません。両親のうちどちらかが家にいる、あるいはもう一人が自閉症児と一緒に活動をすることが必要であるかもしれません。一方、他の親がきょうだいのために違う活動をすることも考えられます。ときには、家族の休暇として一緒に旅行などに出かけている間は、自閉症の子どもと一緒にいてくれる人にお願いする必要もあります。これは必ずしも私たち自身のことだけを優先しているのではなく、家族全体としてもっともいいことであれば、必要なことでもあるのです。好きではない活動に参加させて、結果として自閉症児を苦しめることになるようであれば、それは理にかなったことではありません。また、自閉症児が参加できないからといって、他のきょうだいに何もさせないのも正しいことではありません。親は家族メンバーの「みんな」にとって最もよいことを考えてあげる必要があるのです。

★アンの場合

とりわけエリックが小さかったとき、全くうまくいかない外出がありました。レストランは遊び場のあるマクドナルドを除いて、得てしてうまくいかない傾向がありました。エリックは立って列に並ぶことがダメで、食べ物が運ばれてくるのを待つのが苦手でした。多くのレストランでは、エリックが食べることができるようなものがなかったので、エリックが食べることができる物を持っていかなければなりませんでした。ある日、私たちはお昼をファストフードではない、素敵なレストランで取ることにしました。私や他の子どもたちはレストランで出される食べ物を食べることができますが、エリックはそれができないので、マクドナルドの食べ物を持っていきました。私たちがレストランで座って食べているとき、レストランのマネージャーがやって来て言うのです。「このレストラン以外の食べ物を、持ってくるのは許可されていません。二度とそのようなことを、しないようにしていただけませんでしょうか。」私たち二人はそのレストランで注文した料理を食べて、ちゃんと支払いもしているのです。私たちはレストランの営業に貢献しているのであって、妨害しているのではないと思っていたのでした。でも、もう二度とこの店には来るもんかと誓ったのです。場合によっては、受け入れてくれて、エリックのための食べ物を持参しても大目に見てくれるレストランもありました。

レッスン2：不測の事態のすべてに準備をしておく必要がある

公の場で自閉症児がうまく対処できる経験を持つためには、前もって準備しておくことが必須の条件です。生じうるすべての可能性の準備をしておけば、楽しく過ごせることが増えていきます。私たちはいくつかの役割をこなさなければなりませんが、長い目で見ると決して難しいことではないでしょう。私たちは、自閉症の子どもが家から離れる際に、必要なことを前もって考えておく必要があり、またうまくやっていけるような活動を選び、常に支援体制を持っている必要があります。

外出の際に必要とされるべきものは、すべて持っていくべきです。子どもが必要とし、外出した場所で役に立つ物を考えてみましょう。待ち時間などがある場合に、自閉症の子どもが楽しめるようなゲーム等を持っていくことは、とても役に立ちます。このような「安心できる」グッズは、子どもが混乱した際に、落ち着かせるために役に立ちます。飲み物やお菓子を持っていく際は、すぐに飲んだり、食べたりできるものが役に立ちます。着替えも持っていくことが大事です。

外出先で、もし何か壊してしまうようなことが起こったら、どのようにしたらいいでしょうか？　すぐにその状況を回避でき、できるだけ興奮を鎮めることができるような手立てをもっていますか？　すぐに出口に行かなければならない状況となった場合は、前もって出口を調べておくことも役に立ちます。パニックなどがあった際に、他の子どもに無理強いすることなく、自閉症児だけを出口まで連れて行けるような大人の援助がありますか？　最悪の状況を準備しておくことは、とても大切です。運が良ければ、プランＢ（もう一つのプラン）の方法は必要でないかもしれませんが、もう一つのプランを考えておくことは懸命なことだと思います。

同様に子どもたちにできるだけ多く準備することが大切です。子どもたちが、簡単に理解できるような方法であれば、どんなものでも準備しておく必要があるでしょう。例えば、口頭で知らせたり、あるいはスケジュール、視覚的なカード、具体物を使ったりすることなどです。移動の際にどこへ行くかということを前もって知らせておくことは、とても有効な手段となります。自閉症の子どもの中で、日々の決まったパターン化した独自のルールがあるような場合には、何をすべきかを視覚的なリストで示したり、説明が書いてあるものを使用したりすることが役に立つ場合があります。また、楽しい活動から次に移動する場合、問題も出てくるので、次に何を行うことが重要なのかを伝える準備をしておきましょう。さらに、子どもが意味がわかるようなものであれば、どのような方法でも伝えることが必要です。

☆モリーンの場合

私たちが何か活動を行う際に、ジャスティンを含めてうまくやっていくためには、前もって計画しておくことや柔軟な対応が必要でした。ジャスティンの状態を評価しそれに従って計画を立てることが最初のステップでした。もしジャスティンが行動の抑制がうまくいかない場合、動き回る彼の行動を制限しないような活動を選ぶ努力をしました。私たちは、大勢の群集の中ではなく、また一列に並ぶ必要のない活動を探しました。他の子どもたちのためには、自分たちが好きな活動を選ぶようにし、ジャスティンのために一つだけの活動しか選べないような状況にはしないようにしました。なかでも、ファストフードレストランのドライブスルーで買ったピクニックランチを持って、州立公園をハイキングすることが気に入っていました。また、借りたピクニック用のロッジ近くにある私たちだけのプライベートビーチを見つけ、湖で泳ぐことにより、いっそう楽しいものとなったのです。そういう場合は、大人二人に対し、車が2台あるといいと思います。ジャスティンの機嫌がいいときは、私たちはもっと大胆になりました。

美術館やショッピングセンター、ボーリング場に行く可能性があったからです。ボーリングそのものに熱心ではないジャスティンは、ボーリング場の天井にある扇風機に夢中になっていました。ボーリング場では、街で一番美味しいフライドポテトが食べられるので、ジャスティンは家族の休暇として揺るがない確信を得て参加しました。

前もって培われていた私のガールスカウトとしての感性は、（記憶によれば悲惨な外出が少なくない）地域に出て行くための一つのパターンを培ってきました。「もし何かあったら」というシナリオすべてをちゃんと考えておこうと。必要であれば、ジャスティンと一緒にすぐにその場を離れるすべも必要でした。それで、私は車を運転し、計画した新しい場所を必ず下見したのです。また、最も近い駐車場および入口、出口、トイレの場所をチェックしておきました。可能性があるときはいつでも、一列に並ぶのを避けるために前もってチケットを購入しておきました。私は従業員に、このビルがもっとも人が混まないときはいつかと尋ねることもありました。また、あらゆる事態を避けるために、ビルの中のいろんな場所を探しておきました。ジャスティンには、食堂や壊れやすいものが展示してあるギフトショップには行かせないようにしました。ジャスティンに失敗経験をさせたくなかったからです。

私がもっと早く始めたかったのになあと思ううまい手は、学校の自閉症クラスが地域トレーニング活動で使っていたレストランやお店に頻繁に連れて行くことでした。そこには、自閉症の子どもたちを喜んで迎え入れてくれる、いくつかのファストフード店、八百屋、小さなショッピングモールがありました。これらの店のオーナーには自閉症の子の親もいました。このような店はジャスティンを連れてくるのが楽なだけではなく、自閉症の客が来ることを喜んでくれる彼らの姿勢に触れることができるため、私も常連の客になりたくなりました。

レッスン３：数が多ければストレスは軽減される

自閉症の子どもに対する世間の反応が冷たいとき、二人一組になって行動することも有効です。私たちを困らせることも、一人で対処しなければならないときに比べて、友人と一緒のときの方がストレスは少ないものです。ときに、その状況が楽しく感じられることさえあります。

☆モリーンの場合

ジャスティンが5歳のある日、しっかりと手をつないでジャスティンが後ろから歩いてくるようにして、アイスクリームショップを出ようとしていました。私が一緒に行った友だちと話していたとき、近くのテーブルに座っていたある女性の悲鳴が聞こえてきました。彼女のテーブルを振り返ってみると、彼女のクリームサンディの大きなカップの中にジャスティンの手が入っているのが見えました。ポタポタとしずくが垂れているアイス、かき回されたアイスとチョコレート、そしてテーブルの上にこぼれたナッツ類。もし私が一人ぼっちだったら、穴の中に入りたかったことでしょう。しかし、私は友人と一緒だったので、笑いをこらえるのが大変でした。私は吹き出すのを必死になってこらえて、謝ろうとしました。笑いを噛み殺して、クリームサンディの弁償をその女性に申し出たのですが、彼女は唖然とするあまり、何も反応しませんでした。友人と私は店を出た後、ジャスティンの手を拭きながら、笑い転げたのでした。いずれにしても私は、「ジャスティンと店の中などで一緒のときは、必ず前を歩かせる」と胸に刻んだのでした。

もしあなたが、外出したときに接着剤型あるいはマジックテープ型の性格なら、テフロン型の人たちと一緒にいると気が楽になります。おそらく、他人の判断やコメントに影響されないテフロン型の人の能力は、私たちにとっても嫌な思いを薄れさせることだと思います。私たちが知っている「自閉症の母親」としてもっとも面白い話を持っている友人がいます。以下の物語は、テリーというテフロン型の女王と呼ばれている自閉症の母親の話です。

■テリーの場合

ダラスが三歳で、まだことばが全くなく、自閉症と診断されたとき、私は新しくできたばかりのショッピングモールに連れて行こうと思いました。私たちはシアーズという店で買い物を終えました。買い物にはダラスのほかに十三歳になる息子と同じ年のいとこを連れて行っていました。二人は私には理解できない、ティーンエイジャー用語で話していました。(「ことば」は「ヒーロー」、「太った」は「いいこと」、「犬」は「友だち」などを意味しているようでした)。買い物をしていたとき、上の息子がダラスがいなくなったのに気づきました。私たちはできたばかりの新しいショッピングセンターだったため、何がどこにあるかわからなかったので、パニック状態になってしまいました。ダラスを探すためにいろんな道を試行錯誤して走り回りました。ダラスはまだ自分の名前を誰にも言えなかったので、私の心臓は脈が早まっていました。私はショッピングセンターの管理者を見つけて、警戒態勢を取ってもらうことにしました。

ついに、息子たちがダラスのいる下の階からエスカレーターで叫びながら走ってきました。子どもたちはまた私に、「ダラスがダンプカーを取っちゃったよ」と知らせてくれました。私は、ダラスがおもちゃ屋でトラックのおもちゃで遊んでいたということを聞いて、ほんのちょっとうれしい気持ちになりました。というのは、それまでダラスはおもちゃに興味を全く示さなかったからです。これは大きな発見でした。子どもたちは私より先に行って、そして私たちはおもちゃ屋を通り過ぎました。ダラスはいません。

子どもたちは私を配管用品売場へ連れて行きました。ディスプレイされた便器の真ん中にダラスが座っていたのでした。それも使い捨て紙おむつを足首まで垂らして。私の心臓はまたもや高鳴りました。というのは、これはダラスがトイレットトレーニングに興味を示した最初のサインだったからです。私はわくわくしました。もちろん、通りすがりの人が集まってきたので、子どもたちは恥ずかしがっていました。私はダラスをその便器からおろしました、そしてトイレでうんちをしたいことが分かったのです。子どもたちは一様に（彼らのことばで言うと）「キモい」ことだったでしょう。ダラスは私を見て言いました。「ダラス、うんち出る。」これが、私がダラスのことばをはじめて聞いた瞬間でした。集まった見物人の中から、一人の天使のようなウイングチップの靴をはいた男性が現れ、ブリーフケースの中から刺繍の入ったハンカチを出して、ダラスのことを拭くように言ってくれたのです。私は誇りをもってそうしました。何と素晴らしい日だったことでしょう。

この物語のあとには続きがあります。ひょっとしたらこのドラマの核心なのかもしれませんが、テリーはこの店のマネージャーと親しくなりました。そしてその後彼女は彼に従姉妹を紹介し、二人は結婚したのだそうです。（もちろん、これは作り話ではありません、神に誓って……）

レッスン４：誰かほかの人にお願いしてもかまわない

親は自閉症の子どもたちに、地域に参加してもらいたいと思っています。しかしながら、その目標を子どもにかなえさせられるのは、私たちだけではありません。もし、世間の目が私たちに不安感や居心地の悪さを感じさせるのなら、他の人たちにお願いして、地域参加の機会を設けることができます。

☆モリーンの場合

ジャスティンが小さかった頃から、私はジャスティンにリクリエーションを楽しんだり、地域に参加したりできるような生活スキルを練習できる機会を与えたいと考えていました。問題は、ジャスティンが公の場で破壊的行動をするのではないかという心配でした。そのとき、ジャスティンに地域活動をさせる能力があるのは、私だけではないということに気づきました。実際、リスパイトサービスのスタッフはいつも不安を減らしてくれましたし、私よりもより大胆でした。彼らがジャスティンを連れて行くところに私は驚いたものです。セサミストリートのライブが実施されているところ、教会でのサービス、座っていなければならないレストラン、人が密集しているローラースケート場、そしてショッピングセンターなどでした。ジャスティンはそういった活動にはいつもうまく対応していました。ジャスティンが、地域に出ると何か問題を起こすのではないかという私の心配に、ジャスティンは影響されていたものと思います。ジャスティンのリスパイトケアのスタッフは、とてもリラックスしており、また自信もある人たちだったので、ジャスティンをリラックスさせ、自信を持たせるように感じさせてくれる人たちでした。

レッスン5：どれだけの情報を与えるべきか注意して選ぶべきである

親は、自閉症の子どもについての情報をどのように共有すべきか考える必要があります。すべてをオープンにすることは、必ずしも良い決定とは言えない場合があります。当然のことですが、子どもと深い関わりを持つ教師などの専門家には、自閉症について、および子どもの長所と短所を知らせることは必要です。長い期間にわたって、子どもとの関係を構築していこうとする人たちには、自閉症のことを知ってもらうべきです。しかし、サマーキャンプで手伝ってくれる大学生、代用教員、サッカーチームのコーチなどは、子どもとのかかわりはほんのわずかな時間ですがどうでしょうか。彼らは診断や自閉症のニーズの理解を知るべきでしょうか。

親はまた、地域で普通に接触する人たちにも考えてもらう必要があります。例えば、となり近所の人たち、教会のメンバー、床屋さん、八百屋や図書館の人たちなどです。どれくらいの情報を彼らに話すことが必要で、また彼らはどれくらいの理解をしてくれるでしょうか。予測できない行動をする自閉症の子どもを持つことによって、親は常に「もし何かあったら……」という考えを持っています。となりの人の家で遊んでいるときに何かあったら、何かを必要とするため突然家に戻ることを決めたときに、どのように安全に道路を渡るべきかを知らないかもしれません。このような可能性があり、もし何かあったらどのような対応をすべきかをとなり近所の人たちに伝えることができますか？

子どもが教会でうるさい音楽を聞いたときに、混乱したらどうなるでしょうか。教会職員やあなたの周りに座っている人たちに、生じるかもしれないことや、なぜ生じたかを説明することができますか？　誰に伝えるべきか、またどのくらいの情報を伝えるべきかを決めるのはとても難しいことです。

ライアン・ホリディ・ウイリーの著した『親はノーマルであるべき』という本の中で、自分自身も自閉症であるといった親の視点から、オープンにすべき問題を提起しています。彼女は、診断されたことについて、知る必要のある人たちとそうではない人たちの二つの異なったグループに分けるといいと述べています。教師、雇用主、コーチ、公の機関の人たちは知ってもらう必要がある部類に入ります。彼らは子どもたちの個人的な活動や将来に影響力があるため、知ってもらう必要があるわけです。安全性の問題から、知ってもらう必要があるときも、オープンにすることは大切です。他に知ってもらう必要がある人たちには、親友、親類、ルームメート、職場の同僚、恋人など個人的にとても親しい関係がある人たちです。ホリディ・ウイリーは、医者、カウンセラー、牧師さんなども知ってもらう必要がある部類だと感じています(Holliday Willey 1999)。

逆に、オープンにする必要性については、「すべてを話すこと、あるいは何も話さない」という極端な二者択一ではありません。プールのインストラクターに、すべてを知ってもらう必要性があると決めても、彼らに自閉症の定義や診断基準を知ってもらう必要はありません。ただ単に、援助が必要な子どもであるということを告げるだけでいいわけです。おそらく、子どもが何らかの学習障害があり、指導する過程でより多くの時間が必要かもしれないとインストラクターに言うだけでよいでしょう。たぶん、子どもが顔に水が当たる感覚に過剰に反応してしまうかもしれないという、感覚の問題についての情報を提供するだけでいいでしょう。診断結果などではなく、必要とされる情報のみを伝えることは、可能なことだし、理にかなったことです。

★アンの場合

何年も経ってから、子どもが自閉症であることを他人にどのように伝えるかについて、多くの異なった内容の話を聞きました。フランス出身で、子どもが小さいときアメリカにやってきたおもしろい母親の話があります。「息子はフランス人なので、ちょっと変わった行動をするところがあるの」と彼女は始めて会った人たちに言いました。またスーパーで、彼女の息子をじっと見ている人たちに対して、静かに、しかし躊躇することもなく、「息子はちょっと遅れているの。だからこんな行動をするの」と言うのでした。私は彼女のありのままの行動にかなり驚きましたが、彼女の素直さにとても敬服したものです。

長年の私の経験から、それぞれの状況に応じて個別に対応しなければならないということを感じています。それぞれの状況で、その人に知らせるのがどれくらい重要なのか、またどれくらいの量を彼らは理解できるだろうか、そして情報をオープンにすることは本当に役立つかどうかなどを評価しなければなりません。私は息子の障害を、知る必要のある人たちに説明するためには、「自閉症」という言葉を使うのは、とても楽だと感じていました。しかし、すべての親が同じように感じているわけではありません。自閉症ということをオープンにする親の意思は、常に個人的な判断に委ねられることになるでしょう。

レッスン6：オープンにするかどうかは自閉症の子どもの意思を尊重すべき

自閉症の子どもの中には、自分の障害をオープンにするかどうかについて気持ちを共有できる子もいます。子どもたちが小さいときや、自分の権利擁護について詳しくわからないときは、親は誰に、何を言うかに関する決定をしなければなりません。しかしながら、彼らが成長するにつれ、自分の障害をオープンにするかどうかを、伝えることができるようになる子も出てきます。多くのアスペルガー症候群や高機能自閉症児は自分の障害について知っていますし、どのように他人に知ってもらうかに敏感になっているかもしれません。オープンにするかどうかを決める際には、子どもがその決定に参加できるなら、子どもの意見も聞くべきです。

自分でオープンにすることを決めることは、子どもが小さいころに、親としてしなければならなかった決定に似ています。自閉症ということを誰に言うか、またどのように言うかについては多くの親が悩んでいます。自閉症児も同じように苦悩しているかもしれません。異なった選択肢について子どもと話し合ったり、私たちのアドバイスを共有したり、オープンにしたりするときの彼ら自身の感情を理解することによって、私たちは援助することができます。自分でカミングアウトをしようとする意思は、彼らが自分自身を、そして自閉症やアスペルガー症候群であることを、カミングアウトすることで精神的に楽になると感じるかどうかによるでしょう。この楽に感じるレベルは、彼らがどれくらい長い間自分たちが他人たちと違うということを意識していたか、彼らが公の診断を受けてどれだけ長い期間が経過してきたかのような要因に影響されるかもしれません。彼らが自分の障害についてどのように認識しているか、彼らは過去に友だちや地域の人たちとどのようなことを経験してきたかもまた、重要な要素になりえるでしょう。もし、自閉症児が自分のことをオープンにすることを決めたらなら、この情報を共有するためにもっとも負担の少ない方法を選べるようにしてあげることができます。

★アンの場合

エリックは、大学の学期を修了するとき、できれば高校とは違った風にしたかったので、教授たちに自閉症であることを伝えるべきかどうか話し合いました。私たちはまた、「対人関係コミュニケーション」と呼ばれる授業を、次の学期に取るかどうかについてずいぶんと心配していました。それはエリックにとっては、とても難しい授業だとわかっていたからです。私たちはオープンにすることについての良し悪しを話し合った後、エリックは教授たちに自閉症であることを知らせることに決めました。

エリックは教授と自閉症について会話を始めることに緊張

していました。エリックにとっては、次の学期が始まる前に教授に手紙を出すか、手渡せる紙に書く方法が楽でした。エリックを担当していたセラピストは、エリックに「学習ガイド」を書かせました。このガイドでは、エリックは自分が「高機能自閉症」という学習障害を持っていることを述べ、それから彼がどのように学習障害の影響を受けているかについて述べました。エリックはテストを受けるときの困難性、自分自身および自分の道具をまとめたりすることができない、講義で適切なものと不適切な情報との差がわからないといったことを書きました。続けて、エリックは自分が理解できる方法についても述べました。たとえば、テストの時間を延ばしてほしいこと、ノートのコピーが必要なこと、宿題を前もってわかりやすく伝えて欲しいことなどでした。エリックはまた、フィードバックのために、教授とのミーティングを定期的に持てればとても助けになることも述べました。今のところ、教授からの反応は肯定的なものであり、エリックはこの方法で教授に自分の自閉症という障害を伝えたことを喜んでいます（Palmer 2006）。

自閉症という障害をオープンにすることが、肯定的な問題と考えられるかという新しい局面が出てきます。警察官や救急隊員、消防士のような人たちと良い関係を作ることは、子どもの安全性を保つためにはとても重要です。しかし、自閉症の多くの行動は、誤解されがちであり、緊張した状況を悪化させる可能性があります。誤解を防ぐためには、警察官や他の緊急の際に関わる人たちに、自閉症についての情報を書かれたものを渡すことが有効であり、また口頭ですぐに提供できるようにしておくことも役に立ちます。

レッスン7：公の場で親にとって有効なのは、仲間を作ることです

以前に比べると、地域の中での自閉症に対する認識は、一般の人たちに啓発しようとする保護者や専門家、権利擁護者の動きが増えてきています。自閉症のことを理解しようとし、受け入れてくれる一般の人たちが増えてきて、自閉症の子どもたちが地域でうまく生活していくことが、より可能になってきています。すべての自閉症の人たちを援助していく組織や機関のサポートをより広げ強化していくことも、自閉症の人たちが地域での自立した生活を送るために重要です。次の項目は、地域が自閉症に対し責任を持ち、受け入れていくために親が変えていくことができるいくつかの方法を示しています。

（a）自閉症についてのゆがんだ社会通念や誤解を払拭し、正確で、きちんとしたメディアを奨励すること。メディアの内容が意味のないものであった場合、そのことをきちんとメディアに抗議すること。

（b）自閉症の人たちが地域生活に歓迎され、参加できる場所を促進すること。
（c）学校で、異なっている人を認識し、受け入れる努力ができるように、親と教師間の関係を親密なものにすること。健常児の親と自閉症児の親が、学校でいじめを防げるように関心を共有すること。
（d）法律関係の機関や緊急サービス機関の職員に対する教育・研修プログラムに、自閉症の情報を組み入れるよう働きかけること。
（e）子どもの教育者として協力してくれるクラスメートや近所の人たちを把握していること。

学校や近所の人たちの中には、学生リーダーやアスリートがいて、自閉症児を他の学生にどのように受け入れさせるかについて、影響を与えることができます。これらの影響力の強い学生の中には、自閉症児のきょうだいや自閉症の専門家の子どもがいる場合があります。彼らはときに指導者として活動していこうという意欲をもっている場合があります。私たちの地域の高校のひとつに、「栄誉ある心理学教室」というのがあり、そこでは自閉症の生徒のための生徒指導者プログラムを設けています。このプログラムは、母親がノースカロライナ州自閉症協会の最高責任者である生徒が、リーダーシップを取っていました。この指導者グループは、多くの学校活動や地域活動に参加し、自閉症生徒に一対一で対応したり、小集団グループで対応したりしています。このプログラムの成功は、このような影響力がある生徒が、学校のリーダーであることでいっそう広がりました。

レッスン8：私たちは、そうではないのに、他人が子どもを非難していると決めてかかることがある

親は弱気になると、他人の反応に敏感になりすぎるきらいがあります。ときに、相手がまったく意図していない反応を読み取ってしまいます。人々の反応は、私たちが想像する不快で容赦ないというよりは、むしろ思いがけないことで興味を持ち好感を持っているかもしれません。実際、人々は援助をしたいと考えていても、どうしたらいいかわからないだけなのかもしれません。

☆モリーンの場合

ある日、パトリックが小学校に在籍していたとき、主治医との約束の後、私は彼を学校に戻す前に昼食を食べに出ようと思いました。そのときパトリックは驚いて言いました。「そんなことできないよ。ぼくは学校にいる時間なのに。レストランで食事をする人たちみんながおかしいって思うよ。」私はパトリックに「『みんな』って誰？」と聞きましたが、すでに答えは知っていました。みんなというのは一般の人た

ちのことでした。『みんな』というのは私の頭の中ではわかっていました。みんなは批判的な目を持つ大衆のことなのです。

私が若い母親だったとき、一般の人たちの意見にとても気を遣いました。おそらく他人の批判がどれだけ人を傷つけるかといった思春期の記憶にとても近かったと思います。私は公の場でジャスティンに対する批判的な目を経験していたので、胸が高鳴り、他の人たちも批判しているのではないかと考えがちでした。

何年か経った後、批判的というよりは共感してくれる人たちが多いということを知りました。批判するよりも、援助をしてくれようとする多くの人たちがいました。おそらく状況はジャスティンが成長するにつれて、一般の人たちが理解してくれるのが容易になったのだと思います。なぜならジャスティンは、子どものときに比べて大人になってからの方が、はっきりと障害がわかるようになってきたからだと思います。さらにジャスティンが自閉症であるということをオープンにして、問題が急激に減るようになり、とても楽になりました。焦点を当てるべき私の身近な課題は、誰か他の人の反応について考えることではなくなりました。親が年を取るにつれ良かったことは、一般の人たちの反応が劇的に変化してきていることです。私が年をとるにつれて学習してきたことを、『オリビア・ジュールズとたくましすぎる想像力』という本の中で、ヒロインがお気に入りの「生きるためのルール」で言っています。「あなたについて他人が考えていることなんて気にすることはない。本当はみんな自分自身のことで精一杯なのだから。」（Fielding 2003）

★アンの場合

エリックの大学で保護者向けのオリエンテーションに参加したとき、私は学生会館で始まるのを待っていました。私は手すりから下のロビーを見下ろして、新入生たちのキャンパスツアーで待っている一団を見ていました。私はその中にエリックを見つけましたが、彼は私に気づきませんでした。エリックは待っている間、いつもどおりの行動をしていました。エリックは自分のペースでときおり独り言を言い、手を顔のところに持っていって指をぴくぴく動かしていました。

エリックが大学の友達と一緒にいるのを見たとき、明白に彼が他の学生たちと違って見えることがわかりました。私は他の学生にエリックがちょっと変だとわかって、受け入れてくれないだろうと思いました。私のめまぐるしく動く脳細胞は、エリックがのけ者にされ、いじめられ、からかわれるだろうという、想像できる限りの最悪のシナリオを考えました。その後の保護者ミーティングでは、ほとんど集中することができませんでした。なぜなら、エリックに起こるであろう恐ろしい出来事だけに悩んでいたからでした。

次の朝、エリックが寮で一晩を過ごした後、夫と私は朝食を一緒に取るために息子に会いました。私はエリックが大学での最初の夜はみじめで、ストレスが溜まっていたのではないかと思っていました。ところが驚いたことに、彼は寮の部屋のドアで私たちを迎えたとき、満面に笑みを浮かべていたのです。エリックは昨夜新入生歓迎のイベントに参加したとき、カラオケやダンスをしたのだと語ってくれました。エリックは誇らしげに大学のロゴマークが入っている水筒を見せてくれたのですが、そのボトルには「最も素晴らしい男性ダンサー」と書かれていたのでした。私は驚きを隠さずに「エリック、私はあなたがダンスができたなんて全く知らなかったわ！」と言ったところ、「ぼくも知らなかったよ。ぼくは今までの自分の人生で、一度もダンスなんてしたことなかったもの！」他の学生たちからバカにされているのではないかという私の不安は、消し飛ばされてしまいました。エリックは仲間に受け入れられただけではなく、ご褒美までもらっていたのです。エリックに対する私の心配は、ときに他の人たちが、どんな反応を示すかについて誤解していたことを、この経験から学びました（Palmer 2006）。

☆モリーンの場合

私たちも中年になるにつれて、積み重ねてきた物事が失われていくことを考え始めています。両親がいなくなること、子どもたちが巣立つこと、私たちの若さも無くなることなどです。徐々に体のパーツが垂れることへの恐れや、引力がもはや自分の友ではないさみしさが、中年になるとあります。しかし年齢からくる喪失感は、他人が思うことを気にしなくなるという素敵な喪失でもあります。ジャスティンに対する世間の反応を心配し、かつてとても混乱していたことに、今とても驚いています。他人を気にして逃げていたのが、無駄なことだとそのときまでわかりませんでした。テフロン加工されたパーソナリティをもつ人たちは、いつも理解してくれていた、ということが今ではわかるようになりました。そして心配の原因をすぐに追い払ってしまうのです。そうして、全てがうまくいかなかったとしても、また地域の人と付き合う戦略が、子どもを公に知らせる不安を払拭できなくても、私たちにはもう一つ残された「慰め」があります。年をとるということは、子どもに向けられる他人のリアクションに対する心配を、効果的に解決してくれるのです。ときとして、時間は本当の意味で心の傷を癒します。

第9章　子どもたちおよび私たち自身を受け入れること

「受け入れること」というのは、いろいろな意味があるので捉えにくい概念です。『家族の中の相違』という本の中で、ヘレン・フェザーストーンは、親が受け入れることで味わう四つの対応方法を示しています。

① 障害の存在を認め、その障害が長期に渡ることを認めること
② 私たちの生活の中に子どもとその障害を共存させること
③ 自分たちの失敗や短所を許すことを学ぶこと
④ 私たちの喪失感の中に意味を見つけること

(Featherstone 1980)

自閉症児の親にとって、受容（注：受け入れること）が意味することについて皆さんそれぞれの解釈があるので、受容が私たちにどのような意味があるのかを私たちの体験（これまでのところの）からご紹介します。

ノースカロライナ州の山々

レッスン１：障害の存在を認め、その障害が長期にわたることを認めること

☆モリーンの場合

多くの自閉症児の親と異なり、ロブと私はジャスティンが発達遅滞の危機に瀕していた誕生の瞬間から彼の障害がわかっていました。へその緒が巻き付いていたことから酸素が欠乏したことによって、ジャスティンは生後十二時間で発作が起こりました。子どもが成長していく中で私たちが学んできたことは、発作が継続的な脳損傷を引き起こし、おそらく潜在

的な問題があるのだろうとのことでした。しかしながら、ジャスティンが三歳のときに染色体異常の診断がなされるまでは、ジャスティンの発達障害は軽度であり、いくぶん回復するのではないかという希望を持っていました。というのは、私は小児科の看護師としてジャスティンよりも、より重度な出生時損傷から目覚しく回復してきた他の子どもたちを見てきたからです。しかし、ジャスティンの染色体異常という診断によって、「ジャスティンが奇跡的に回復する」という夢はもろくも崩れ去ってしまったのです。唯一手元にある医学記事で、十五染色体について読んだとき、ジャスティンが正常な状態に機能するという予後は、厳しいものであるということを理解しました。もはや見て見ぬ振りができない息子の運命と私たちの限界が、現実をもってせまってきていました。

しかしながら、現実的に私たちが抱える問題に適応し、下された診断で限界を知ることで妙な解放感がありました。長期にわたる重度の知的障害と重度の自閉症であると理解したことは、私たちがぶつかっていった最初のステップでした。ジェームズ・ボールドウィンは次のように述べています。「立ち向かったことすべてが、変わらないということもある。しかし、直面しなかったら何も変わらない。」(Baldwin 1998, p.54)。私が読んだ医学記事は、私たちの事態に完全に適応するものではないと、夫のロブのおかげで気がつきました。その研究は、州の研究機関の成人の、少ない事例に基づいたものだったからです。ジャスティンは、意欲的で、障害児教育を、何でも可能な限りしてみようとする両親を持つ、わずか三歳の子どもでもありました。

運命に対して受身で、降伏してしまうような受容というよりはむしろ、私たちの生活を能動的に動くことでジャスティンの状況を変えていこうと努力しました。一夜にして行おうというものではありませんが、ジャスティンの診断や予後に限界がある中で、彼の成長に合わせて、ジャスティンと私たちにとってストレスを避ける、ほぼ良い期待にしようとしました。期待のつりあいは彼の一生を通して修正していく必要がありました。私が焦点を置き、力を注いだ点は、ジャスティンの自閉症独特の影響を最小限にし、質の高い生活を送るために学習する機会を最大限にすることでした。ジャスティンの言語発達は、ほとんど見込めない状況でしたが、コミュニケーションの仕方を教えることができました。ジャスティンは常に見ていなければならず、サポートが必要でしたが、彼を理解し、彼の面倒を見てくれる人たちに囲まれていました。ジャスティンの学習は決して早いものではなく、仕事もすべてをマスターすることはできませんでしたが、私たちはジャスティンにもっとも簡単な割り当て作業を教えて、その作業過程の中で少しずつマスターできるようにしました。ジャスティンは破壊的行動をしたり、難しい問題行動を抱えていますが、私たちは薬を与えたり、彼が対処しやすいような構造化された環境を提供することができます。ジャスティンは私たちに関心を示すことはありませんが、私たちの方はどれほどジャスティンのことを思っているかを表現できるのです。

私はジャスティンのできる範囲で、目標を再検討し直すことを学んできています。何年もの間ジャスティンの心理テストを見てきて、彼は二歳のときも十歳のときも二十二歳のときも、その機能レベルが二十四カ月を超えていないのです。けれども、彼の初期の見通しと最近の技量を観察すると、彼は期待を上回り、確実に良くなっていると思います。大人になった今もジャスティンは、新しいスキルを学習し続けており、自立的に成長し続けています。

ジャスティンは充実した人生とは何かを私に見直させてくれました。ジャスティンは家族に深く愛されています。彼を理解し、勇気づけ、世話をしてくれるために努力している人たちとともに生活しています。彼は貢献できると期待されているところで働いていますが、しかし仕事の能率でうんぬんされていません。ジャスティンの生活は楽しめる多くの活動で満たされています。けっして幸せにならないだろうと絶望していた子ども時代と比較して、意外にも現在の彼を見ると驚かされます。私が思い描いていた充実した人生とは、なんと狭いものであったか、ジャスティンが教えてくれました。重度の制約を考えれば、私はジャスティンの生活の質が素晴らしいものであると確信しています。

★アンの場合

モリーンとは違って、私はエリックが三歳になるまで全く障害に気づきませんでした。自閉症と診断されたときでさえ、私たちは何をしていいのか答を導き出せませんでした。私たちが直面していた問題に対して、自閉症という名前を付けられただけで、エリックや家族にどんな未来が来るのかといった情報は何もありませんでした。私は将来がどうなるか知ろうと必死でしたが、誰もエリックの障害が、長期にわたる重大なことだと助言や予想をしてくれませんでした。

私は専門家のアドバイスに従おうとし、エリックの長所に焦点を当てようとしました。しかし、エリックの長所を見極めることは、必ずしも簡単なことではありませんでした。エリックの話しはじめたころの言語能力、あるいは本や文字、数字への興味が専門家をその気にさせました。私もまたその気になって希望を持ちたかったのですが、同時にエリックがどれくらい遅れているか、いつも強調された検査結果を受け取っていました。幼稚園や公園で、他の子どもたちと一緒にいるエリックを見たとき、彼の障害はより明らかとなり、楽観的に感じることはできなくなりました。エリックの度重なるかんしゃくや激怒した行動に困惑したとき、エリックの未来を肯定的に捉えることはできませんでした。

エリックの障害や長所、そしてその意味するところを理解するにつれて、はたして本当に彼を理解しているのかどうか疑問がわいてしまうのでした。エリックが新しい期待を持って、新たな局面に直面するつど、彼の将来がどのようなものになるか、私の見かたを考えなおさなければなりませんでした。あるときは、エリックの障害がどう見てもはっきりわかるし、また反対に、何かができるようになって私を喜ばせたりしていました。例えば、ソーシャルスキルが重要になってきた小学校高学年や中学校のときに、エリックと友だちとの間の格差は開いていきました。中学時代に学校の勉強が難しくなってきたとき、エリックの物事をまとめることができない弱みは見た目にもわかりました。と同時に、エリックは、広い構内をナビゲートしてくれたり、一日に七回もクラスが変わるといった柔軟性で私を驚かせもするのでした。私はエリックへの期待をどれくらいにすべきか知ろうとは決して思わず、障害の受容を困難にしていました。

　なぜなら、未来がとても曖昧だったので、エリックのような子どもをもつ親は、その障害と長期的問題を孕んでいることを、十分に理解し受け入れることが難しかったのです。私たちは将来どうなるか予測することができないのです。私たちの子どもは驚くべき成長があるにも関わらず、同時に重要な問題点も持っています。いろいろなプログラムにうまく合わないときや、彼らのニーズに合うような適切なサービスがないと、将来のプランを立てて、決定を下すことはとても難しいことなのです。

　エリックが高校生の時、私はエリックの障害を本当に理解してはいないし、何を期待しているのかわからないということを、再び認識させられる出来事が起きました。私は仕事のために何日も家を空けていました。私が家に戻り、エリックが私に挨拶に来て部屋を出ようとする際に、エリックに尋ねました。「エリック！　寂しかった？（Did you miss me?）」エリックは躊躇する様子を見せ、何も言いませんでした。エリックが私に対して何の愛情も見せないので、私はちょっと悲しく感じました。私は沈黙を破って言いました。「いいのよ、エリック。あなたは答える必要はないわ。」私はエリックが、私のことを深く愛していることを知っているのだと、自分に言い聞かせながら歩き始めましたが、エリックはおそらく私がいなくても寂しいと思わないだろうし、それで大丈夫なのでしょう。数分後、私が荷物をトランクから取り出していると、私の部屋にエリックがやってきました。そしてこう言ったのです。「ぼくは『寂しかった？』とママがぼくに質問したとき、ママの言ったことがわからなかったよ」と言うのです。そこで私は、私が行ってしまい、その間私について考えたことがあるかどうかを尋ねたのだと説明しました。「ああ、そうか。ママがいなくて寂しかったよ」それですべてがわかりました（注：英語の慣用句のため字義通り受けとってしまったため）。エリックはいろんなことができるようになったにも関わらず、人の気持ちや感情を理解することは難しいままだったのです。と同時に、わずかの間にエリックが私の表情を読むことができたことは、信じられない成長でした。それに私が悲しい気持ちであったことを知ることができ、さらによくなろうと望んでいたのです。

レッスン２：子どもとその障害を家族との生活に共存させる

☆モリーンの場合

ジャスティンのことは、常に私たちの家族ドラマの中心舞台に位置していました。私たちの挑戦はいかにしてジャスティンを、私たちの家族生活に融和させるかではなく、どうやったら「正常な」家族生活の尺度に近づけさせるかでした。自閉症と診断された後の子育てで、ずっと続いた障害となるものは、予測不可能な激しいジャスティンの破壊的行動でした。何年もの間、私たちの家族はジャスティンのかんしゃく行動を身体的にも精神的にも、前もって対処し、巧みに対応し、修復するといったことをぐるぐる繰り返していました。私が若い母親だったころ、これらの問題は普通の生活以上に重くのしかかってきました。家族生活のバランスを取ること、ジャスティンを守ること、自分自身のケアをすること、自分の本能に頼ることなど、この本で述べてきたレッスンを学ぶにつれ、生活自体はかなり対処していけるようになりました。しかし、たとえいろんな経験をし、知識を得ようとも、ジャスティンを私たちの生活に融和させることは、大変なことでした。結果的に、自分自身で学んできたレッスン以上に、援助が必要であることがわかりました。

私が努力したのは、ジャスティンを受け入れるということよりはむしろ、私の生活が予期したことと違ってきたことを受け入れることでした。小さいときのジャスティンとの生活は、たとえるならハラハラドキドキで拳を握り締めるようなものです。そういうときは不安でいっぱいでした。私の生活は命がけで肘掛を握り締めながら、飛行機に乗っているようなものでした。それは空中に高く浮いているために、私の両手で、集中して、気力でもって夢中で操縦することでした。ジャスティンの出現は、予期せぬ飛行計画、機能不全の操縦、そして頻繁で予期できない乱気流を作り出したのです。もし私が家族の操縦桿をゆるめると、家族は確実に墜落してしまうということを知っていました。

私は、私自身やジャスティン、夫のロブ、制度、世界、宇宙、そして究極的には神に対して怒りの拳を握り締めていました。私はジャスティンの世話のために一生懸命働くことで自らの怒りを抑え、自分の生活を頭から追い払っていました。友人たちに対しては、水面では楽にすいすいとすべるように動いている、いわゆる池の中のアヒルのように見せていました。しかしながら、水面下では浮き続けるために、激しく足を動かしていたのです。ジャスティンの世話とその他の時間を家族のために、おぼれ始めるまで。私は家族みんながますます私に頼りたがっていると感じはじめていました。私はいかに困難な生活を強いられているかという私のフラストレーション、憤り、そして怒りを抑えるエネルギーを無くしてしまいました。夫はついに私が心の中で深く悩んでいたことを声に出して言いました。それは私がカウンセリングを受ける時期だったのです。

カウンセリングでは、日々の生活に時間を費やし、精神生活はたいへんなことになっているので、対処法を学びました。カウンセリングによって、むしろジャスティンの弱さは、私自身がトラクタービーム（注：物を引き寄せる装置）を配置し、上っ面を力まかせに引っ張っているのだということがわかりました。カウンセラーと相談することで、過去の苦しかった自分の立場と、現在のジャスティンの問題のいくつかの点を結びつけることができるようになりました。なんと狂ったような忙しさに対処し、他の皆の責任を負って、すべてのコストを制限し、子どもみたいに自分だけでやってきたか悟りました。しかし大人としては、この対処法では、自分自身を受け入れたり、成長させたりすることはできないのです。

カウンセリングによって、私の生活の不安や怒りの強い結び目を紐解くことができました。私にとってよかったことは、もっと援助を受け入れることを私が認めたことでした。最もすばらしい援助手段のひとつは、ACOA（アルコール依存症の子どものアダルトチルドレンの会）の12のステッププログラム（注）でした。なぜ私の生活がコントロールできないと感じているかについて、カウンセリングは重要な視点を気づかせてくれましたが、ACOAは生き方についてのプログラムを与えてくれました。私は受容についての安定した、あるいは最終的な舞台に到達したとは信じていません。私が学んだことは、人生は一進一退が続くということを受け入れることです。ジャスティンが自閉症と診断されたときから、くらべものにならぬほど良くなってきた中で、今でさえも良い日もあるし悪い日もあります。私の受容が日によってどのように変わっていくかを示す、「自閉症と診断された後の生活」という私が最近お話した例をご紹介します。発表したところは、幼い自閉症の保護者のためのワークショップでした。（実はこの本を書くようになったのは、こういったワークショップで発表したことからでした。）

（注）12ステップはアルコール依存症本人の回復のために、自助グループで行われていたが、その後いろいろな自助グループで利用されている。

次のように述べました。

このような立派な場所でお話をするのは初めての経験です。ジャスティンはこれまで健康で幸せにこれました。ジャスティンの発作、行動、感覚、感情の問題もコントロールされてきておりました。ジャスティンは支援者のおかげで援助された生活環境へうまく移行も果たしました。その支援者は六年以上もジャスティンと一緒に援助してきてくれていたのです。私は自閉症と診断された後の生活が、もはやそんなに大きな問題ではないと思える場所に到達したと思い始めておりました。家から離れて大学生活を送っている二人のとても普通の息子たちと離れて、夫と私は空っぽの巣での二人の暮らしを楽しみ始めておりました。それから今日まで、わずか三週間しか過ぎていませんが、私はまったく違った場所に立っているような気がしております。現在ジャスティンの消化器系はメチャクチャの真っ只中に戻っています。もし、危険な食物犯としてなんでもかんでも排除するなら、ジャスティンは空気を吸って生きなければならないほどです。ジャスティンの自傷行動は、私の前途に見える、神・ジャスティン・誰かその他の人に向かって叫ぶ私の叫びとともに増えています。というのは、ジャスティンの支援員が突然うそのように辞めてしまったからなのです。そして、ジャスティンの生活環境は崩れてバラバラの状態にあります。今、私は再び新しい支援員を見つけ、トレーニングするといった、しんどい仕事から始めなければなりません。今週が始まってから、私は二日に一度はジャスティンを車で四十五分もかかるファームへ連れて行っています。一日が終わって、今晩このプレゼンテーションのため運転してきましたが、たった今、ジャスティンが大発作を起こしたと、家から電話を受けたところなのです。

今でさえ、私の人生でジャスティンを受け入れる場所の目標が定まっていません。しかし、長い間私の人生が「そういうものだ」とわかっています。困難な日々が歓迎されないけれども、それは永遠には続かないということもわかっています。物事が良くなる日々が戻ってくるのを私は期待しています。

★アンの場合

私はなぜエリックが自閉症であるか、私たちの生活に何が起こっているか、けっして考えないようにしていました。ただエリックが自分の住む世界を理解し、幸せであり、私たちの家族生活を無難に過ごしていければ満足でした。治療法はないけれど、たくさんのサポートがあるからと、わかったように受け入れ、自閉症は常に生活の一端を占めていると思っていました。はじめから、自閉症が私たちの毎日の活動を優先し、家族をしっかり結びつけているものと思っていました。

もし私の過剰な期待が、エリックを理解するうえで妨げになっていることを早めに知っていたら、エリックが自閉症であることをもっと簡単に受け入れていたでしょう。エリックが幼稚園時代に友達の誕生会に行ったときのことを思い出します。一人で遊んでいて、他の子どもたちを無視し、みんながハッピバースディを歌ったときに耳を押さえていたのを覚えています。他の子どもたちと、とても違っているのを見て、本当に傷つきました。いつかわかりませんが、たぶん私が診断を受け入れることができたとき、私たちの世界にエリックを合わせるようにしていたと気づいたんだと思います。そうすることが生活するうえで大切なのだと勝手に考えていたのです。

エリックが、紛れもなく対応できないときや、私が彼の視点に立って見たときに考えたことがあります。「これはエリックにとって幸せなこと?」「これはエリックが楽しんでやっていること?」「これはエリックにとって難しすぎない?」そして、もっとも大きな疑問は、「これは私がエリックにして欲しいことじゃないの?」なぜって、「それはエリックにとって重要なこと? それともそれは私にとって大切なこと?」何年もの間、悲しみにくれて、私が彼に欠けていると思っていたことは反対に、彼は困っていないようでした。私はエリックが幸せであろうと思える私の幸せと、彼のとは違うといって悲しむのを止めました。そして、エリックは十分幸せな暮らしをしており、多くの人たちに愛されていることが幸せなことであると考えはじめたのです(Palmer 2006)。

受容までの道のりは生易しいものではなく、親であれば自分の道のりの中で経験しなければならないことなのです。エリックがエリックであると受け入れたときのことを、親御さんや同僚たちによく尋ねられます。私がエリックの障害の悲痛な思いから、突然解放された日があったかどうかは覚えていません。彼の障害が重大事ではなく、全然考えない日もあれば、彼の人生はもうダメだと悲しくなった日もありました。

エリックを同年代の他の子どもたちと比較したり、エリックの将来を悲観する衝動が突然治るものでもありません。この気持ちはまちがいなくまだあり、いつも全くコントロールできないで、私の前に立ちはだかるのです。私たちの子どもについて持っている良い感情が、悪い感情に比べて頻繁に現れるとき、人生でおそらく、親として受容できる時期なのです。自閉症はあくまでも生活の一部に過ぎず、多くの困難や特性の一つに過ぎず、原動力ではないのです。

私にとって受容とは、子どもがどんな状態にあるかではなく、今ある彼そのものを受け入れることを意味するのです。そこには明らかな差異があるのです。私たちは子どもたちの学習レベルがどの地点にあって、発達段階がどこまでいっているかに、決して満足すべきではありません。私たちは子どもの成長を促すためにもっと援助していくこともやめるべきではないのです。なぜなら、私たちの子どもは、成長し続け、決して学習がこれで終わりという訳ではないからなのです。私たちは子どもたちのために、目標を高く置き続けなければなりません。私たちが努力を重ねてきた受容というものは、子どもができることの限界を受容するというのではなく、子どもの独特な個性を受容するということなのです。

たとえエリックのユニークさが、私たちの家族にすっかり溶け込み、そして受容されたと感じたとしても、私の息子が自閉症であるという悲しみが——おそらくそれは一瞬かもしれないし、長い時間かもしれませんが——心に蘇って来ることはわかっています。私はエリックが自閉症と診断されてから数週間は、悲しみのために何もできませんでした。その後、同じような激しい悲しみにまではいたりませんでしたが、その後数十年の間、ときに悲しみで打ちひしがれることが依然としてありました。健常な子どもを育てたことを思い出してみると、また別の苦しみを感じるかもしれません。学校でのパーティーや修学旅行、最初のデート、十六歳になったときの自動車免許の取得などかもしれません。もし、私たち自身が経験した、普通の出来事を、あなたのお子さんが節目に全く経験しなかったとしたら、悲しみを感じるのは正常なことです。このような出来事に合うと、私は次のように思うのです。私の息子は、意味のある人生を送っていて祝福に値する自分だけの功労賞をもっていると。

　エリックが八年生のとき（注：わが国の中学二年生）、私に展望を示してくれることを言ったのです。三人の子どもと私は食堂のテーブルに座っていました。面白い会話が始まり、私は三人に尋ねました。「もし三つの願いが叶えられるとしたら、どんな願いを叶えて欲しい？」と。エリックは何を叶えて欲しいか考えるのが難しそうでしたので、私は「自閉症が治って欲しい？」と付け足しました。エリックは驚いたような表情を見せて言いました。「そんなことないよ、だって全然治したくないよ。」そして、エリックは顔の前で指をならしました。エリックはとてもうれしいときにそんな行動を起こすのです。このとき、私はエリックが自分は自分であるということが十分幸せで、何も変えようとする意思のないことがわかりました。

　近頃は「エリックはエリックである」ということを理解することで、自分を変えられることがわかりました。私は常に自閉症に対して詳しい知識を持っており、息子に対しても専門家であるということに誇りを持っています。しかしながら、どんなにたくさん息子のことを知っていて、彼の自閉症という特徴がどのようにエリックに影響を与えているとわかっていても、おそらくエリックにはびっくりさせられることでしょう。社会的にはエリックは引きこもっており、一人でいるのが好きで、これは永遠に続くのだと思っていました。今ではエリックは社会性を身につける方法や、大人として成長している新しい興味・関心などを示し、毎日私を驚かせています。エリックが変化してきているのを見るにつけ、どんな選択肢も閉ざしてはいけないことを学びました。そうしなければ、進めなくなってしまうと思うからです（Palmer 2006）。

　自閉症である子どもたちを受容することの問題は、親にとって今後も継続していかなければならない苦しい課題です。自閉症であるエリックをまるごと誇りに思い、受け入れると思うにつけ、ずっとこうしていこうとあらためて自分を奮い立たせるのです。エリックは彼のすばらしいユーモアのセンスや個性、そして彼の長所やユニークな特質が最高だと思います。エリックの風変わりなことを気にかけるべきではないこともわかっています。しかし、私の胸のうちは、常にエリックについて悲しんだり、心配し続けているのです。たとえ、エリックが自分自身をそう思っていないとしても。おそらく、それは子どもたちに対する私たち親の深い愛やつながりがあるゆえに、親が持ち続ける重荷なのです。たとえ息子がとても幸せそうでも、息子の生活を完全に安心することは決して ないかもしれないと思っています。私は家族の人生に彩を与えてくれた自閉症や、その家族として見られることを受け入れることができるでしょう。しかし、自閉症の生きずらさや、どけてしまいたい重荷があるという事実を、完全には受け入れられないでしょう。

レッスン3：私たち自身の失敗や誤りを許すようにすべきです

☆モリーンの場合

私はACOA（アルコール依存症の子どものアダルトチルドレンの会）の12ステップミーティングに参加しました。それは「自閉症の母親」サポートグループに始めて参加したときと同じように不安や恐れを感じました。私はこの特殊なサークルのメンバーに、私がいるなんて認めたくなかったです。私の生活をうまくやっていく方法がわからず挑戦しました。双方のサポートグループの中で、私は皆さんと経験や長所を共有し、心に落ち着きを得、生活の質を大きく改善する機会に恵まれました。

二つのミーティングに通う前は、途方にくれていました。私は、ジャスティンの母親であるべき唯一かつ完全な方法があるのだと信じていたのですが、その役割がうまく果たせないと思っていました。そして見つけられないままだったのです。これらのミーテイングに参加することによって、多くの大切なことを学ぶことができました。ジャスティンの母親として正しい方法など何もないということを学習しました。私は自分自身に対する期待が地に足をつけたものではない、ということもわかりました。難しい子どもを育てているなかで、私にできることは、その日その日で、やれることをやることなのだと学習しました。それは、いつかよい日が来るだろうということを意味していました。私は完璧ではありませんでしたが、それでよかったのです。ゴールは近づいてきましたが、終りではありません。私の欠点や完璧でないことが家族に迷惑をかけていると心配することをきっぱりとやめました。私が想像していた以上に、私の家族は逆境から立ち直るのが早いとわかったからです。

★アンの場合

ある意味では家族関係を学ぶことに比べると、自閉症と一緒に暮らすことを学ぶほうが容易いことかもしれません。私がコーディネートしている親メンタープログラムがあるのですが、そのトレーニングの一部として私たちが行っているとても面白い活動があります。小さいグループに分かれて、自閉症の子どもの親として、私たちが開発した長所と能力について順番に話し合うのです。この活動に参加しているわれわれの多くは、自分たちのことを褒めるのが苦手です。とりわけ、親としての私たちの能力に関しては。

私はこの活動に何より力を注いでいます。前にも述べたように、私はエリックに関して、過去何年も親としての判断に自信が持てませんでした。それが本当に〝正しい〟答えであると決して思えなかったからです。すべてはいつも推測に過ぎなかったのです。それから、私が選んだ決定については、いつも複雑な気持ちでした。「もっとエリックに、いろんな治療をするべきだったのだろうか」「あの治療をしていたら、エリックはもっとよくなっていたのだろうか」「エリックにあの治療プログラムを受けさせたことは、失敗だったのだろうか」。家族のために、その時々で最良のことを選んだことから、自分を受け入れるすべが見えてきます。納得するわけではありませんが、自分の息子には選ばせたくない、つらい決定や選択をした親御さんもいるものと思います。私一人ではなく、他の親たちもリスクを背負っており、難しい選択をしていて、彼らも家族のために最もよいと思うことをしているとわかったとき、私自身の不十分な点を受け入れることができました。

私はとても長い時間をかけて、私の長所と短所を学んできました。親として決めたことを変更できないし、そしてエリックと一生一緒に生活することができない（できるだけ一緒に暮らしたいのですが）ことを認めざるを得ません。ちゃんと対処できたかどうかとか、エリックの母として何ができるかとか、揺れながらこんな性格でいつもやっています。私は何年も間違ったことをしてきたのではないか、と自分を責めるのをやめて、過ちを「学習した経験」として記録にとどめようと思いました。さらに完璧な母親であるべきと考えることがすべてではないと、私自身を大目に見ています。

多くの家族は、私が個人的に経験したこと以上に自閉症に対する問題に直面しています。私は奇跡的に免れることができた深刻な行動問題や医療、自己ケアの問題で日々大変な思いをしている親御さんに、深く尊敬の念をもっています。エリックの行動が改善され、私たちの生活がやや静かになってきたとき、私はエリックが順調にいっていることにときどき後ろめたい気持ちになります。親サポートの会合で、私の周りの親たちがとても苦しい状況にあるとき、私は会話したり、不平を言ったりする権利がないと思いました。はては加わる権利がないとも感じました。何年もの間のエリックへの苦しいかかわり方は、他の親の物語に比べると取るに足らないものだと思われました。私は積極的に自閉症の人たち共通の苦しみの一員でありたかったのですが、部外者のように感じることもときにはありました。

今はもう部外者になりたくはありません。この後ろめたい気持ちを止め、自閉症の社会に貢献したい気持ちを受容し、それを納得するのに時間がかかりました。今では、私の経験したことが、他の親たちの経験とは異なるものであっても、意味のあるものであると信じています。たとえ私たちの子どもが自閉症スペクトラムのどこに位置しようと、あるいは日々どのような問題に直面しようと、私たち親はそれぞれ苦労しているのです。そして私たちは、みな価値のあるサポートを行い、一体感を感じているのです。アスペルガー症候群のティーンエイジャーにどうして友人がいないのか、ということと自閉症と知的障害をもった多様な問題のあるトイレットトレーニングをしている十代を比較することはできないでしょう。それぞれの状況が異なるからです。われわれはみなそれぞれの課題に対応しており、たとえ親たちが私たちの特殊な経験を共有し得なかったとしても、苦しみを理解しあえる他の親たちのサポートから恩恵を受けることができているのです。そのように、私は子どもたちが違う問題を抱えており、違う成功もしてきたのだということで、いいのだということを何年もかかって学んできました。私たちの生活は「誰が大変なのか」などという計測器で比較できるようなものではないのです。

私の自信のなさと未解決の問題は、エリックの母親として私自身の中に生まれた自信と徐々に置き換えられてきています。私は失敗と緊張感の多い経験を通して学習してきました。そして、今では若かったときに比べて、良い選択ができるようになり、もっと簡単に難しい状況をこなせるようになってきたのです。しかし、私は失敗をしたり、ときにエリックにとっては誤った判断をし、私の下した結論や活動に疑問をいだき続けることだろうと思います。

レッスン4：私たちの喪失感に意味を見つける

☆モリーンの場合

自閉症の子どもをもつ親たちとの関係で、私が最初に衝撃を受けたのは、私が何と自分のことばかり考えていたことかということでした。私は自分の生活のみが何とかうまくやっていけるような情報と援助を求めていました。またジャスティンと私の家族が、自閉症者のために動いてくれる権利擁護の機関と関われば、何らかの恩恵を受けることができるのだろうとも考えていました。しかし、私の権利擁護の活動と他の親たちとの結びつきは、直接受ける利点よりも、私にとってずっと意味のあることでした。自閉症の親たちが毎日実行している無私の愛や勇気、犠牲をしいて行っている行動を目にするにつれ、私はとても元気づけられました。他の親たちからの多くの援助は、私も他の親をサポートしていこうという気にさせたのでした。他の親を援助していく力が少しずつ育っていくに連れて、私自身の人生もよく思えるようになってきました。

他の親たちとの結びつきの中で意味を見つけることは、とても容易なことでした。しかし、私の信仰生活の中で意味を見つけることは、とても大変なことでした。それはジャスティンが自閉症と診断された日に証明されました。

夫のロブは、障害児が生まれたことを、ちゃんと認識する苦労が始まったのが、まさにその日であると考えたのでした。私たちは言われたことを理解しようと「発達評価センター」をあとにしました。会話の途中で、ロブは言いました。「この診断は本質的に心の問題をつきつけているんじゃないだろうか。」私は、「あなたは何について話しているの？」と思いました。私の心は、ぐるぐると回っていました。そのため私は、彼が言ったことに全く意識が回りませんでした。大学で哲学を専攻している学生が、考えごとをしているようだと思っていました。

しかし、ロブは正しかったのです。私たちの暮らしの中に意味を見いだすときはいつも、本質的に心の問題になっているのです。障害児を持つことによって、身近にそして直接多くの生活上の問題が生じ始めます。何が私たちの生活を悪くしているのか？　人生の意味とは？　どうして全知全能の神が人々に苦しい出来事を与えるのか？

他の親たちとの二十五年以上の付き合いの中で、この疑問については、ほとんど話し合われませんでした。私たちは自分の生活の中で、個人的で困難な問題についてもお互いに包み隠さずにいましたが、私たちの自閉症の子どもに対し、私たちの信仰がどのように応えてくれるかについて、議論したことはほとんどありませんでした。今でさえ、私はこの話題を出すことに躊躇しています。他の多くの親と同じように、信仰の相違は私たちを結びつけ、慰めるというよりはむしろ、私たちを分断し、混乱させるのだという現実を経験しました。

ジャスティンが自閉症と診断された後、人さまが人生の神の役割について頼みもしないのに、上辺だけの元気づけのことばをしゃべったとき、私は怒りと孤独を感じたのを覚えています。彼女らはこのように言うのです。「神が世界を支配しているの。」私はこう考えました。「そうね、神は不愉快な仕事をしているのね。」あるいは彼女たちが「神はあなた方が何とかやっていけることを与え、それ以上のものは与えたりしないものよ」と言われたとき私は次のように考えました。「そうですとも。とってもよりそってくれてるわ。」また、「神の道にしたがうのよ」と言われたとき、「それがジャスティンにやってきたら、私の道はずっと良くなっていたことでしょう」と。

最も私を苦しめたのは、この最後の問に対してでした。私の長い苦難の旅の中で、神の役割で悩むことが何度もあったからです。「神は私たちのすべてを見てくれているのだろうか」「混乱し、自分を傷つけ、家族から引き離されている、ジャスティンを有害だと決めつけない、何らかのプランがあるのだろうか。」「神はジャスティンを創造したのではなく、彼を放棄しただけではないのか。しかし、神はどこに……」神との希薄な関係に対してドアを閉められて見捨てられたと感じていました。ジャスティンが自分を傷つけているのを見ると、私はどこか特別な地獄にいるのではないかと感じていました。それから十年の間、私の人生にジャスティンがいることは、神が世界の出来事の中で、気遣いや介入をしなかった証と思っていました。神に対しての私の別れの挨拶は、「あなたはこの子を見捨てたかもしれないが、私はそうではない」でした。心の中では「ジャスティンと私は差別されている」と思っていました。私は神なしで、自分を信じ、自分で責任を取ることに決めました。私の自給自足の精神がとても強固ゆえに十年間この方法でやってきました。しかし、結局人生はある意味において、精神力で事実を修正できると思っていたことが、私の立ち直りを削いでいました。

私の信じることの見方が変わったターニングポイントは、ジャスティンが十歳ころの散歩中に突然やってきました。私の精神はぎりぎりの状態になっており、ジャスティンは絶え間なくパニックを起こしていたとても恐ろしい日でした。私は郡のさびれた公園を見つけました。そこでは私たち親子は歩くことができるし、ジャスティンがどんな金切り声を出しても大丈夫でした。私は12ステップのプログラムを実施しており、その「ステップをして」いました。私は最初のミーティングの前に第一ステップをやりました。私は無条件に「私の生活は対処できないものになった」と認めていました。第二ステップに進んでいました。そこでは健康な心を取り戻す強い力が存在するのだということを受け入れました。しかしながら、私は重要な決定を下さなければならない、第三ステップで止まってしまいました。私の意思と生き方をハイヤーパワー（注：自分なりに理解した神）（ともあれハイヤーパワーを定義しました）にゆだねる決心をしなければならないのです。

公園で、私は第三ステップについて考えていました。私は怒りがこみ上げてくるのを感じました。私の人生から葬り去ったすべての疑問が、表面に込み上げてきたのでした。怒りを押えることは、流れ出した溶岩を伴う火山に蓋をしようとしているようなことだったのでしょう。キャサリン・ノーリスは次のように述べています。「ときに、口に出す力、語る力、嘆く力は、私たちのまたとない力である」と（Norris 1997）。

その日、奇跡的な答というものはないということがわかり、公園を後にしました。初めのうちは、ただ空っぽで何も浮かばなくてよいと思いました。しかし、どういうわけか、いつのまにか私の人生の心の問いを探すための幾種類かのドアを開けてしまっていました。不公平な生活に怒ることで、開放感を感じるようになってきたのです。他の人たちが苦しみや信仰における疑問にどのように対処しているのか、興味が出てくるようになりました。苦しみへの疑問に直面する友人たちとの交わりが十五年ほど経過した後でも、完全に満足できる答えは未だ見つかっていません。しかし、私はもはやセントヘレンズ山の活火山のまねに全力を注がなくてよいのです。

私の経験は、賢人たちが有史以来ずっと認めてきたことで裏づけられました。信仰に対する本当にかつ唯一の難問は、不必要で不当な、そして説明できない苦しみがあることです。フレデリック・ビュークナーは次のように書いています。

世界は私たちから神を、あるいは神から私たちを隠している。

あるいは神自身の理由のために、神は自分自身を私たちから隠している。しかし、あなたがたは、こう説明します。神は自分を出現させることよりも、自分が出現しないことによって、格別なものになると（Buechner 1977）。

ジャスティンが自閉症と診断された後、神が見えないという私の経験は、私の信仰探しの始まりでした。そのときから、私の生活や信仰についての感情は、変わりました。私はもはや答えを見つけるために、これから人生の答えを求めていっさい議論しようとはしなくなりました。私が理解できなかったり受け入れられない世界にも、奇跡が存在することはわかっています。しかしながら私は、かつて教会での説教で聞いた二つの宗教的真実の中にいくつかのやすらぎを見つけました。その二つとは、「神はいる。しかし、私は神ではない」ということでした。

一方私は神についても「疑わしきは罰せず」にすることに決めました。ハロルド・クシュナーは言っています。「人は説明よりも慰めを切望している」（Kushner 2003）と。今では私の信仰心は私を慰めてくれています。もはや信じていなかった行く手に、私の生活に入ってくる素晴らしい人々がいるというのは、単なる偶然でしょうか。その中で際立っているのがジャスティンです。ある友人がかつて私に「神は人生を妨たげるものの中にいる。ジャスティンは比類稀なる防げるものをもたらした」と言いました。ジャスティンは、私をこの逆説の生活で生きることを余儀なく推し進めました。私の生活の中で最も困難な人間関係のひとつをそんなに安易なやり方で、どのように活動し、行動を変えるように導いたのでしょうか。ジャスティンが私にくれた特別な要求がなかったら、進むべき道へ行っていたでしょうか。

私の人生にジャスティンが現れて、神がいないということの証拠であると信じたときから、今ではジャスティンが神の出現の制御できない証拠であるのだと信じています。障害児が神様からの贈り物と一般の人たちが言うような、感傷的な甘さやセンチメンタルな月並みな情景の中にいるわけではありませんが、ジャスティンは私の人生において神の賜物なのです。ジャスティンは私を目覚めさせてくれた良い贈り物なのでした。私の人生を理解させるために長く、そして必死に戦うことを私に要求している中で、ある種の仕事に似た感じであり、詩編の作者をも感じさせるのです。ジャスティンはアイスキュロス（注：古代ギリシャの詩人）が述べているような凄まじい神の賜物なのです。

苦しみから思慮を教えられる。眠っているときでさえも、忘れえぬ苦しみは心の中にしみ入る。そして、私たち自身の絶望は、私たちの意志に反し、神の荘厳な慈悲によって私たちを賢者に導くのである。（Bartlett 1992, p.63）

★アンの場合

エリックが自閉症と診断されたときに私が感じた苦しみは、今思い出すのも嫌なことです。しかし、あの敗北感はもうどこにもありません。私の人生でエリックに敗北感をどうやったらもつことができるでしょう。彼を愛することは、多くの意味で私の人生を豊かにしてくれました。エリックは常に私が物事を見るうえで新しい視点を教えてくれます。エリックの並外れた正直さや天真爛漫さによって、どれだけ上辺だけの人がいるか、何が人生で大切か（また何が大切でないか）を認識することができるようになりました。人を評価するのではなく、人を受け入れることを学びました。私は障害のある人ばかりではなく、違った人生の選択をしたり、信念を持つ人々について理解を深めていると思います。

自閉症の子どもをもつということで、どんな状況でも、祝福を見つけることができるのです。最近エリックが寮の部屋の鍵を無くしました。エリックにとってはとてもストレスがたまるものであり、大変なミスだったのです。しかし、エリックは適切な人たちにそのことを自分で報告し、新しい鍵を手に入れることができたことを聞いて、私はとても幸せな気分になりました。エリックが高校時代のある日学校から帰ってきて、違う教室に行ってしまったことを報告してくれたとき、私はエリックが途方にくれたのではないかと狼狽したりしませんでした。その日、私は「問いただす」代わりに、エリックに起きた重要なことを自ら私に報告してくれたことで幸せでした。思うに、困難な状況も物事全体の中では、ときに取るに足らないことであり、私たちが期待していない素晴らしい結果が頻繁に起こることを学習しました。

常に奮闘しなければならない子どもがいることで、私は他の子どもたちの成長する姿に助けられています。子どもたちが小さいとき、予想していたように育つことを学べたことはわくわくするものでした。世間についての彼らの興味、彼らが学習するスピード、他人を見て模倣する能力、こういったことのすべてが幸せの理由でした。そして今、彼らが大きくなってから私を感心させるのは、彼らの学校の勉強ではなく、対人関係を培う能力や問題を解決する能力なのです。なぜなら、エリックのような自閉症者にとって、その能力がどれほど難しいことかを知っているので、そうできることに感謝するのです。私の娘はまもなく四カ月間ほど外国に留学します。そして、こういった能力が娘に求められていることで、再度思い出させてくれます。娘が家を出るのは寂しいですが、今まで行ったことがなく、誰も知った人がいない、そして理解することが難しい言語を話す人たちがいる、家から遠く離れたところに行こうとする彼女の勇気には感心しています。娘の人生でこの重要なステップを経験することができるようにがんばった、彼女を誇りに思います。

エリックが自閉症と診断されたことで、多くの魅力的で情熱的な人たちとも知り合うことができました。もし自閉症と診断されていなければ、決して出会うことがなかった人たちだったことでしょう。私は自閉症の保護者、専門家、そして自閉症当事者によっても常に希望を与えてもらいました。自閉症の関係者と接触することを通して、素晴らしい友情を築く幸運も得ることができました。こういった友情によって、エリックが私に与えてくれたこと、私自身および人生について学んだこと、私は失ったもの以上の多くのことをもらっています。

もし私の人生に自閉症がなかったら、エリックの親として、こういった選択をさせてもらえなかったことでしょう。自閉症の家族としての私の仕事は、私の人生で過ごしてきた他の何よりも有意義なものであり、達成感を与えてくれるものでした。何年もの間、他人からの必要なサポートを受けてきたので、私は今同じような苦しい時間を過ごしている家族に、援助を返すことができるようになっています。このような機会を持てることは、大いに感謝すべき贈り物なのです。

第10章 子どもを手放すこと（アンの場合）

エリックの大学生活への移行は大変な部分もありましたが、またわくわくするものでもありました。私には複雑な気持ちがありました。エリックがいろんなことがうまくできたことすべてに幸せになり、また誇りを感じることがあったかと思うと、大学生である責任をうまく全うできるのだろうかと不安になることもありました。エリックの大学への移行についてのより詳細は、私の『発達障害者の大学進学』（Palmer 2006）に詳しく示されています。

私たちは、子どもの成長期を永きにわたって一緒に過ごします。子どもたちがヨチヨチ歩きのときは、私たちのちょっと前を歩かせて見ています。それから私たちは公園で遊具にのぼる子どもたちを見るように、遠ざかって固唾を呑んでいます。まだ「親による監視」をしていますが、子どもたちは親がいなくても、できることが増えていき、しなければならないことを理解し始めます。始めのころは、（母親と離れたくなくて）幼稚園で子どもが泣き叫んでいるときに、心苦しいものです。しかし、それは子どもたちが小学校にあがり、自信をもって行動するようになり、私たちを意識しないようになるにつれ、そのような気持ちは徐々に薄れていきます。思春期になると、子どもたちは自分たちのアイデンティティを見つけることが忙しくなるため、私たちを遠ざけようとしていきます。そして高校生ころまでには、信じられないことに家を出る考えに変化していきます。

このような成長過程は、障害のある子をもつ親にとってはとても難しいものなのです。世間を知るためにこのように徐々に子どもが親から離れていく舞台は、子どもが自閉症であるときには、とりわけ骨の折れるものになります。私たちの子どもがもつ弱さや予測できない行動によって、私たちはとり

エリック

わけ防衛的になり、心配性になってしまうのです。子どもたちに機会を与え、より自立に向かわせることは勇気が必要となります。子どもたちが成人になるにつれ、注意して見守っているという防衛的な境界を、彼らが越えていくことを促すことが、私たちに現実をもって要求されるのです。

三人の子どもたちを育てる中で、経験したこのような段階を経た親子の別れは、エリックにとってはとても難しいことでした。エリックは自分自身で探求したいとは思っていませんでしたし、また自立したいとも思っていませんでした。エリックは、何か新しいものに挑戦しようとするためには、私たちのアドバイスが常に必要でした。エリックは思春期になっても、挑戦的な行動や、反抗的な態度を示したことはほとんどありませんでした。エリックが新しい学校、そして新しい教室に入るときに、彼が公園ではじめて走ったときと同じような不安で一杯にさせられるのです。こういった同じような不安は、エリックを大学の教室に一人残したときにも、同じような不安でいっぱいになりました。それぞれの状況で、エリックがたとえ何歳であっても、エリックが傷つくのではないだろうか、失敗するのではないだろうか、あるいは誰かがエリックを利用したりするのではないだろうかと心配してしまうのです。

エリックが利用できる支援サービスを学び続けることは、不安の一端が減ることでもあります。私の知識が増えるにつれ、混乱が減り、自信が付いてきました。エリックが自閉症と診断されたときに、可能な限り吸収してきた情報よりも、今ではもっと多くのサービスに関する情報がありました。またしても私は知らなかったことや、息子にふさわしい援助のことを考えて困惑していました。学習しなければならない新しい専門用語、関わっていくべき新しい機関やスタッフについてです。社会保障や職業リハビリテーション、居住およびデイプログラム、そして援助つき就労についても学ぶ必要がありました。知らなければならない情報、書かなければならない書類は山のようにありました。エリックのために大学で選択できるサービスを調べなければなりませんでした。インターネットで探し始めると、大学生が利用できるサービスがたくさんあるのに驚きました。コミュニティカレッジ、職業訓練校、ネットによるオンライン授業とビデオの授業、大学への通学サポートや居住サポートなどです。私の住んでいる地域の大学について綿密に調べました。障害者のためのサービスはそれぞれの組織でどのようなサービスがあるのか、そしてどの大学が過去に自閉症学生に対するサービスを行っていたか、など。

エリックが自閉症と診断されて、まもなく二十年になりますが、私より前に（家庭から大学への）移行経験をした他の親たちにアドバイスを求めました。彼らのアドバイスや指導によって、私はこの苦しい段階でのストレスを、何とかしのぐことができました。また、エリックを知っていて、この移行の過程がうまくいくために何が必要かアドバイスをしてくれる専門家にも援助を求めました。この難題をとおしてエリックを（そして私も！）援助してくれる人たちがいっそう支えてくれていると実感しました。

エリックが三歳のとき、私が一人だけで障害児教育や障害者サービスの世界の荒波を航海し始めたときとは異なり、今回エリックは私と一緒にその学習過程に入らなければなりませんでした。エリックはどのようなサービス機関を利用でき、どのようにその機関とアクセスすればいいのかを学ぶ必要がありました。エリックは、自分の選んだことを理解し、大人として、自力で自分を守る方法を知らなければなりません。大学がこれらの重要な自己擁護スキルの訓練をする場を与えてくれることを知りました。

エリックが、大学に受け入れてもらえることを正式に知ったとき、私たちは狂喜しました。興奮もつかの間、急遽私がエリックに大学生活で必要とするすべてのことを、約三カ月間で教えなければならないことに気づきました。家を出るという移行過程は、エリックがかつて経験したなかで、もっとも大変な出来事になりました。そして、エリックが自分で生活をし、自分の身の回りの世話をするスキルを実際にテストする舞台でもありました。私はエリックの大学の授業には、あまり問題を感じていませんでしたが、日々の生活スキルに関しては自信がありませんでした。エリックは自分で自分の身の回りの世話をする必要があったからです。エリックには一人で実行するには、準備ができていない日常生活の領域がありました。

彼が大学に入る前に、学習すべきものを、混乱させずに自分で準備ができるようにさせる方法を見つけなければなりませんでした。エリックは自発的な会話や、長い会話が好きではありませんし、大学入学準備のために夏休み中、話し合いを持つことが嫌なことはわかっていました。私の解決策は、大学と関連する問題について話し合うために、エリックとの「ミーティング」をスケジュール化することでした。エリックはカレンダーを見て、ミーティングのことを理解できているのです。私はエリックに話題をとらえて話すことや、どんな質問にも答をみつけられるよう、ミーティングの前に教えました。

私たちは大学で入学する前の夏休み中、毎週話合いました。私たちが話し合う話題は、安全の問題（病気になったことをどのように理解し、誰に会いに行くか）、日常生活の問題（衛生、洗濯、お金の管理）、時間管理の問題（勉強と遊びの時間をどのように決めるか、自由時間の間何をするのか）などでした。私たちはまた、援助が必要なときに大学では誰に援助を求めるかなどの方法についても話しあいました。さらに授業中のノートの取り方、試験のための勉強の仕方、学習課題を細かいステップに分ける方法などについても話しあいました。これらのミーティングは何が必要かをエリックに準備させるためだけではなく、私にとってもエリックと離れていく準備のためにとても有効なものでした。大学でエリックに何が期待されているかを学ぶにつれ、彼一人でやっていけると確信しました。

大学に入る前に、障害学生が何を学習する必要があるかは、それぞれだと思います。お金の管理の準備が必要な学生もいれば、一方では衛生や健康の問題でサポートを必要とするかもしれない学生もいるでしょう。その学生の長所や課題は、それぞれ直面した領域で決めるべきです。私は学生生活がどんな日常かを想像しました。それから、エリックがこれらの課題に対してどのように対応すべきかを頭に描きました。何がエリックにとって簡単で、何がエリックを不安にさせるのだろうかと。

エリックの大学でのオリエンテーションでは、大学に入る前に準備をしていたため、とても容易に参加できました。エリックは夫と私が親のためのオリエンテーションに参加している間、新入生のための二日間のオリエンテーションに参加しました。私たちは大学のサービスの利用方法や学生の日常生活について聞きました。他の親御さんも、家から離れる子どもに、不安や心配でもってオリエンテーションに参加しているんだと思いホッとしました。

エリックはオリエンテーションの最初の夜学生寮で過ごし、他の新入生と会う機会がありました。エリックははじめに授業面でアドバイスしてくれる教官と話をして、彼の援助で前期授業の受講登録をすることができました。エリックは大学での初年度のいろいろなこと、どの授業がハードか、どの授業が面白いか、家を離れることでどのように感じるかなどの諸事情について先輩学生から話を聞くことができました。これらすべての経験によって、エリックは見通しを楽に持てるようになったのです。

エリックが入寮した日は、私にとってとても苦しい一日となりました。精神的に落ち込みました。私はしっかり元気にエリックの喜びを分かち合いたいと思い、家に帰るまではその気持ちを持ち続けようとしました。しかし、車の中で夫と二人きりになった瞬間、私の涙腺は開き、車の中でずっと涙を流し続けていたのです。とても憂うつな雨の一日でした。窓の外を眺めていると、車の中で泣き続けていた十六年前のもうひとつの雨の日を思い出しました。その雨の日とは、エリックが自閉症と診断され、家に車で帰った日のことでした。あの日は、エリックに感じた不安、彼の不確かな将来の不安に泣き続けていた一日でした。息子に対して抱いていた夢が、壊れたために泣いていました。今回はエリックを大学寮に残して家に戻るあいだ中、心配で、また涙を流していたのです。他の学生たちがエリックを受け入れてくれるかどうか、エリックが自分自身で安全な生活を営むことができるか確信を持てなかったからでした。しかし今回はエリックに対して夢が破れた涙ではありません。私の涙はエリックの新しい夢を祝福するためのものでした。エリックが自閉症と診断されてからどれくらいの日が経過したことでしょう。

おそらく、この章のタイトルである「子どもを手放すこと」

は、エリックのこの移行過程を通して私が経験したことを、正確に記述しているわけではないでしょう。どうやら「離れていく過程の始まり」とでも読んでもらうべきかもしれません。私は今もってエリックの生活と関わっているのですから。これ以上エリックに対して何でも決めてしまうことは少なくなるでしょうが、私はエリックにアドバイスを与え、エリックは援助が必要であるため、私のところへ来ることは続いていくものと思います。私は友人たちのことを考えますと、たとえばモリーンは、子どもの居住サービスへの移行をしてきています。モリーンたちは（サポートをしてくれる）他の誰かに親としての責任を何日もかけて譲渡していきました。これはどんな親にとっても苦しい経験であったに違いありません。エリックと私の場合はというと、親として果たしてきた責任を他の誰でもなく、エリック自身に移していこうとしています。多くの意味で、娘に対して経験してきたことに似ています。なぜなら娘も成長し、徐々に私を必要としなくなってきているからです。

しかしながら、エリックの場合はおそらく、人生の中で、私または他の人物が常にある程度の援助を供給する必要があるでしょう。この時点では、どれくらいのサポートが必要かを予測することは難しいことですが、私ができうる方法でエリックに援助する準備はしておくつもりです。永久に重い責任を負うことはできない（またするべきでもない）ということはわかっています。ですから、可能な限り自立できるようにエリックをサポートし続けようと思っています。大学の職業カウンセリング事務所の援助によって、エリックは自分の履歴書を書けるようになり、面接の仕方を学習し、そして最後には良い就職先を見つける（そう願っています）過程を始めていくでしょう。その時、私たちは子離れをする次のステージに向かうことになるのでしょう。

エリックと私が私たちの人生の中で、この（子どもと離れるという）段階に到達することは私にとってごく自然なことのように思われます。私はもう少しで五十歳になります。私の子どもたちも成長し、自分の生活へ移っていかなければならない時期に来ました。そろそろ子育てを終え、将来のことを考え、私と夫で多くの時間を持ち始める時期なのです。頭では、それは正常な過程であるとわかっているのですが、まだ切ない気持ちが残っているのです。エリックは私を必要としており、私もまた長い間エリックを必要としていたからです。とても強い関係であり、そして毎日関わってきた関係をこれ以上持たなくなるということは耐え難いのです。

エリックの人生は、エリックが自閉症と診断される前に私が想像していたものとは異なってきているかもしれません。しかし、エリックが自閉症と診断されてから、エリックの人生と未来は、私が思っていた以上に希望のあるものになっています。自閉症の子どもを育てた多くの親たちは、子どもの将来に対して、同じようなことを望んでいるのだと思います。私たち親は、子どもたちに安全で幸せな生活をしてもらいたいのです。私たち親は、彼らに満ち足りた生活を送ってもらいたいのです。子どもたちのことを気遣ってくれる人たちに周りにいてもらいたいのです。手放すこと、そして私たちぬきで、リスクを引き受け切り開くことを受け入れることは、私たちが子どもたちに望む人生をつかむために必要な旅の一部なのです。それが困難で恐ろしいものであっても、子どもたちを手放すことは、彼らを愛しているからでもあるのです。子離れについて学ぶレッスンは、第十一章の最後に資料を掲載しています。

第11章　子どもを手放すこと（モリーンの場合）

私の母がかつて「なぜ親であることが、この世でもっとも難解な仕事であると考えるのか」と打ち明けてくれたことがありました。親は子どもたちが自立できるように長年愛情を注ぎ、苦労の多い仕事をこなし、犠牲を払い続けます。もしそれがうまくいくのなら、親というものはわざわざ苦労をして自ら失職も厭わないのです。マイケルとパトリックが高校生になったとき、予想したとおりに、親子関係が疎遠になっていくことを強く認識しました。大学に行くため息子たちが家を離れることを想像すると、私は彼らと離れることに悲しくてなりませんでした。高校三年生までは、長い間息子たちは精神的な「ヘソの緒」で強く結ばれており、より自立できるように育ててきました。息子たちは（承服しがたいのですが）とても期待を持って喜びながら家から離れる準備をしていました。当然のことながら、十代の息子たちの典型的な行動として、結局家を出て行くということは、そんなに悪いことではないと夫と私に教えてくれたのでした。

しかし、ジャスティンが、この健常の弟たちのように家を出て行くための準備をしなければならないことは、全く予期していませんでした。夫と私はジャスティンが家を離れて私たちの地域にある、質のいいグループホームに移るかもしれない将来、いつか離れなければならない日について話し合ったことがありました。しかし、ジャスティンが本当に家を出る時期が来ようとはまったく信じていませんでした。もちろん、ジャスティンが永遠に私たちと一緒に住むことができるとは思ってはいませんでしたが、ジャスティンが家を離れて、違う場所に住むという見通しを持てませんでした。私が喜んでジャスティンの世話をして、またそれができる唯一の人間であると思っていたからです。私はジャスティンの専門家で

ジャスティンの住むグループホーム

した。ジャスティンのもっとも優れた教師であり、ケースマネージャーであり、もっとも役に立つ、かつすべての役割ができる権利擁護者でもありました。ジャスティンは私たちと永遠に一緒に住むことはできないけれども、私たちなしでは暮らしていけないという奇妙な罠にはまったような感じでした。ジャスティンの将来を保証する唯一の解決策は、私が決して死なないことだと半ば本気で考えていました。

ジャスティンの小学校時代ずっと、私は成人に達した自閉症の人たちのサービスのほんの表面を知る域を出ませんでした。私はあまりにもジャスティンの、そのときどきに対応するだけで精一杯であり、将来はまだ遠く、考えるには恐ろしく見えていたのです。しかしながら、ジャスティンが高校に入るころには、私が避けていた未来が急激に目の前に近づいてきました。私は学校卒業後の生活について、前もって行動する方針をとりました。ジャスティンの将来を保証するため、私のプランAは永遠に生きることでしたが、万一の場合に備えてプランBが必要だと判断したのです。

公立の学校から高等教育への移行を行う学生を、援助するための移行サービスは、最近正式に認められてきましたが、ジャスティンのニーズに合うような移行支援サービスはまだ十分に機能していませんでした。そこで、私は以前と同じようなルートを通して、成人サービスの世界を広げていこうと思いました。私の勉強に何とかエンジンをかけてくれた人たちは、成人に達した自閉症児の親と私が尊敬（学校でも、個人実践でも、権利擁護でも）する専門家たちでした。ジャスティンの移行準備のために、二つのすぐれた課題を特定してくれました。最初の課題は、私たちがジャスティンに、どのような居住環境で労働環境をどうするかを決めることでした。第二の課題は、どのプログラムがジャスティンにぴったり合うか、成人サービスの情勢を調べることでした。

ジャスティンが、IEPにおける教育（注：IEPでは21歳まで高校に在籍できる。）を終了するまでに6年間残っていました。夫と私は、ジャスティンの高校を卒業する二十一歳になった後にどうするか、時間をかけて検討しました。もしジャスティンが私たちに話すことができたなら、何を望むだろうかと考え練り上げました。私たちは、次のようなリストを作りました。「彼が安全であること。彼が幸せであること。彼を理解し、彼を好きでいてくれる人たちに周りにいてもらえること。その周りの人たちは、ジャスティンが必要なことを正しく認識してくれること。選択肢があること。彼は良い日も悪い日もあるということを許容してもらえること。彼が新しいスキルを学習し、自立していけるように支援してもらえること。彼が、自分や他人を傷つけたりしないこと。私たちの居住する地域に住むのだけれども、私たちの家に住むわけではないこと。彼が地域の暮らしに参加できること。彼が居住および働く場所がどこであっても、親と接触することに価値を置いてもらえること。家庭と同じような環境に住めること。家から仕事までの移動がスムーズであること。そして何より『幸運に恵まれた生活』であること。」

　ジャスティンに対する私たちの夢は、全く新しいものではありませんでした。それらは、毎年作られたＩＥＰ計画と同じような、目標に若干の変化を加えたようなものでした。私たちの夢は、ジャスティンの重篤な自閉状態や知的障害のレベルという現実によって少しずつ変化してきました。それらはまた、ジャスティンをよく知ることにもつながり、ジャスティンの長所、ジャスティンの興味、ジャスティンのニーズを理解できるようになるにつれ、変化してきたのです。

　ジャスティンが高校生になったとき、私たちは近くにある農場で働きながら居住できるプログラムを、訪問見学する機会を得ました。ジャスティンの興味やジャスティンの長所に合っているような農場プログラムがよいと思いました。ジャスティンは小さいときから、いつもアウトドアが好きでしたし、水や風に接するのを特に喜んでいました。子ども時代からずっと、ジャスティンは、落ち葉を踏んでパサパサと音がしたり、その落ち葉を蹴飛ばすことができるような山道を歩くのが好きでした。そこはジャスティンが、思わず樹木を抱きしめたくなるような場所でした。というのは、私たちが山道を歩くと、ジャスティンは、よく立ち止まって、喜んで木の幹を抱きしめていたものでした。今でもジャスティンの大好きな余暇はハイキングや水泳、スケートのようなアウトドア活動なのです。私たちはまた、農場での仕事は動いたり、物を持ったり、水を撒いたり、物を運んだりするような大まかな身体運動という、ジャスティンの長所をうまく使っていると考えました。仕事を通して手を使ったり、座ったり立ったり、動き回る機会はジャスティンの破壊的行動を抑制し、適切な行動を促すことにもなります。農場にはたくさんの複雑な仕事がありますが、ジャスティンがそれらの仕事の一部をうまくやれるように、課題を細かく分けてもらえそうでした。また、農場の仕事は、長い間同じ作業を繰り返すのが好きなジャスティンにとって、いくつかの仕事の可能性がありました。農場では、ジャスティンが、他の人たちと密着して働く必要がないように、十分なスペースを確保することができました。残念ながら、彼は機嫌が悪いとき、自分の世界に没頭してしまうことが今なおあります。大声を上げるような問題行動は、ジャスティンがとてもうれしいときと、混乱したときに生じるのですが、戸外では、問題行動が起きたとしても、他の人たちの邪魔をしないでしょう。（ジャスティンの大声を出すという特徴は、自閉的な特徴というよりは親譲りの特徴にも関連していると思うのですが。）　遅まきながら、ジャスティンはパターン化された生活の中で、変化にかなり適応できるようになっています。それは、天候の変化と同じような予測できない出来事に影響される環境の変化でも強みになりました。

　私たちが、ジャスティンのために見つけた将来の居住と労働の場がどのようなものであっても、それは彼のニーズに焦点を当てて選ばなければならないでしょう。安全であること、危険をよくわかっていないジャスティンのために常にくっついて世話をしてくれる人が必要でしょう。ジャスティンには、日常生活および仕事に関する多くの活動に援助が必要です。ジャスティンには、彼を理解し、ちゃんと訓練や指導を受けたスタッフが必要となるのです。ジャスティンのプログラムには、親のような関与が必要でした。

当時高校卒業後のジャスティンに最も適しているサービスがはっきりしてきました。ＩＥＰプランの方針を変えることにしました。ジャスティンが小さかったとき、ジャスティンがこの世界でうまくやっていくために必要な可能な限りのスキルのために、ＩＥＰをすべて苦心して作り上げました。しかし、ジャスティンが思春期になるころに、私たちは具体的な目標をもっと徹底的に立て、高校卒業後の人生のためになる課題を選択しました。結局、いくつかの目標を捨て、新しい優先順位を決めたのです。私たちが家庭と学校で学習すべきと決めたスキルは、ジャスティンの具体的なスケジュールを発展させ、自分の身の回りの世話や衛生管理、トイレ、料理、家事、そして屋外での労働などにしたのです。

私たちがジャスティンの学校卒業後の移行について動き始めるにつれ、大人になった自閉症に利用できるサービスはどのようなものがあるか探し始めました。私の地域にあるプログラムやノースカロライナ州のほかの地域にあるプログラム、さらにはノースカロライナ州外のプログラムなどを訪問してみました。もっとも素晴らしい実践をしているところを学ばせたかったのですが、実践しているところがあまりなく落胆させられました。

成人サービスの世界がなんとバラバラで複雑で、また混乱しているかを知って驚きました。質の高いプログラムは決定的に不足していて、長く待たなければならないリストがありました。なぜなら、成人サービスはまだ公式に義務づけられているわけではないので、ジャスティンにふさわしいプログラムが考えられても、そういった場所が保障されていないのです。利用できるプログラムのための財源や、期待できる長期的な計画や資金が不十分なのです。さまざまな成人サービス機関の間の連携がないことにびっくりしました。異なった機関同士が連携してサービスを行おうとすることは、猫の群れなどないのと同じように不可能なことでした。ジャスティンのための居住場所を得ようとすることは、過去に行ったジャスティンのための権利擁護の労力をしのぐハードで創造性が必要なことでした。

ジャスティンの移行のための権利擁護を準備をする中で、さらに二つの問題が出てきました。最初の問題は、私がすでに減速状態にあることでした。ジャスティンの擁護にたいする私のエネルギーも忍耐力も弱まってきていたのでした。何年もの間ジャスティンのために行ってきた説明、弁護、激励、通訳などに疲れてしまったのです。私はジャスティンに有効な弁護のための能力を身につけ、サポートシステムを展開してきましたが、気力が徐々に失せてきたのでした。私は数多くの知識を身につけましたが、無駄で役に立たない人たち、およびそのようなシステムのためにヒューズが切れてしまったのです。私は正解を出す「誰か」、私の息子のために働いてくれる「誰か」を待ち望んでいました。ジャスティンの青年期は難しいものでしたし、彼と一日を過ごすことはフルタイムの仕事に匹敵しました。現在の要求されるものと将来の計画との間には途方もない不安感がありました。もし、何か利用できることがあれば、それがジャスティンが家を離れるための準備ではなくても、素早く取り入れる必要がありました。

ジャスティンが十八歳になったときのことでした。居住農場プログラムであるCLLC（カロライナ・リビング・ラーニング・センター）がオープンしたので、そこに申し込もうと決めました。そこの自閉症の専門家を知っていましたし、また尊敬もしていましたし、そのプログラムにも好印象をもっていました。CLLCは、ジャスティンにピッタリ合っていると思いました。そこは、実際私が住んでみたい場所でした。ジャスティンはそのプログラムに合っていたのですが、ほんとうにたくさんの人が希望していました。ジャスティンは最終段階で落されましたが、一方、どなたか私たち以上にサービスを必要としている人が受け入れられたのです。

私たちがCLLCに申し込んだ年は、とてもひどい年でした。入れるかどうかの決定を待っている間、私の心は毎日、どちらの結果を自分が望んでいるのか、ゆれていたのです。ある日、もしジャスティンが受け入れられたら、私は死にたいほどでした。次の日には、もしジャスティンが受け入れられなかったら、こちらも死にたいほどだったのです。結局ジャスティンが断られたとき、なぜ入所委員会がそのような決定を下したか理解できる部分もありました。他の多くの応募者たちのことをよく知っていましたし、彼らには私たちよりも強いニーズがあったのです。委員会が難しいふりわけの決断に悩んでいたことは、疑いの余地がありませんでした。委員会の人たちは私の家族のことを知っていたので、ジャスティンの入所を断ったことは、とりわけ苦痛の選択だったに違いありませんでした。しかし、少なくとも次の年、私の胸中は一変しました。それは、ジャスティンが、CLLCには適していないという理由で、拒絶されたとわかったからです。美人コンテストの自閉症ヴァージョンの基準に沿わないために落選したのでした。私はそう考えて悲嘆にくれました。このプログラムでジャスティンのための居住場所を見つけることができなかったのに、どうやって他を探せるのでしょうか?。

CLLCにおける居住サービスというドアが閉まった一方、その日のうちに農場で働くジャスティンのために、別のドアが開かれたのでした。それは高校最後の三年間、ジャスティンの補助をしていたロビンと一緒に働く農場の出現でした。ジャスティンが高校を二十一歳で卒業したとき、ロビンは学校システムで働くことを辞して、その農場でフルタイムのジョブコーチになりました。ジャスティンとロビンはその後3年もの間、農場で一緒に働きました。この間、ロビンは彼女の家にジャスティンのために、よい居住設定内容を考えてくれました。ジャスティンとロビンはお互い大いに気に入っていました。彼女は、ジャスティンの生活で最も大変な時期を通して、ジャスティンを見守ってくれました。ロビンは彼女の家で、ジャスティンのために夜を徹してレスパイトケアを行ってくれたこともありました。そしてジャスティンにとって彼女の家はもうすっかりセカンドハウスのようでした。

私たちはとにかくやってみようと方針を固めました。一年間、援助された居住設定はとてもうまくいきました。ジャスティンは一週間に四日間ほどロビンの家で生活し、私たちの家と彼女の家の間を容易に移動できるようになったのです。しかし、すべての援助つき居住サービスに合うようにロビンの家を整えようとするにつれ、費用が問題になりました。ジャスティンの医療補助制度では、一日二十四時間の監視の必要性をカバーするための費用は、十分にまかなえません。さらに他の問題が起こり、最終的には、この援助つき居住サービスをどのように推し進めていくかについて、私とロビンが違うヴィジョンをもっていたことが、はっきり分かりました。ロビンは突然辞職し、私たちはジャスティンを家に連れ戻しました。

ジャスティンにロビンとの関係が壊れたことをわからせるには時間がかかり、悲しませてしまいました。しかし、私は重要なレッスンを受けたと思います。ロビンの家は、わが家のようで、とてもすてきで模範的な家でした。しかし私は、ジャスティンが大人として、安全と安心のため、たんなるジャスティン個人のためではない、より大きなサービス機関につなげたかったのです。

ジャスティンが家に帰ってきたとき、私はフルタイムの介護者でお抱え運転手に戻っていました。幸運だったのは、以前お願いしていた介護者をリクルートすることができたことでした。彼らはジャスティンの目標を達成するためには、「私がどのようにのんびりくつろぐか」が大事だなどと冗談を言ってくれました。彼らは私が公園を歩いたり、ぶらぶらすることに賛同してくれ、ジャスティンのスケジュールを見過ごしてくれ、不意打ちの出来事も分担してくれました。彼らは、ジャスティンが自分でできる日常の雑事も私が世話をしていることを指摘してくれました。この一年で私は彼らの冗談の意味がわかってきました。私はジャスティンを自立させ、新しいスキルを学ばせる役をおりる時期にきていました。私はジャスティンの教師であること、ケースマネージャー、権利擁護者の役割を果たすことにへとへとでした。これらの役割を果たしてくれる誰か他の人を待ち望んでおり、ただジャスティンの母親でいさせて欲しかったのです。

他の人たちが私よりもジャスティンの面倒を見るのが上手であるとわかると、私はジャスティンが家を出て行く時期を自覚しました。誰もジャスティンのことを愛することはないだろうと、予想していましたが、今ではジャスティンに対して手を差しのべてくれる人がいるのです。もしジャスティンが家にいたら、結局、ジャスティンはそういったチャンスを手に入れられなかったでしょう。私の気持ちはマイケルとパトリックが、学校を卒業したときに感じた気持ちと驚くほど同じでした。その時期がやって来たのです。私たちは新しい関係を準備する時期になったのです。「もし」居住するためのとてもいい場所を探すことができたら、ジャスティンが家を出ることはとても良いことなのだと思いました。

こんどは、その大きな「もし」が生じたのです。CLLCの前のおよび現在の担当者は、ジャスティンが農場で順調にいくとわかっていてくれたのです。同じような別の機関が、州内に居住ファームプログラムを作ることを知りました。皮肉にも、居住オプションの必要性について、権利擁護機関に質問されたとき、この新しい農場プログラムに賛同するかどうかという公の機関からのヒアリングを受けていました。この時点で私は、農場での質の良い労働が、高く評価されているプログラムがあるということを知っていました。しかしながら、最初私はこの農場プログラムを希望していませんでした。そこは私の自宅から二時間もかかるところだったからです。しかし現在では二時間の距離というのは、そんなに離れているとは思えなくなりました。というのは、CLLCでジャスティンの仕事の移動に、一日二時間以上運転していたからです。それで、入居に興味をそそられ、またそういった機会が中々ないということを知っていたので、私は訪れてみることに決めました。

私がその機関の代表者に会いに行ったとき、一マイルもの長さの質問リストを携えていました。昼食に入る十分間に、私はそれらのリストをゆっくりと横に置きました。プログラムの計画について、代表者が話をしてくれたことと、私の思いが同じだったのです。私はこれこそジャスティンのためのプログラムだと理解しました。私の質問は（尋ねようと思わなかったことを含めて）その日が終わるまでに満足のいく答えをもらえました。

私はカロライナファームに申し込みをし、ジャスティンは受け入れられました。この過程を経験する中で、私は自分の感情を意識して横に置いておきました。そうなるには、たくさんの実践と時間を費やしてきました。もし、用心をやめたら、すべてうまくいかなくなるのではないかと心配していたのです。さらに、ジャスティンが家を出て行く日が来ることを味わうなんて、誰が知っていたことでしょうと考えていました。私はじっと待ち、そう振舞おうとしました。

ジャスティンをファームに連れて行った日、夫と私は家に帰る車の中でずっと涙があふれて止まりませんでした。その日は私の人生の中で最もほろ苦い一日でした。ジャスティンの存在を思い悩んでいた無知な二人が、今では中年夫婦の喪失感で、子どもが家を離れる寂しさを乗り越えようとしていることを話していました。それは、苦しく、しかし大切で、また癒し合いの会話でした。私たちが若かったとき、私たちの生活にジャスティンがいることすべてが結婚生活のストレスと重圧でした。今では私たちがジャスティンを育てたこの困難な時期を共有できたことは、お互いの連携と人生を深めることにもなったことがわかっています。

家では、感情を制御できずにいました。ルース・サリバンが述べている親の不安の激しさを味わいました（Sullivan 1997）。「ジャスティンは住んでいるファームで何をしているのかしら。どうすればジャスティンが幸せになるのか、ファームのスタッフは知っているのかしら、あるいはそういう世話をしてくれているのかしら。夜にジャスティンの足が冷えてくるのを彼らは知っているのかしら。夜、誰がジャスティンに優しく接し、ジャスティンの背中をさすってくれるのかしら。ジャスティンが面白いと思えることを彼らは理解しているのかしら。私たちの家ではないファームをジャスティンが『自分の家』と考えるようになるにはどれくらいの時間がかかるのかしら。私たちがジャスティンを捨てたとジャスティンは考えていないかしら。あるいは、私たちがもうジャスティンを愛していないと考えていないかしら。（ジャスティンのいない）家での空虚感に私たちはどう向き合えばいいのかしら。」

この移行過程にジャスティンがどう適応していくのか心配でなりませんでした。私たちがファーム入所を申し込んだときに、彼を一緒に連れて行ったのですが、引越しが極めてショックなことだと思いました。ジャスティンの理解力が低いため、私は引越しの際、ジャスティンがどうなるか、想定することができませんでした。それまで、ジャスティンの世界は、快適で、知っている人たちに囲まれ、それに安心できるパターン化された家や仕事に囲まれていました。それが突然知らない人や、何を期待されるかわからない、新しい家とファームで五人の仲間の一員になったのですから。はじめは、ジャスティンは落ち込んだことだと思います。部屋に引きこもり、自分のテディベアにしがみつき、長い間寝ていました。食欲がなくなり、体重も落ちました。ジャスティンの胃腸の問題と行動問題が頻発したのです。ジャスティンがとてもかわいそうに見えて、私の心は張り裂けそうでした。スタッフの人たちが、ジャスティンの移行過程での反応は、ノーマルなものであると言って私を安心させてくれました。スタッフたちは、彼がくつろいでいけるように何でも行う気持ちがあるし、そのための準備もすると私を説得してくれました。ファームでの最初の大変な時期を通じて、スタッフの人たちがジャスティンを決して望んでいなかったとは思わなくなりました。スタッフの献身的な対応や思いやりによって、ジャスティンは最後には必ず適応できるようになると確信しました。

その上、私は居心地の良いところから追い出したと感じていたので、ジャスティンに感情移入をしていました。頭でわかっていても、心では納得できていないことが大きな驚きでした。私の頭の中では、ジャスティンが新しい家で過ごすには時期的にも、場所的にも、そして人的にもいいと思っていました。しかし、心の中では何か悪いことをしたのではないかと悩んでいました。ジャスティンの世話で動いたり心配することが、私の人生の定めとしていたからです。今ではようやく二十六年間も行ってきた息子のための仕事を、他の人に委ねるようになりました。

私は新しい役割を考えようともがいていました。ジャスティンがファームに移った後、彼が自分の行動をうまく抑制できないのはわかっていました。私がファームに電話して、そこのスタッフの人たちと話したとき、彼らはジャスティンがどのような行動をしているか、最新情報を教えてくれました。彼らはジャスティンがファームに適応できるように、頑張っていることを正直に話してくれました。しかしながら、私は電話を切った後、居ても立ってもいられない気分になりました。もしジャスティンが家に住んでいれば、たとえ悪い日があっても、そのときジャスティンに、どんな状況が必要か(私なら)理解し、関わることができたからです。たとえ必ずしも問題解決に至らなかったとしても、何か感覚をコントロールすることができるでしょう。電話を切って、そして自分の無力さを感じました。次に何をしたらいいのかわからず、私はただ座って心の中で葛藤していました。私はジャスティンをサポートするスタッフのメンバーに含めてもらいたかったし、一緒にサポートをしたかったのです。(私は良い親なので、私を仲間に入れるに値する親であるとスタッフに思ってもらいたかったのかもしれません。)

しかしながら、電話をしても問題の解決になりません。電話をかけ続けることが、こんなに大変なことであるとは思ってもみませんでした。電話をかけたかったのではなく、すべてがうまくいっているつもりになりたかったのです。ジャスティンの移行に熱意が失われると同時に、しだいに悲しんでばかりいるようになりました。

その後数カ月、私は自分の悲しみを乗り越えようとしていました。私は深呼吸して、一人の時間を過ごし、ようやくいつでも受け入れられるところにいればいいんだと思えるようになりました。ジャスティンが初めて自閉症と診断されたときに比べて、今では悲しみの向き合い方に慣れてきているのです。何年もかかって、両親やごく親しい友人たちを亡くした経験から学びました。今では、私は悲しみを和らげる近道はないということを知っています。私は自分の人生にしり込みしたり、直面せざるを得ない感情を回避するためにやっきになるのをやめました。ジャスティンが自閉症と診断されたときとは違って、この時期はとても苦しいけれども必要な時期である、すなわち不安を伴うけれども、避けられない時期であることがわかっています。重要なのは、この出来事は一生続くものではないと知ったことでした。

ジャスティンは家を出て、約半年かかって適応できました。ジャスティンは徐々にホームの活動に参加することで、寝室の外で生活できるようになり、スタッフとの関係も改善してきました。ジャスティンは働くことがいちばんのお気に入りでないことは、スタッフも知っていましたが、農場の仕事にだんだん積極的になっていきました。スタッフの人たちは、ジャスティンの興味をそそる仕事を見つけることは、そんなに難しい問題ではないという私の考えを立証してくれたのです。ジャスティンの天職はなによりも仕事からはなれたところにあります（注：休憩時間）（ジャスティンには「重度の普通（注：正常）」な側面もあります）。幸運にもジャスティンは、会話が絵で示されるような柔軟性のある環境で生活していきます。ソーシャルワーカーは私に次のように話してくれました。「スタッフがジャスティンの休憩遊び用に、グループホームの隣の車道でローラースケートができるようにしたんです。」しかし、その車道はそんなに長くなかったので、スタッフたちは、ジャスティンが時間をもてあましてしまうのではないかと考えました。それで、彼らはジャスティンに、ホームの玄関と裏玄関を開け、家を通り抜けて、中庭を開放し、スケートができるように車道の周りに彼用のローラースケートリンクを作ってくれたのでした。これほど創造性で柔軟性のあるものは考えられません。

ファームのホームスタッフを知るにつれ、ジャスティンが家を出たことが良いことだったと思い始めています。私がファームに立ち寄ったとき、スタッフのジャスティンへの関わり方を観察させてもらうことに、不快を感じているようには思えませんでした。彼らはジャスティンのニーズにどうしたら答えられるか私のアドバイスを求め、また私を受け入れてくれました。彼らは私が情報を求めたり、私が関心を示すことにすぐに対応してくれました。問題が起こると、それを確認し問題を修正するという「抑制と均衡（チェックアンドバランス）」システムを見せてもらいました。スタッフはジャスティンを本当に理解し楽しませようとしてくれているのです。またカロライナファームの他の多くの親たちとの、長い友好関係を持つことができたことも幸運なことでした。他の親たちが私のサポートが良いと認めてくれると、私自身も元気が湧いてきます。またファームを運営していくNPO法人の使命とプログラムを後押しして、ともにやっていく献身的な親集団も私はいただいたのです。

他の親や専門家たちは、私がジャスティンの引越しから適応まで、少なくとも一年はかかるだろうと教えてくれたのですが、まさにそのとおりでした。一年後、結果的に頭に心が追いついてきたのです。今ジャスティンが家に帰ってくるとき、家にいるのはとても幸せそうですが、グループホームに戻る時間になっても決して嫌がりません。私も同じように感じています。ファームへ帰る二時間のドライブは美しいノースカロライナの田園風景を通してそんなに遠いとは思われなくなりました。ジャスティンの週末の移動を提供してくれる世話人がいることも大変幸運なことです。

ジャスティンが新しいホームに移ったことで、本当にうれしいと思えることがあります。それは介護者を雇用したり、トレーニングしたり、監督したり、そして追加のお金を払ったりしないことがうれしいのです。私は五箇所とか六箇所ではなく、一箇所の機関のみで機能しているのをうれしく思います。ジャスティンが落ち着いて家に帰ってくると、ジャスティンの睡眠の問題に直面します。しかし彼が、向こうに行くと私は一晩中ぐっすり眠れることはわかっています。しょっちゅうあれもこれもしないでいられることをうれしく思います。ジャスティンは、一カ月に二度ほど、あるいは長期休暇で家に戻ります。そのときはスケジュールを入れないで、ほぼジャスティン中心の生活を考えます。残りの時間を調整して、自分自身のスケジュールを計画します。現在、私はノースカロライナ自閉症協会でフルタイムの仕事に戻ることができています。ジャスティンのための質のいいプログラムに出会う幸運のおかげで、私は他の自閉症の家族のために、同じような機会を作り出す援助に情熱と義務を感じています。

どうやら私たちは家族全員の関係を見直す時期にきているようです。マイケルは卒業し、パトリックも後ろに控えています。弟たちが小さかったとき、夫と私は子どもたちが大きくなったときに、ジャスティンを弟たちに生活の世話を託すことを期待しないでおこうと二人で決めました。私たちは、ジャスティンの面倒をきちんと見てくれるだれかと一緒に住めるように、ジャスティンのために素晴らしい場所を探すからと息子たちに言いました。マイケルとパトリックに彼ら自身の人生を追い求めてもらいたかったのですが、彼らがジャスティンの人生を考えてくれることも望んでいました。今では、彼らは大人になっており、弟たちが、小さかったころより、ジャスティンとのいろいろな関係を築く可能性があるのを信じています。私たちの家族は、息子たちがジャスティンとの関係をどうしたいのか、具体的に話を始める時期に来ているのです。このことは私たちのための新しい領域なので、進むべき道がまだ全くわかっていません。マイケルとパトリックはまだ若く、ジャスティンの後見人にはなれませんが、私の望みは彼らがいつかはその役割を共有したいと思ってくれるようになることです。もし彼らがジャスティンの後見人の役割を受け入れることを決めてくれたら、彼らにもその方法に沿って援助や準備そしてトレーニングが必要となるでしょう。

当面、特別支援信託にジャスティンのための私たちの遺言や相続の後見人がいます。その遺書には、私たちが死んだ後、ジャスティンのために、質の高い生活を保障する場所を望んでいるということについて全部書かれています。ジャスティンの生活に関わって、彼の後見人にアドバイスしてくれるよう依頼している、友人や専門家の顧問委員会が記されています。私たちの目標は、ジャスティンが必要としているサポートやケアを、保証してくれる人たちに囲まれて過すことです。

ジャスティンが家を出て、母親としての経験を書く必要性があることに気づきました。この本の中で、私はジャスティンが自閉症と診断されたときに感じた喪失感についてたくさんお話してきました。そろそろ、私が手に入れたと思ってよい「子どもを手放す」この章を終えるときが近づいてきたようです。

さて私は、ジャスティンの母親であることから何を得たのでしょうか。高－扶養の比類まれな関係、低－機能の自閉症、最高の笑顔でもって扱いにくい青年、ユーモアのあるいたずらっ子、そして彼全体の人を引きつける魅力。（文字通りにも、比喩的にも）私が望んでいない生活の中にバタバタと大騒ぎをして（注：kick and scream は文字通り訳すと私を蹴りつけ、金切り声を上げて）入ってきた出来事が私の人生を決定づけたのです。しかし今では、ジャスティンがいないということは想像することもできません。ジュディス・ヴィオーストが私たちに「必要な失敗」と言っているように、もし人間として私たちの成長が失敗と密接に関係しているのなら、ジャスティンの親になることは、私が思っていた以上に人として成長させてくれたと思っています（Viorst 1986）。ジャスティンが不安と混乱に満ちた世界に勇敢に立ち向かうのを目の当たりにして、勇気が湧かないわけはありません。私の親としての失敗にも関わらず決して恨みを抱かない子どもから寛容さを学べないわけがありません。どうして可愛げのない行動を起こすものと一緒に暮すことで、生半可ではない愛情について学ぶことができずにいられるでしょう。愛とは感情のことばかりではなく、たしかに選びとるものだと教えてくれました。

私は自分の人生を通して驚くべき師たちを持ち得ました。しかしながら、この四半世紀にわたる私の人生で最も大切なレッスンは（みんなそう言うかも知れませんが）ありそうも思われないところ——私の息子、ジャスティンから学んだことです。私が予期しなかったこの未来に立ってみて、私の日々の生活の中にジャスティンが今いないことを寂しく思います。私の重責であるジャスティンは、それでいて私にとって最高の贈り物です。

子離れについて私たちが学んだレッスン

1. 子離れは、ジャスティンとエリックが大人へ移行するために私たちが経験するプロセスです。大人になった子どもの親として、子離れは、成長した子どもと彼らに援助をしてくれる専門家との、新しい役割と関係を作るために必要不可欠なことです。

2. ジャスティンとエリックに望む夢は、健常に育った子どもにもつ夢となんら変わりはありません。それは、彼らが安全で、幸せで、意味のある仕事に満たされることなのです。そして、世話をかける人がいたり、また世話をする人がいることなのです。

3. 移行へはいつも不安や悲しみ、そして力のなさなどの多くの不快な気持ちといったリスクがあることはやむを得ません。しかし、反面私たちは、ジャスティンとエリックが若い男性として学び、成し遂げることにプライドと驚きの経験もしています。

4. 移行サービスは現在では自閉症の青年に認可されています。あなたのお子さんの学校がどのような移行計画をしているのかをよく知ることです。学校卒業後に自閉症青年が必要となるサービスについて、あなた方自身が情報を収集すべきです。そのためには、他の親たち、専門家と頻繁に情報を交換し、実践されている移行プログラムを実際に訪問し、そのための文書を熟知することです。

5. 良い移行計画は、あなたとあなたのお子さんの夢を反映し、子どもの長所、能力、ニーズ、そして興味や関心について現実的アセスメントに基づいたものでなければなりません。一個の独立した大人になるために、可能な範囲内で、自分で自分の面倒を見ること・自己擁護・コミュニケーション・自己決定を移行目標で目指しましょう。

6. 子どもたちをサポートする良いサービスを持つことは、エリックやジャスティンが、家から離れていくために不可欠なものでした。すべての自閉症成人とその家族のための、サービスの質や利用できる可能性を改善するために、全自閉症社会で一緒に取り組む必要があります。

あとがき

私は、二〇〇六年八月から二〇〇七年九月までの約一年一カ月間、ノースカロライナ州アッシュビル市にあるアッシュビルTEACCHセンターで自閉症者支援に関する研修を受けました。このアッシュビルTEACCHセンターには、ディレクターと呼ばれるセンター長はじめ六人のセラピストが乳幼児の診断から成人期の就労までさまざまなサポートを行っていました。そのなかの一人にクリス・リーガンという女性のセラピストがいました。彼女には四人の息子がおり、一番下の息子ティムが消防士で、もうすぐ結婚するという時期でした。そのすぐ上に大学院で哲学を勉強しているアンディがおり、またその上に考古学を勉強しながら森林レインジャーになったジェームスがいました。そして長兄として当時二十七歳になるバッキーがいたのですが、そのバッキーは知的障害を伴う自閉症でした。

バッキーは家から離れてグループホームに居住しながら働いており、絵を描くのとマラソンが大好きなとても素敵な青年でした。

クリスの夫マイクは父親が朝鮮戦争に従軍していたため、小さいときに日本の別府に住んでいたためか、とても日本が好きなのだそうです。クリスとマイクは学生時代にボランティアで英語を教えに行ったアフリカで知り合い、アメリカに帰ってきて結婚しました。

そして最初に生まれたバッキーが自閉症だったのです。

私がTEACCHセンターで研修を受けてふた月ほど経過したころでしょうか、そのクリスが私のところへやって来て、「この本はとてもいい本よ、ぜひ読んでみるといいわよ」と手渡されたのが、『自閉症の親として』でした。（その時は、この『自閉症の親として』が後に二〇〇七年の全米自閉症協会〝ベストブック・オブ・ザ・イヤー〟に選ばれるとはまったく想像していませんでしたが。）

バッキーが生まれたころは、アメリカでも自閉症の原因は、親にその責任があるように言われている時期でした。クリスは藁をもすがる気持ちでいろいろな機関を訪れるも、どこも十分な対応はしてくれませんでした。そんななか、ノースカロライナ大学医学部精神科TEACCH部を知り、リー・マーカス教授が母親の会を立ち上げていると聞き、飛び込みました。マーカス教授はとても優しく、保護者の気持ちを心から受け止めてくれたそうです。その母親の会でクリスは親しい友人ができました。その友人たちとは二十年以上経た今でも親しい付き合いをしています。その友人の名がアン・パーマーとモリーン・モーレルでした。

研修の合間を縫って、クリスから紹介されたこの本を読み進めるにつれ、いつの間にか保護者であるアンとモリーンの気持ちに共感し、ぜひこの本を日本の自閉症の親および関係者に紹介したいと思うようになりました。そんな折、『青年期自閉症へのサポート』でお世話になった岩崎学術出版社の唐沢さんとのCARSのニューバージョンであるCARS-HF（高機能自閉症・アスペルガー症候群の自閉症評定尺度）についてのやり取りをメールで行っていたため、この本を訳したい旨をお伝えしました。翻訳本はどこの出版社でもあまりやりたくないと聞いていたのですが、唐沢さんのご尽力により翻訳権を取っていただきました。それから日本とアメリカとのメールのやり取りで一章ずつ訳したものを検討していただき、訳がわかりづらかったところはクリスを通してアンとモリーンに何度か会わせていただき、確認させていただきました。

その間、バッキーのマラソン大会に一緒に出たり、バッキーの描いた絵の展覧会に行ったり、また何度もクリス邸の食事に呼んでいただき、アンやモリーン、モリーンの夫のロブと話をする機会を設けてもらいました。

とりわけ、四男ティムの結婚式に私も呼んでもらうことになり、アンの娘のセイラやモリーン夫妻らも参加した結婚式とその後のパーティーは、とても思い出深いものになりました。というのは、パーティーには自閉症の兄バッキーも参加したのですが、新郎新婦だけではなく、クリス夫妻や新婦の祖父母などみんながダンスをし始めるのです。しかしながら、バッキーはずっと立ちっぱなしでした。そんなバッキーを見た新婦の友だちたちが、一人ひとりバッキーをリードしながらダンスを踊り始めるシーンは、まるで「レインマン」の映画を見ているようで、生涯忘れることができないでしょう。

そうして足かけ二年がかりで出版にこぎつけました。英語の専門家ではない私の拙い訳について、唐沢さんも一緒に考えていただきました。そういった意味ではこの本は私の訳書というよりも唐沢さんとの共訳と言っても過言ではありません。

唐沢さんには心よりお礼申し上げます。

私の恩師である児童精神科医の佐々木正美先生はおっしゃいます。

「障害というものは本人に帰するものではなく、その人と健常と呼ばれる人との間にある壁のことを意味するのです」と。この本の中に疲弊しきったモリーンが、ある学校心理士と出会った後の気持ちを述べる箇所があります。その時のモリーンの気持ちは、まさに佐々木先生がおっしゃる「壁」を意味するものと思います。なぜなら、自閉症という障害を否定するのではなく、自閉症は自閉症のままでいい、周りが自閉症の人、そしてその保護者を理解してあげることにより、その壁は崩していけるのです。

この本はそういった自閉症者およびその家族をとりまく周りの理解、支援について訴える名著といっていいでしょう。この本によって、自閉症と関わる専門家だけではなく、多くの一般の人たちに対する自閉症の理解が進み、また自閉症と診断されたお子さんを持つ多くの保護者が勇気づけられることになれば、訳者として何よりの幸せです。

最後になりましたが、自閉症およびその家族への理解と支援がますます広がっていくことを願っています。

咲き誇る桜の香りで春を感じる宇都宮大学にて

梅永　雄二

Harmon, A. (2004) "How About Not 'Curing' Us, Some Autistics are Pleading." The New York Times, December 20, p.A1.
Harris, S. and Glasberg, B. (2003) Siblings of Children with Autism: A Guide for Families. 2nd edition. Bethesda, MD: Woodbine House, Inc.
Hax, C. (2005) "Tell Me About It." Raleigh News and Observer, August 10, 6E.
Holliday Willey, L. (1999) Pretending to be Normal: Living with Aspergers Syndrome. London: Jessica Kingsley Publishers.
Kierkegaard, S. (1948) Purity of Heart is to Will One Thing. New York: Harper and Row.
Kushner, H.S. (2003) The Lord is My Shepherd: Healing Wisdom of the Twenty-Third Psalm. New York: Alfred A. Knopf.
Lamott, A. (2005) Plan B: Further Thoughts on Faith. New York: Riverhead, Penguin Group, Inc.
Lindbergh, A.M. (1955) Gift from the Sea. New York: Random House, Inc. (海からの贈物　新潮文庫　1967)
Norris, K. (1997) The Psalms: With Commentary by Kathleen Norris. Riverhead Sacred Text Series. New York: The Berkley Publishing Group.
Page, R. (1980) "Workers Who Have Autism: What You Need to Know - What You Need to Forget." Paper given at the International Symposium on Hard to Train Youth, Dearborn, Michigan.
Palmer, A. (2006) Realizing the College Dream with Autism or Asperger Syndrome: A Parent's Guide to Student Success. London: Jessica Kingsley Publishers. (発達障害と大学進学――子どもたちの進学の夢をかなえる親のためのガイド　クリエイツかもがわ　2007)
Quindlen, A. (2005) "The Good Enough Mother." Newsweek, February 21, 50-1.
Roosevelt, E. (1960) You Learn by Living. New York: Harper and Brothers Publishers, Inc.
Spicer, D. (2005) "Closing Keynote." Presentation given at the Autism Society of North Carolina Annual Conference, April 9.
Stout, H. (2004) "The Key to a Lasting Marriage: Combat." Wall Street Journal, November 4, D8.
Sullivan, R. (1997) "When Your Son/Daughter Leaves Home: Heartbreak? Relief ? Or Both?" Newsletter of the Autism Services Center, Winter, 2.
Ury, W. (1993) Getting Past No: Negotiating Your Way From Confrontation to Cooperation. New York: Bantam Books. (決定版　ハーバード流 "NO" と言わせない交渉術　三笠書房　2000)
Viorst, J. (1986) Necessary Losses: The Loves, Illusions, Dependencies, and Impossible Expectations that All of Us Have to Give Up in Order to Grow. New York: Ballantine Books.

参考文献

American Academy of Pediatrics, Committee on Children with Disabilities (2001) "The Pediatrician's Role in the Diagnosis and Management of Autistic Spectrum Disorder in Children." Available on
http://pediatrics.aappublications.org/cgi/content/full/107/5/e85.

Baldwin, J. (1998) Collected Essays. New York: Library of America.

Ballance, E. (2005) "How to Relax and Relieve Stress." Presentation given at the Autism Society of North Carolina Annual Conference, April 8.

Bartlett, J. (1992) Bartlett's Familiar Quotations. Boston: Little, Brown and Company.

Bristol-Power, M. (2000) "Research in Autism: New Directions." The Advocate, July-August, 1 6-1 7.

Buechner, F. (1977) Telling the Truth: The Gospel as Tragedy, Comedy and Fairy Tale. San Francisco: Harper San Francisco.

Cameron, J. (1998) The Right to Write: An Invitation and Initiation into the Writing Lift New York: Jeremy P. Tarcher/Putnam, Penguin Putnam, Inc. (あなたも作家になろう——書くことは、心の声に耳を澄ませることだから　風雲舎　2003)

Centers for Disease Control and Prevention, National Center on Birth Defects and Developmental Disabilities (2005) Available on
www.cdc.gov/ncbddd/dd/aix/about/default.htm.

Covey, S. (1997) The Seven Habits of Highly Effective Families. New York: Golden Books Publishing Co., Inc. (７つの習慣——成功には原則があった！　キングベアー出版　1996)

Debbaudt, D. (2002) Autism, Advocates, and Law Enforcement Professionals: Recognizing and Reducing Risk Situations for People with Autism Spectrum Disorders. London: Jessica Kingsley Publishers.

Featherstone, H. (1980) A Difference in the Family: Living with a Disabled Child New York: Basic Books, Inc.

Fielding, H. (2003) Olivia Joules and the Overactive Imagination. New York: Penguin Books. (オリヴィア・ジュールズ——彼女のたくましすぎる想像力　ソニーマガジンズ　2005)

Fisher, R., Ury, W. and Patton, B. (1991) Getting to Yes :Negotiating Agreement Without Giving In. 2nd edition. New York: Penguin Books. (ハーバード流交渉術　阪急コミュニケーションズ　1998)

Goodman, E. and O'Brien, P. (2000) I know Just What You Mean: The Power of Friendship in Women's Lives. New York: Fireside, Simon & Schuster.

Guthrie Medlen, J. (2004) "Everything Will Change." Disability Solutions,
September-October, 2.

著者

アン・パーマー

ノースカロライナ州自閉症協会地域支援部部長。元TEACCHセンターセラピスト。

700家族以上に親メンタープログラムのサポートをし、現在、組織化と展開に全力を注いでいる。

著書に「発達障害と大学進学」（クリエイツかもがわ）がある。

夫と三人の子どもがいる。

モリーン・F・モーレル

ノースカロライナ州自閉症協会地域支援コーディネイター。

20年以上自閉症家族の権利のために活動を続けている。

夫と三人の子どもがいる。

訳者

梅永雄二（うめなが　ゆうじ）

1955年　福岡県に生まれる

1983年　慶應大学文学部社会・心理・教育学科卒業

1983年　障害者職業センター勤務

1987年　筑波大学大学院教育研究科障害児教育専攻修了

現　在　宇都宮大学教育学部教授

著訳書　青年期自閉症へのサポート（編著　岩崎学術出版社），親・教師・施設職員のための自閉症者の就労支援（著　エンパワメント研究所），自閉症者の職業リハビリテーションに関する研究（著　風間書房）その他多数

自閉症の親として
ISBN978 -4-7533-0906-1

訳者
梅永　雄二

第１刷　2009年６月５日

印刷　新協印刷㈱／製本　㈱中條製本工場
発行所　㈱岩崎学術出版社　〒112-0005　東京都文京区水道1-9-2
発行者　村上　学
電話　03-5805-6623　FAX　03-3816-5123

乱丁・落丁本はおとりかえいたします。検印省略